U0526298

本书系四川轻化工大学川酒发展研究中心资助项目"白酒制造业行业的减税降费效应研究"(编号:CJY21-05)的阶段性研究成果

中国特殊财务困境企业治理研究

郭祥◎著

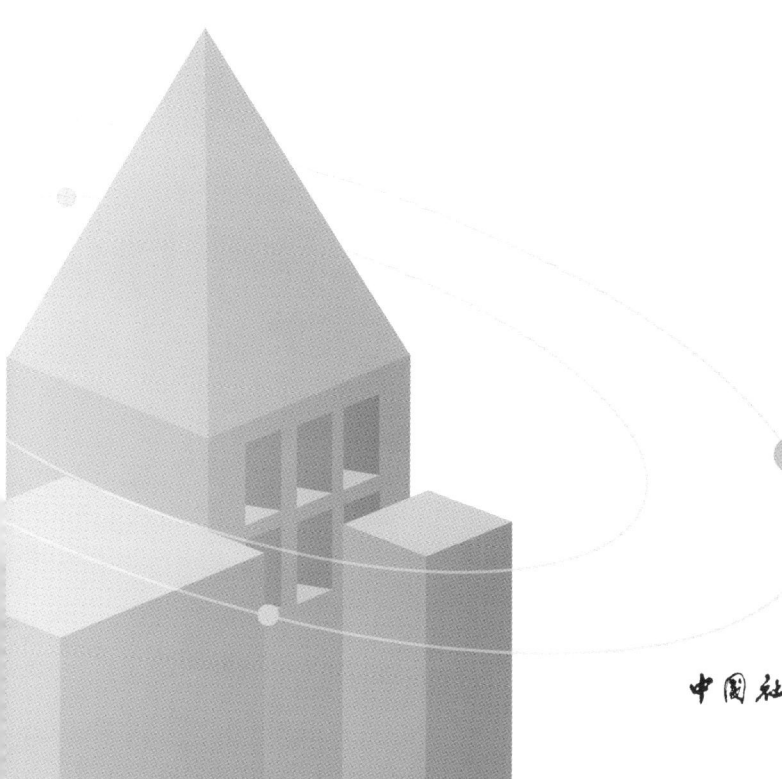

中国社会科学出版社

图书在版编目（CIP）数据

中国特殊财务困境企业治理研究/郭祥著. —北京：中国社会科学出版社，2021.12
ISBN 978 – 7 – 5203 – 9490 – 1

Ⅰ.①中⋯ Ⅱ.①郭⋯ Ⅲ.①企业管理—研究—中国 Ⅳ.①F279.23

中国版本图书馆 CIP 数据核字（2021）第 276159 号

出 版 人	赵剑英
责任编辑	刘晓红
责任校对	周晓东
责任印制	戴　宽

出　　版	中国社会科学出版社
社　　址	北京鼓楼西大街甲 158 号
邮　　编	100720
网　　址	http：//www.csspw.cn
发 行 部	010 – 84083685
门 市 部	010 – 84029450
经　　销	新华书店及其他书店
印　　刷	北京君升印刷有限公司
装　　订	廊坊市广阳区广增装订厂
版　　次	2021 年 12 月第 1 版
印　　次	2021 年 12 月第 1 次印刷
开　　本	710×1000　1/16
印　　张	14.5
插　　页	2
字　　数	231 千字
定　　价	86.00 元

凡购买中国社会科学出版社图书，如有质量问题请与本社营销中心联系调换
电话：010 – 84083683
版权所有　侵权必究

前　言

党的十九大报告指出"我国经济已由高速增长阶段转向高质量发展阶段",经济高质量发展成为中国建立现代经济体系的着力点。企业是经济高质量发展的微观基础。然而,占用大量资源、维持低效率运营的僵尸企业无疑是经济高质量发展的"拦路虎"。中国政府多次以官方文件的正式形式表明僵尸企业清理处置的紧迫性及具体要求。现阶段僵尸企业市场出清的进程正在加快,清理处置僵尸企业依然是新时期改革的攻坚之战,更需要有关僵尸企业治理的理论指导和创新。

然而,现有理论研究成果主要以西方僵尸企业为背景,中国僵尸企业治理研究大多从技术层面探讨僵尸企业市场出清的具体措施,尚未有文献对中国僵尸企业治理进行系统而深入地研究,特别是以僵尸企业治理为研究主题的博士论文更是鲜见。我的博士学位论文从企业僵尸化的影响因素和经济后果视角探讨了僵尸企业治理的具体策略,并于2020年6月顺利通过博士学位论文答辩。回顾5年的博士学习生活,博士论文作为主要的成果和结晶,其中付出的辛苦是不言而喻的。

我的博士论文最初的选题方向是企业财务困境。事实上,博士选题之所以是财务困境,也是基于我硕士论文的研究基础。我的硕士论文研究内容以财务困境的预警模型构建为主题。财务困境是财务管理领域的一个经典问题,但财务困境企业与僵尸企业既有联系,又存在差异。

僵尸企业首先是财务困境企业,其生产效率较低,内源性融资功能较弱,偿债风险较高。通常情况下,财务困境企业并不必然成为僵尸企业。财务困境企业在市场环境中不会永续生存。当政府基于GDP、就业、税收等政绩诉求,而对财务困境企业进行银行贷款、财政补贴及其他资源支持时，财务困境企业则可能延续下去，但并没有恢复生机和活力，所以成为僵而不死的企业。僵尸企业能够通过资产重组、减员增效、去杠杆等措施而恢复正常状态，也就是所谓"僵尸企业复活"。因此，僵尸企业是一类特殊的财务困境企业。

然而，地方政府对低效率企业持续不断地"输血"只是导致企业僵尸化的表象。政府需要企业再投资以拉升GDP、承担员工冗余成本以稳定就业、缴纳税费以增加财政收入，从而给企业带来固定资产投资过度、用工成本提高、税费加重等政策性负担。政府行政干预导致的政策性负担才是企业陷入僵尸化危机的深层次原因。中国僵尸企业形成机制的分析是本书理论框架构建的特色之一。

文献研究能够给予僵尸企业以内涵和意义，但在实际工作中如何精准认定僵尸企业或者识别僵尸企业却成为难题。理论上僵尸企业指缺乏造血能力、无望恢复生机、依靠债权人支持或政府干预而免于倒闭的企业，但在实际操作评估中如何界定一家企业是不是"僵尸企业"则很复杂。不同研究对僵尸企业的识别方法各不相同，但均认为负债累累是僵尸企业的典型特征。僵尸企业偿债能力较差，不具备持续经营能力，在财务上主要表现为营运资本出现赤字或流动比率低于1等方面。本书参照现有文献，以企业流动比率指标修正僵尸企业识别模型，既达到从企业偿债能力角度认定僵尸企业的目标，又有利于判别出偿债风险较高、不具备持续经营能力的僵尸企业。以流动比率修正僵尸企业识别模型是本书理论分析的另一个特色。

本书涵盖了我的博士论文的基本内容。相对于博士论文，本书增加了一些补充内容。第一，根据最新的文献研究成果，补充了文献研究内容。第二，在第三章的理论框架分析中，介绍了僵尸企业作为一个整体，造成经济运行风险的具体表征，以阐明僵尸企业治理理论研究的迫切性和必要性。第三，第五章主要探讨政治关联影响企业僵尸化的作用机制，本书完善了在不同治理环境下政治关联如何影响企业僵尸化的理论分析内容。第四，在僵尸企业微观治理措施方面，根据僵尸化程度，提出分类治理和分类处置的政策建议。第五，在第八章从非国有股东治理的视角对国有僵尸企业处置的探讨进行了展望。国有僵尸企业在僵尸企业整体当中数量最多，治理问题也最严重。由于中国国有企业在整个经济体系中的地位特殊且举足轻重，国有僵尸企业成为僵尸企业治理的中心环节。但现有文献对如何治理国有僵尸企业没有进行针对性地系统研究，有必要对国有僵尸企业的清理处置进行重点研究。

本书以僵尸企业治理为研究目标，通过解决以下三个研究问题而完成研究目的。在中国制度背景下，僵尸企业形成是行政过度干预的结果。针对行政干预，市场主体应该如何采取应对策略？政治关联是否有利于建立良性的政企关系，缓解甚至消除行政干预的不利冲击，从而抑制企业僵尸化？在微观领域，市场主体高效的投融资活动是经济可持续发展的动力和源泉，僵尸企业投融资行为又具有怎样的特征？宏观上，僵尸企业给经济运行造成风险和隐患，但其对地区经济增长的影响具体如何？

针对这些问题，本书从僵尸企业的形成机制（病因）及其应对策略的视角探讨在根源上抑制企业僵尸化的路径和长效机制，从僵尸企业的经济后果（病症）出发针对性地探讨僵尸企业治理的应对措施，试图为僵尸企业治理提供一个标本兼治的解决方案。具体而言，本书以中国沪深两市A股上市公司为样本，在僵尸企业现状分析的基础上，基于僵尸企业形成机制，首先，对政治关联如何影响企业僵尸化进行实证探讨；其次，从企业投融资行为视角探讨了僵尸企业的微观效应；最后，从经济增长视角探讨了僵尸企业的宏观效应。

本书研究结论主要有三点。第一，总体上，政治关联对僵尸企业形成和企业僵尸化程度具有抑制作用，但不同治理环境下这种抑制作用有所差别。第二，僵尸企业存在预算软约束和投资机会约束问题，导致僵尸企业投融资行为的扭曲。第三，僵尸企业对地区GDP增长和经济增长质量具有不同的影响，也即，僵尸企业与地区GDP增长的相关关系不明显；僵尸企业与经济增长质量负相关。

基于研究结论，本书提出由长效机制和具体应对措施构成的僵尸企业治理策略，并阐明其具体内容。僵尸企业治理的长效机制既要加强微观主体的内部治理，又要规范和纳入政治关联等替代制度，同时要规范政府行为，减少行政过度干预。通过对企业、政府及非正式制度三个方面的规范，构建"政府有作为、政商有边界"的政府与企业联动的僵尸企业混合治理模式。僵尸企业治理的具体措施主要包括两个方面。其一，硬化预算约束，提高微观主体的投融资效率；其二，改革和完善官员晋升考核机制，增加优质制度供给。经由长效机制和具体措施，以期达到僵尸企业标本兼治的治理目标。

本书研究结果不仅拓展了僵尸企业相关理论的研究内容，对清理处置僵尸企业的实践工作也具有重要参考价值。预期创新和贡献主要表现在三个方面。第一，从僵尸企业形成机制及其应对策略视角探讨了政治关联对企业僵尸化的影响，研究结果拓展了僵尸企业影响因素方面的文献，同时具有实践意义。第二，从投融资行为的微观视角实证检验了僵尸企业的负面效应，研究结果不仅丰富了僵尸企业经济后果方面的相关文献，也进一步阐释了僵尸企业清理处置工作应该重点关注的内容。第三，从经济增长的宏观视角实证检验了僵尸企业的负面效应，研究结果在丰富僵尸企业宏观效应研究文献的同时，也具有鲜明的实践价值。

当前阶段，僵尸企业治理是推进经济高质量发展的重要举措，僵尸企业清理处置依然是政府经济工作的重心之一。顺应政策要求和经济形势的发展，僵尸企业治理的相关理论研究成果随之不断呈现。本书的出版可以说恰逢其时，既可以在百家争鸣之中表达见解和观点，丰富现有理论研究成果，又可以为僵尸企业清理处置的实践工作提供决策参考。

总体而言，僵尸企业治理领域存在很多值得探讨的研究问题。本书的出版更是对我科研工作的一种激励和督促。前路漫漫，我将以此为契机，勤于思考，秉承僵尸企业治理的研究方向，继续行程。

郭祥
于成都

目 录

第一章 导论 ... 1

    第一节 研究背景 ... 1

    第二节 研究目的 ... 5

    第三节 研究思路 ... 7

    第四节 预期创新 ... 12

第二章 文献综述 ... 14

    第一节 僵尸企业界定 ... 14

    第二节 僵尸企业形成因素 ... 20

    第三节 僵尸企业经济后果 ... 24

    第四节 僵尸企业治理措施 ... 29

    第五节 文献述评 ... 33

第三章 理论分析 ... 36

    第一节 基础理论 ... 36

    第二节 僵尸企业内涵和特性 ... 43

    第三节 僵尸企业测度 ... 50

    第四节 基于僵尸企业治理的理论框架 ... 53

    第五节 小结 ... 63

第四章 僵尸企业现状 ·· 64
第一节 引言 ·· 64
第二节 研究设计 ·· 66
第三节 僵尸企业分布状况 ······································ 68
第四节 僵尸企业财务特征 ······································ 82
第五节 小结 ·· 87

第五章 企业僵尸化的影响因素：基于政治关联 ······················ 89
第一节 引言 ·· 89
第二节 研究假设 ·· 92
第三节 研究设计 ·· 100
第四节 实证结果 ·· 103
第五节 作用机制 ·· 109
第六节 稳健性检验 ·· 118
第七节 小结 ·· 124

第六章 企业僵尸化的经济后果：基于投融资行为 ···················· 125
第一节 引言 ·· 125
第二节 研究假设 ·· 128
第三节 研究设计 ·· 134
第四节 实证结果 ·· 137
第五节 进一步分析 ·· 142
第六节 稳健性检验 ·· 149
第七节 小结 ·· 151

第七章 企业僵尸化的经济后果：基于经济增长 ······················ 154
第一节 引言 ·· 154
第二节 研究假设 ·· 157
第三节 研究设计 ·· 161
第四节 实证结果 ·· 164

第五节 进一步分析 …………………………………… 173
第六节 稳健性检验 …………………………………… 177
第七节 小结 …………………………………………… 183

第八章 研究结论与治理措施 ………………………… 185

第一节 研究结论 ……………………………………… 185
第二节 治理措施 ……………………………………… 186
第三节 研究局限与未来展望 ………………………… 194

附录 ……………………………………………………… 198

参考文献 ………………………………………………… 199

第一章

导 论

第一节 研究背景

改革开放以来，国民经济经过长期高速发展，产品供给能力非常强大。但是中国企业供给结构不适应需求新变化，有效供给严重不足。党的十九大报告提出"我国经济已由高速增长阶段转向高质量发展阶段"的战略目标，要求经济发展必须坚持质量第一、效益优先，以供给侧结构性改革为主线，推动经济发展质量变革。经济高质量发展成为中国建立现代经济体系的着力点。企业是经济高质量发展的微观基础。然而，占用大量资源、维持低效率运营的僵尸企业无疑是经济高质量发展的"拦路虎"，中国政府多次以官方文件的正式形式表明僵尸企业清理处置的紧迫性及具体要求。基于此，本书致力于僵尸企业治理问题的研究，重点分析企业僵尸化的影响因素和经济后果，以期为治理僵尸企业的国家政策提供证据支持和建议。

一 僵尸企业治理现状

2014年6月24日国务院发布《关于加强金融监管防范金融风险工作情况的报告》，对中国金融风险进行总体判断，提出化解和防范金融风险隐患的重要措施之一是"对经营难以为继且产品缺乏竞争力的僵尸企业和项目，要实施破产或兼并重组"。这是治理僵尸企业的首个官方正式文件。

2015年11月4日国务院总理李克强主持召开国务院常务会议，会议确定加快改革步伐，推进僵尸企业重组整合或退出市场，加大支持国有企业解决历史包袱，大力挖潜增效。随后，国务院总理李克强在

2015年12月3日的经济工作专家座谈会上,再次强调僵尸企业清理处置的重要性,加快淘汰落后产能和僵尸企业退出,促进企业效益和资源配置效率回升;并提出僵尸企业的界定标准,也就是学术研究参照的僵尸企业定义的官方标准。此次会议把去产能与僵尸企业清退联系起来,僵尸企业清理处置成为化解产能过剩的主要措施之一。

针对去产能任务,国务院部委接连发布一系列文件。2016年2月1日国务院发布两个文件,即《关于钢铁行业化解过剩产能实现脱困发展的意见》和《关于煤炭行业化解过剩产能实现脱困发展的意见》;2016年5月18日国务院第134次常务会议审议通过《中央企业深化改革瘦身健体工作方案》;2017年5月国家23部委联合发布《关于做好2017年钢铁煤炭行业化解过剩产能实现脱困发展工作的意见》;2018年4月9日多部委发布《关于做好2018年重点领域化解过剩产能工作的通知》;2019年4月30日国家发展改革委发布《关于做好2019年重点领域化解过剩产能工作的通知》。这些文件均强调加快钢铁、煤炭、煤电等重点领域僵尸企业出清,鼓励采用破产重整、兼并重组、债务重组等方式,对长期停工停产、连年亏损、资不抵债、没有生存能力和发展潜力的僵尸企业进行清理处置。

尽管僵尸企业清理处置存在启动难、实施难、人员安置难等问题,但国家一系列治理僵尸企业的政策文件的陆续出台和发布,表明僵尸企业市场出清进程正在加快。为了推动国有僵尸企业破产退出,破解市场主体退出难题,国家发展改革委、最高人民法院等13部门于2019年7月联合印发《加快完善市场主体退出制度改革方案》[1]。改革方案将完善优胜劣汰的市场机制作为目标,进一步畅通市场主体退出渠道,降低市场主体退出成本,推动经济高质量发展。

总之,自2015年中央政府把僵尸企业清理处置的工作任务提上日程以来,僵尸企业治理的初步成果已经显现。据国资委统计数据[2],2018年

---

[1] 中华人民共和国中央政府:《分步建立自然人破产制度、完善国有企业退出、金融机构市场化退出机制——该退就退 优胜劣汰》,《人民日报》,http://www.gov.cn/zhengce/201907/31/content_5417452.htm?from=singlemessage,2019年7月31日。

[2] 国务院国有资产监督管理委员会:《加大力度妥善处置"僵尸企业"》,《人民日报》,http://www.sasac.gov.cn/n2588025/n2588139/c10379257/content.html,2019年1月30日。

末纳入专项工作范围的僵尸特困企业比2017年减亏增利373亿元，比2015年减亏增利2007亿元，有超过1900户的僵尸特困企业完成处置处理的主体任务。这更加强了中央政府对存量僵尸企业清理处置的决心。尽快解决困扰中国经济长期发展的僵尸企业问题，不仅可以缩短中国经济下行的周期，也可以让中国经济"轻装上阵"、转型升级。因此，僵尸企业市场出清依然是新时期改革的攻坚之战，更需要有关僵尸企业清理处置的理论指导和创新，僵尸企业治理的理论研究也迅速成为热点领域。

二　僵尸企业治理理论进展

大体上，僵尸企业理论研究包括僵尸企业形成因素、僵尸企业经济后果及僵尸企业治理的具体措施或清理处置方式等内容。僵尸企业形成因素主要探讨僵尸企业形成的内外部因素；僵尸企业经济后果则重点关注僵尸企业对经济的负面影响；僵尸企业治理措施则集中于僵尸企业治理的具体路径或方式的探索。僵尸企业形成因素与负面经济后果的研究能够为僵尸企业清理处置工作提供具体措施和建议，因此，本书把僵尸企业相关研究的理论内容冠之于僵尸企业治理理论研究，其中，经济后果的相关文献是僵尸企业理论研究的核心部分。

以历史发展视角，僵尸企业带来的经济风险和隐患有目共睹，其中以欧美发达国家的经验为典型。大量僵尸企业的存在导致日本经济发展失去的"十年"或"二十年"（Sekine et al., 2003; Max, 2014），日本政府奋斗了四分之一个世纪治理僵尸企业，虽然取得了明显效果，国家经济发展却停滞不前（Urionabarrenetxea et al., 2018）。美国经济也曾遭受僵尸企业的拖累，"僵尸"一词就源于美国经济学家Kane（1987）的研究，他认为僵尸银行以争夺市场份额为食，对金融市场造成了严重破坏，从而将竞争对手也变成了僵尸企业。欧盟一些国家在2008年金融危机和欧债危机期间也产生很多低效率企业，对经济活力造成较大危害（Prada, 2010; Papworth, 2013; Bingham, 2014）。由于僵尸企业的危害性，其理论研究尤其具有实践价值。

僵尸企业形成因素主要包括企业内部因素和外部因素两个方面。据参考文献，西方僵尸企业形成的关键因素在于银行贷款对低效率企业的支持，信贷补贴是理解西方僵尸企业内涵的思想基础（Hoshi, 2006; Caballero et al., 2008; Fukuda &. Nakamura, 2011; Nakamura & Nakamura，2013；Max，2014；Jaskowski，2015；Imai，2016）。表面上，中国僵尸企业与西方僵尸企业形成的外部因素似乎相同，即银行给予的信贷支持（王万珺、刘小玄，2018）。但在中国制度背景下，银行深受地方政府影响或控制，银行对低效率企业给予贷款支持的背后是政府对经济活动的过度干预（张栋等，2016）。地方政府的干预手段除了银行贷款，还包括政府补助、税收补贴、政策优惠等多种形式（Tan et al.，2016；饶静、万良勇，2018；宋建波等，2019）。因此，研究中国僵尸企业的文献大都强调僵尸企业形成的特色制度因素。

僵尸企业的经济后果主要表现在对正常企业资源配置的挤占效应和传染效应，以及对微观经济主体的决策行为扭曲两个方面。前者可以归纳为三个主要内容。第一，僵尸企业挤占健康企业投资，造成某些行业产能过剩，并抑制企业创新（Caballero et al.，2008；Tan et al.，2016；McGowan et al.，2017；Shen & chen，2017；王永钦等，2018）；第二，抑制生产率提高和就业增长（Ahearne & Shinada，2005；Hoshi，2006；Caballero et al.，2008；肖兴志、黄振国，2019）；第三，扭曲银行资本配置效率，加剧金融风险（Caballero et al.，2008；Jaskowski，2015；刘莉亚等，2019；王海林、高颖超，2019）。后者主要包括僵尸企业管理者决策行为短视化、企业投融资行为扭曲等内容（Diamond & Rajan，2000；Kato et al.，2006；Peek，2008；Lin，2011；Imai，2016）。所以，僵尸企业经济后果的研究集中于对宏观效应的关注，对僵尸企业微观效应的研究成果相对缺乏。

由于僵尸企业对经济发展的负面影响，僵尸企业治理措施在很多国家上升到政府干预的宏观层面，其中以日本的"政府—银行—企业"三方联动的混合策略模式为代表（盛垒，2018）。美国对僵尸企业的治理主要采取分类处置和破产保护的措施（Hoshi & Kashyap，2010）。政府干预的宏观治理是僵尸企业治理研究的主要内容，僵尸企业的微观治理研究成果不多，主要从管理层激励（Fukuda & Nakamura，2011）、内部控制和股权结构（韩飞、田昆儒，2017；方明月、孙鲲鹏，2019）等方面探讨僵尸企业的治理机制。

综上，僵尸企业对经济高质量发展具有负面影响已达成共识。中国僵尸企业是行政过度干预或制度负外部性的产物，但对僵尸企业形成因素的实证研究还明显不足（刘坤甫、茅宁，2016）。僵尸企业的微观效应和宏观效应相互影响，微观主体投融资行为的扭曲必然不利于宏观经济的发展，宏观经济发展的不同阶段又必然影响企业微观主体的经营效益，对此中国经验数据又能提供怎样的证据。僵尸企业问题研究的终极目标最后都会归于僵尸企业治理，僵尸企业形成机制、影响因素及其负面效应的研究结果均从不同视角为僵尸企业清理处置政策和工作提供证据支持。

三 研究问题提出

基于僵尸企业对经济高质量发展的影响，僵尸企业相关理论的创新与突破就显得尤为重要。但现有理论研究成果对僵尸企业治理的实践还不足以提供理论指导或实证证据的支持，僵尸企业治理理论研究需要进一步拓展和创新。因此，针对僵尸企业治理现状及其理论研究不足，本书提出以下问题：第一，针对僵尸企业形成机制（行政过度干预），市场主体应该如何采取应对策略？政治关联是否有利于建立良性的政企关系，缓解甚至消除行政干预的不利冲击，从而抑制企业僵尸化？第二，市场主体高效的投融资活动是经济可持续发展的动力和源泉，僵尸企业投融资行为又具有怎样的特征？第三，僵尸企业给经济运行造成风险和隐患，但其对经济增长的影响具体如何？

总体而言，本书基于经济高质量发展背景，从企业僵尸化的影响因素、微观效应及宏观效应三个方面进行理论研究和实证分析，有针对性地探讨僵尸企业治理问题，并提出治理的具体措施。鉴于僵尸状态的动态性，僵尸企业是一种时点概念，企业僵尸化是对企业僵尸状态变化的一种概念表述。为了行文需要，在分析具体问题时，本书交替使用僵尸企业和企业僵尸化两个概念称谓。

第二节 研究目的

目前对僵尸企业清理处置的文献大多从技术的层面研究僵尸企业市场出清的路径，但不能给僵尸企业治理提供一个既治标又治本的方案。如果不从根源上探讨僵尸企业治理措施，僵尸企业治理将难以达到纾困固本的效果。基于此，本书以僵尸企业治理为研究主题，首先从僵尸企业的形成机制（病因）及其应对策略的视角探讨从根源上抑制企业僵尸化的途径，然后从僵尸企业的经济后果（病症）出发针对性地探讨僵尸企业治理的应对措施，试图为僵尸企业治理提供一个标本兼治的解决方案。本书研究目的具体如下：

第一，基于政治关联对企业僵尸化的影响，探讨替代机制在僵尸企业治理中的作用。中国僵尸企业形成是行政过度干预的结果，如何应对行政干预的不利冲击，是企业预防僵尸化危机和治理僵尸企业的关键。亲清新型政商关系是中国经济增长的制度基础，构建符合法治精神的政商关系离不开非正式制度的规范和完善。政治关联是一种普遍性的非正式制度，对资源配置具有重要影响，尤其在制度环境相对滞后的中国，非正式制度在资源配置中的作用更明显。当企业通过正式渠道或市场途径不能获得经济资源时，就倾向于通过政治关联等非正式制度或替代制度而达到资源获取目的。政治关联是一种关系资本或政治资源，是应对行政干预的非正式手段。就企业内部治理机制而言，高管政治背景对企业经营业绩有着无可争议的作用，应该在研究中加以考察（Blažková & Dvoulety，2019）。但鲜有文献关注这个问题。本书试图探讨政治关联对企业僵尸化的影响，实证结果的关键实践意义在于能够证明政府与企业良好的互动关系在僵尸企业清理处置中的作用，为建立政府与市场联动的僵尸企业混合治理模式提供决策参考。

第二，基于僵尸企业对投融资行为的微观负面效应，探讨僵尸企业治理的具体措施。企业融资行为和投资行为是微观主体最重要的财务行为，决定着企业的经营效率和效益。同时，经济可持续发展的动力和源泉依赖于微观主体高效的投融资活动（Castaño et al.，2016）。所以，微观主体的投融资行为不仅决定了企业的经营业绩和公司价值，而且对经济高质量发展也具有重要意义，应该是僵尸企业治理政策和清理处置工作重点关注的内容。然而很少有文献关注僵尸企业微观层面的负面效应。因此，探讨僵尸企业对投融资行为的影响不仅具有重要的理论意义，还具有重要的实践价值，能够为通过改善微观主体投融资活动效率而治理僵尸企业提供证据支持。

第三，基于僵尸企业对经济增长的宏观负面效应，探讨僵尸企业治理的具体措施。据研究文献，地方政府是僵尸企业市场出清的主要障碍,其主要动机在于保证 GDP 增长、税收、就业等政治目标的实现(张栋等,2016)。但僵尸企业是否助推了经济规模的扩张,则需要实证数据的检验。在经济高质量发展背景下,低效率的僵尸企业无疑损害了经济增长质量,但同样缺乏实证证据的支持。现有文献对僵尸企业宏观层面负面效应的研究,主要关注僵尸企业对正常企业资源配置的挤占效应和传染效应,尚未有文献检验僵尸企业对经济增长的直接影响。因此,本书从经济增长的宏观视角探讨僵尸企业的负面效应,能够证明僵尸企业对 GDP 增长和经济增长质量的不同影响,实证结果的实践价值依然鲜明。其一,表明僵尸企业清理处置中地方政府的作用,通过改革和完善官员晋升考核机制,为僵尸企业清理处置工作提供优质制度供给。其二,证明僵尸企业对经济增长质量的影响,认清僵尸企业清理处置工作的紧迫性。

第三节 研究思路

本书采用规范研究和实证研究相结合的方法,在相关文献梳理的基础上,通过理论分析、描述统计、计量模型分析等研究过程,基于僵尸企业治理目标,探讨企业僵尸化的影响因素与经济后果。具体研究思路如下:

首先,基于僵尸企业形成机制,实证分析政治关联对企业僵尸化的影响。就中国而言,僵尸企业是行政过度干预的结果,政府对低效率企业"输血"的背后是 GDP 增长、税收、就业等政绩诉求,也即,"政策性负担"是僵尸企业形成的深层次因素。高管作为企业日常经营管理决策的核心治理层,其政治背景或政治关系能够更好地帮助企业与政府交流沟通,缓解或消除政府与企业之间的信息不对称,从而能够抑制行政干预或制度负外部性给企业带来的不良影响。因此,依据资源依赖理论和替代机制理论,政治关联能够帮助企业建立良性的政企关系,争取政府"帮助之手"的扶持,抑制"攫取之手"施加的政策性负担,有利于企业突破制度约束和获取资源支持,能够提高竞争优势和经营业绩,进而抑制企业僵尸化。

其次,基于投融资行为视角实证分析僵尸企业微观层面的负面效应。根据预算软约束的政策性负担理论,政策性负担导致僵尸企业存在外生软约束（林毅夫、林志赟，2004）。另外，外部输血降低了僵尸企业破产风险和管理层被解雇的概率，也诱导了僵尸企业管理层道德风险的增加，造成无效率投资。未完工的无效率投资项目诱发政府或银行继续追加投资，从而产生内生软约束（Dewatripont & Maskin, 1995）。所以，僵尸企业存在预算软约束，僵尸企业融资行为对资产状况、杠杆率及经营状况不敏感，甚至使管理层产生依赖外界"输血"的心理，消极进行投资行为，导致投资效率下降。同时，僵尸企业存在投资机会约束问题，很难吸引高净现值投资项目，其银行贷款较多配置到盈利较低或无生产力的项目上。预算软约束和投资机会约束导致僵尸企业投融资活动低效或无效。总体上，在预算软约束理论分析框架之下，僵尸企业投融资行为是扭曲的。

最后，基于经济增长视角实证分析僵尸企业宏观层面的负面效应。信息不对称和委托代理问题的普遍存在，导致僵尸企业经济风险具有传染性。具体而言，僵尸企业由于连年亏损、负债累累，债务风险较大，净资产较低甚至资不抵债，一旦破产，僵尸企业债务风险及亏损将转移给社会。既然僵尸企业给经济发展构成威胁，为什么还会存在？

文献研究认为，制度或政府是中国经济增长的关键因素。基于官员晋升锦标赛假说，地方政府为了保证 GDP 增长、税收及就业等政治目标的实现，对大量低效率经营企业进行持续资源输入，从而催生了僵尸企业的形成（张栋等，2016；聂辉华等，2016）。一方面，地方政府对企业的资源支持可能助推企业投资和企业规模的扩张，从而推动 GDP 增长；另一方面，税收、就业等政策性负担加重了企业经营成本，降低了企业经济产出，从而也可能抑制 GDP 的增长。同时由于政治家和僵尸企业的道德风险问题，代理成本增加，从而损害了经济增长质量的提高。所以，僵尸企业对 GDP 增长的作用可能是复杂的，但共识是僵尸企业不利于经济增长质量的提高。

总体而言，本书实证分析企业僵尸化的影响因素与经济后果，旨在探讨僵尸企业的治理措施。在研究逻辑安排上，首先，基于僵尸企业形成机制，探讨政治关联对企业僵尸化的影响；其次，基于投融资行为视角，探讨僵尸企业的微观负面效应；最后，基于经济增长视角探讨僵尸企业的宏观效应。通过对僵尸企业影响因素、微观负面效应及宏观负面效应的实证检验，能够廓清企业僵尸化的影响因素及其负面效应的具体内容，进而为僵尸企业清理处置工作提供具体治理措施和政策建议，因而具有重要实践意义。

全书共八章，具体结构和内容如下：

第一章，导论。主要介绍本书选题背景、研究目的、研究思路、研究创新等。

第二章，文献综述。本章对僵尸企业的界定标准、形成因素、经济后果及治理措施进行文献梳理和评述，阐明研究问题的可行性及价值。

第三章，理论分析。在转型经济体，政府行政干预深度参与资源配置活动之中，市场经济信息不对称程度较高，代理问题较突出，部分企业存在预算软约束，进而影响企业自生能力。本章首先介绍了政府干预理论、信息不对称理论、委托代理理论、资源依赖理论、替代机制理论及预算软约束理论等基础理论。其次阐明僵尸企业定义和特性，分析僵尸企业形成机制，并提出僵尸企业测度标准。最后建立本书理论分析框架。

第四章，僵尸企业现状。在僵尸企业识别结果的基础上，对僵尸企业的分布状况、基本特征等现状进行实证分析。研究发现僵尸企业具有鲜明的分布特征和财务特征。上市公司僵尸状态持续时间较短，僵尸状态转变以恢复为主，长期保持僵尸状态的企业数量极少；僵尸化程度较高的上市公司，其经营活动现金流水平相对较低。

第五章，企业僵尸化的影响因素：基于政治关联。僵尸企业是制度负外部性的产物，企业作为市场主体如何应对制度负外部性的不利冲击，从而抑制企业僵尸化，就显得尤为重要。本章从政治关联视角实证检验了替代机制对企业僵尸化的作用。实证结果表明，总体上，政治关联对僵尸企业形成和企业僵尸化程度具有抑制作用；影响因素分析表明，这种抑制作用受到所有权性质、市场化进程及政府竞争等制度环境的影响，政治关联对僵尸企业形成的抑制作用在民营企业、市场化程度较高地区企业及政治晋升压力较小地区企业更明显；政治关联对僵尸化程度的抑制作用在民营企业和市场化程度较高地区企业更明显，政府竞争不影响政治关联对僵尸化程度的抑制作用；作用机制分析表明，政治关联能够通过融资便利、固定资产投资控制、员工冗余程度控制等渠道而影响僵尸企业形成。

第六章，企业僵尸化的经济后果：基于投融资行为。鉴于僵尸企业给经济运行造成的风险，如何从不同视角具体分析僵尸企业的负面效应，一直是僵尸企业治理研究努力探索的重要方向。本章基于预算软约束理论，通过建立实证模型探讨僵尸企业投融资行为的特征。实证结果表明，僵尸企业存在预算软约束问题，僵尸企业新增银行贷款对抵押物价值不敏感；僵尸企业新增银行贷款虽然增加了企业投资，但其银行贷款没有配置到盈利较高或有生产力的项目，僵尸企业并未进行高效投资。进一步研究发现决定僵尸企业融资行为的市场化因素相对不明显，实证结果进一步支持僵尸企业存在预算软约束的假设，同时，僵尸企业预算软约束不受所有权性质和政府竞争等制度环境的影响。

第七章，企业僵尸化的经济后果：基于经济增长。第六章从微观效应视角实证检验了僵尸企业投融资行为的扭曲。本章基于省份层面的资源配置，经汇总省份层面僵尸企业数据，并分别以数量、资产、负债三种加权方式计算省份僵尸企业密度或状况，从宏观效应视角探讨了僵尸企业对经济增长的影响，其中，经济增长包括GDP增长和经济增长质量两个维度。实证结果表明僵尸企业对地区GDP增长和经济增长质量具有不同的影响效应。总体上，僵尸企业与地区GDP增长的相关关系不明显；僵尸企业与经济增长质量负相关。异质性分析表明，经济规模、区域环境及市场化进程不同，僵尸企业对GDP增长和经济增长质量的影响也不同。在经济规模较小地区、中西部区域及市场化进程较低地区，僵尸企业与GDP增长正相关；在经济规模较大地区、东部区域及市场化进程较高地区，僵尸企业与GDP增长负相关。同时，僵尸企业对经济增长质量的抑制作用在经济规模较小地区、经济欠发达的中西部地区及市场化进程较低的地区更明显。

第八章，研究结论与治理措施。本章对全书理论分析和实证结果进行总结，得出研究结论和提出治理措施，并指出进一步探讨的研究方向。

根据研究结论，本书认为僵尸企业治理方案应该包括长效机制和具体治理措施两个部分。基于政治关联对企业僵尸化的影响提出僵尸企业治理的长效机制。具体而言，第一，加强企业内部治理，遏制政治关联的寻租动机；第二，规范和纳入政治关联等替代制度，强化非正式制度在僵尸企业治理中的作用；第三，规范政府行为，减少行政干预；其中政治关联是联结企业和政府的重要手段和机制。通过对企业、政府及非正式制度三个方面的规范,构建"政府有作为、政商有边界"的政府与市场联动的僵尸企业混合治理模式。基于企业僵尸化的微观负面效应和宏观负面效应,僵尸企业治理的具体措施主要包括两个方面。第一,硬化预算约束,提高微观主体的投融资效率;第二,改革和完善官员晋升考核机制,增加优质制度供给。通过长效机制和具体措施,以期达到僵尸企业标本兼治的治理目标。

本书整体研究思路如图 1-1 所示,本书结构和具体章节安排见图 1-2。

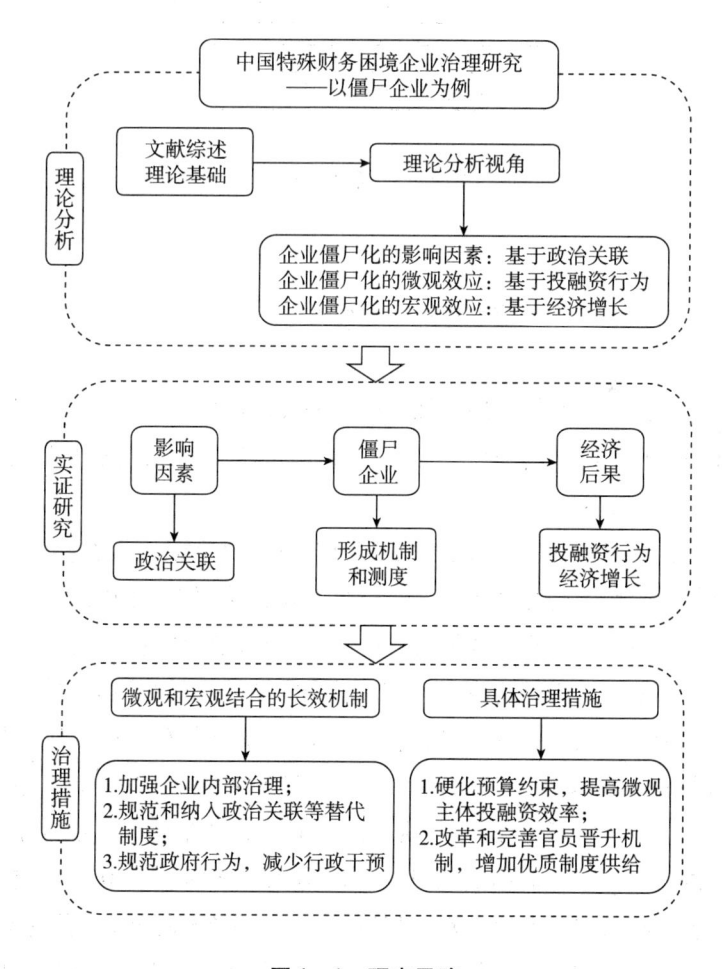

图 1-1 研究思路

```
        导论（第一章）
           ↓
        文献综述（第二章）
           ↓
        理论分析（第三章）
           ↓
        僵尸企业现状（第四章）
           ↓
    企业僵尸化的影响因素：基于政治关联
           （第五章）
           ↓
  ┌────────────────┬────────────────┐
企业僵尸化的经济后果：基于    企业僵尸化的经济后果：基于
  投融资行为（第六章）        经济增长（第七章）
  └────────────────┴────────────────┘
           ↓
      研究结论与治理措施（第八章）
```

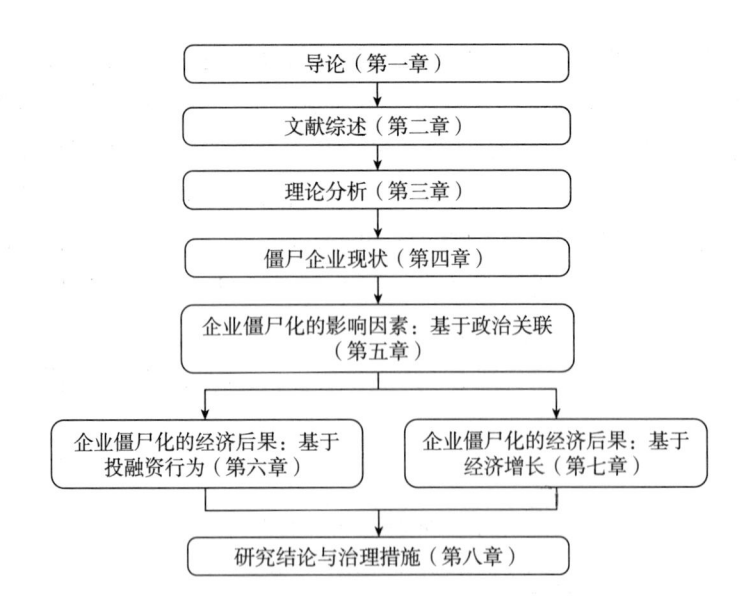

图1-2　本书结构

第四节　预期创新

本书研究结果不仅拓展了僵尸企业相关理论的研究内容，对清理处置僵尸企业的实践工作也具有重要参考价值。预期创新和贡献具体如下：

第一，从僵尸企业形成机制及其应对策略视角探讨了政治关联对企业僵尸化的影响，研究结果拓展了僵尸企业影响因素方面的文献，同时具有重要实践意义。非正式制度或替代机制是僵尸企业治理机制的重要组成部分，但鲜有文献述及。现有文献研究结果表明政治关联促进了僵尸企业形成（寿华琛，2018），但该文使用最原始的 CHK 判别方法，识别出的僵尸企业比例较高，平均为 35% 左右，最高年份达到了 58.33%。有的文献研究结果的实证结果显示，政治关联强化了官员地域偏爱情结对僵尸企业形成的影响（陈运森、黄健峤，2017）。本书实证结果表明政治关联能够应对或规避行政干预对企业经营发展造成的不利冲击，从而抑制企业僵尸化，但这种抑制作用随行政干预程度的加强而弱化。该研究结论为市场主体如何应对行政干预及其二者关系的互动研究拓展了内容,其关键启示意义在于能够通过规范和纳入政治关联等替代制度,鼓励企业和政府良性互动,构建亲清政商关系,营造良好的政商环境,从而建立政府与市场联动的僵尸企业治理模式。

第二,从投融资行为的微观视角实证检验了僵尸企业的负面效应,研究结果不仅丰富了僵尸企业经济后果方面的相关文献,也进一步阐释了僵尸企业清理处置工作应该重点关注的内容。有关僵尸企业微观效应的研究成果相对较少。本书实证结果表明僵尸企业存在预算软约束和投资机会约束问题,导致了僵尸企业投融资行为的扭曲,其结论在回应西方研究文献成果的同时(Imai,2016),也为僵尸企业清理处置工作提供了重要参考内容,即硬化预算约束、提高企业投融资效率是治理僵尸企业的重要措施。

第三,基于经济增长视角实证检验了僵尸企业的负面效应,研究结果在丰富僵尸企业宏观效应研究文献的同时,也具有鲜明的实践价值。僵尸企业宏观效应的研究成果尽管很多,但大多数文献关注僵尸企业对正常企业资源配置的挤出效应和传染效应。据本书所知,尚未有研究文献实证检验僵尸企业对经济增长的直接影响,本书率先对此进行了探讨。研究结果表明经济规模、区域环境及市场化进程等因素影响地方政府对企业干预的动机和手段,进而影响僵尸企业与 GDP 增长的关系。其政策启示意义在于能够通过改革和完善官员晋升考核机制,为僵尸企业清理处置工作提供优质制度供给。同时实证结果表明僵尸企业抑制了经济增长质量的提高,为治理僵尸企业以助推经济高质量发展的国家政策提供了直接证据支持。

第二章

文献综述

围绕研究问题，本章对僵尸企业界定、僵尸企业形成因素、僵尸企业经济后果及其治理措施四个方面的文献进行回顾和评述，以阐明本书研究问题的理论意义和现实价值。

第一节 僵尸企业界定

研究僵尸企业的首要问题是如何界定僵尸企业，大部分学术文献未对僵尸企业设定明确定义，主要通过对识别标准的选择来表明应该如何界定僵尸企业（黄少卿、陈彦，2017）。

一 CHK-FN 识别模型

Kane（1987）最早用"僵尸"的概念描绘资不抵债、依靠监管机构的宽容才得以生存的储蓄银行。该文认为考虑到夸大会计收入和资本的自由，根据公认会计准则，任何资本和收入为负的银行机构几乎当然为一个僵尸企业。这个词最为人所知的是描述20世纪90年代日本资产泡沫破灭后的经济状况。

20世纪90年代日本经济遭受不利冲击，一些无偿债能力、无望恢复生机的公司在银行"僵尸借贷"的帮助下存活了下来，学者称之为僵尸企业。基于僵尸企业获得银行贷款补贴的特征，Hoshi（2006）将僵尸企业定义为支付小于最低利息的公司。其识别方法分为两步，首先计算银行要求的最低支付利息，然后将公司在 t 年实际支付的利息与最低利息支付进行比较。如果实际支付金额低于最低利息支付要求，则推断该公司可能已经从贷款机构获得了信贷补贴，并将其认定为僵尸企业。但这项识别模式存在如下问题。首先，该方法可能会错误地认定那些理应享受最低优惠利率的极其健康的公司是僵尸企业。其次，如果一些僵尸企业得到的支持方式不是减息或债务减免，那么该措施可能无法识别出它们。最后，如果贷款利率在未来期间遭遇大幅变动，实际贷款利率在一年内有所调整，使用过去的利率来计算最低还款额可能会出现问题。

Caballero 等（2008）沿袭 Hoshi（2006）提出的僵尸企业获得信贷补贴的思路，构造出著名的识别僵尸企业模型 CHK 法，其识别僵尸企业的步骤和模型缺陷与 Hoshi（2006）提出的识别方法基本类同。二者均采用利息费用这个单一指标来判别僵尸企业，把实际利息费用小于理论上计算的最低利息费用的企业视为得到了信贷补贴，因而把实际贷款利率低于潜在最优贷款利率的企业认定为僵尸企业。

为了克服 CHK 法的缺陷，Fukuda 和 Nakamura（2011）采用盈利指标和负债率指标对 CHK 模型进行修正，也即 FN 法或 CHK – FN 法。根据 FN 法，当企业盈利不足以支付最低利息费用，杠杆率较高，偿债风险较大，却依然获得信贷支持，表现为负债率持续增加。这种贷款资质和潜力都很差，但是仍能获得贷款的企业可能获得了银行贷款补贴，应该被认定为僵尸企业，这种方法也被称为"过度借贷法"（Evergreen Lending）。

CHK – FN 识别模型以日本僵尸企业为研究背景，其本质是根据企业在经营困难时是否得到银行贷款资源的"输入"而认定僵尸企业，衡量企业经营困难的指标为盈利指标，并考虑企业杠杆率较高带来的财务风险。

二 CHK – FN 修正模型

CHK 识别模型采用利息费用这个单一指标，Fukuda 和 Nakamura 的模型加入盈利信息和杠杆率等修正指标；后续相关研究对僵尸企业的识别基本上在 CHK – FN 模型的基础上进行修正。

Imai（2016）研究了日本中小规模僵尸企业，僵尸企业识别标准参照 FN 模型，盈利指标用连续若干年的实际利润之和进行平滑。中国企业除了享有信贷市场的优惠条件之外，还往往享受政府财政补贴和税收返还等优惠政策，国内文献对僵尸企业的认定在借鉴 CHK – FN 法的同时，考虑了中国的制度背景等因素，如把实际利润定义为扣除营业外收支或财政补贴收入的利润（张栋等，2016；申广军，2016；谭语嫣等，2017；李旭超、鲁建坤，2018）。聂辉华等（2016）及方明月等（2018，2019）考虑到僵尸企业僵而不死但也不活的特性，将僵尸企业定义为连续两年被 CHK - FN 标准识别为僵尸企业的企业[①]。黄少卿和陈彦（2017）的研究为了防止个别僵尸企业在个别年份出现实际利润微弱为正，导致之后若干年份无法被识别为僵尸企业的情形，他们参考 Imai（2016）的修正法，用连续若干年的实际利润之和进行平滑。周琎等（2018）加入"政府补贴依赖程度"指标来修正 CHK - FN 模型，将僵尸企业按吸血性划分为"利息补贴""政府补贴""常青贷款"三种类型。

现有文献利用信贷补贴、政府补贴、亏损指标等来判别僵尸企业，较少考虑企业现金流短缺或偿债能力对僵尸企业的影响。企业陷入僵尸困境的本质是不能产生充分的利润或经营活动现金流来支付成本费用，从而出现债务危机。为了弥补盈利指标在识别僵尸企业时的缺陷，有的识别模型考虑了其他指标，如净资产增长率等（黄少卿、陈彦，2017）。因此盈利能力并不等同于偿债能力，在识别僵尸企业的标准中忽视偿债能力指标可能造成僵尸企业的误判。

三 包含偿债能力指标的综合识别模型

为了刻画僵尸企业偿债能力较低、偿债风险较大的特征，僵尸企业界定试图采用偿债能力指标和信贷补贴指标相结合的综合识别模型。Manuela 等（2017）以欧洲中小企业为样本，僵尸企业识别标准为资产回报率为负、净投资为负、偿债能力连续至少两年低于 5% 三个条件，其中偿债能力指标为息税前盈余与金融性负债的比值。王万珺和刘小玄（2018）认为 CHK - FN 的识别标准并不能直接用于中国僵尸企业的识别。该研究利用盈利能力指标和偿债能力指标，提出一个综合识别模型，其中偿债能力采用现金流与流动负债流量之比的指标衡量，识别步骤首先计算企业实际利润，其次计算现金流比率，把满足实际利润小于等于零、现金流小于流动负债流量及企业年龄大于三岁的企业判定为僵

---

① 中国人民大学国家发展与战略研究院标准。

尸企业。

Manuela 等（2017）的识别模型有两个优势，其一，负投资约束可以确保不会错误地将年轻的、正在扩张的企业归类为僵尸企业；其二，偿债能力指标而不是利息指标，可以避免将拥有高信贷补贴的僵尸企业归类为健康企业。王万珺和刘小玄（2018）识别僵尸企业的标准之一是现金流小于流动负债流量，其中现金流为净利润加折旧，属于现金流计算的间接法，计算简单，难以反映企业经营活动现金流的真实全貌。直接法计算的经营活动现金流净额涉及项目更多，核算内容更准确。同时该方法基于中国工业企业数据库中的样本而成立，但未必适用于中国资本市场上僵尸企业的识别。这种把盈利能力和偿债能力结合起来的僵尸企业判别方法较为少见。

四 连续亏损法

基于中国特殊的政治经济背景，中国僵尸企业的识别模型还有连续亏损法。在中国供给侧结构性改革的特定形势下，中国政府把清理处置僵尸企业作为"去产能"的重要工作任务，官方文件把连续亏损三年以上、且不符合结构性调整方向的企业定义为僵尸企业。部分研究文献认为 CHK – FN 模型基于僵尸企业的形成条件或渠道（银行贷款补贴）而产生，混淆了僵尸企业缺乏自生能力和没有市场出清的内涵特征，因而认为连续亏损法更符合中国实际情况和特定语境（饶静、万良勇，2018）。

朱舜南和陈琛（2016）在测度僵尸企业时以"连续亏损三年以上"为标准，有些研究考虑政府补助对企业僵尸化的影响，进一步对此修正，把扣除政府补贴和税费返还后的净利润连续三年都小于零的企业定义为僵尸企业（饶静、万良勇，2018；宋建波等，2019）。

连续亏损法虽然与中国政府官方标准更加契合，但其缺陷也是显而易见的。比如成长性较好的企业可能暂时尚未盈利，但能够获得资本市场的认可（黄少卿、陈彦，2017）。盈利指标容易受到操纵和平滑，同时盈利能力也并不能代表偿债能力，暂时亏损的公司偿债风险未必较大。而僵尸企业的基本内涵之一是无偿债能力（insolvent），所以仅用盈利指标，如以连续三年亏损等作为判定标准，更具有误导性。

五 极端类型僵尸企业

僵尸企业的重要特征是负债率较高,甚至资不抵债,所以,有些文献专门研究了这种极端类型的僵尸企业,也就是负资产的僵尸企业。他们不仅受到银行债权人的保护,而且还得到其他债权人的支持,尽管失去权益资本,但仍然从事商业活动(Mohrman & Stuerke, 2014)。Urionabarrenetxea 等(2016, 2018)以西班牙公司为样本,探讨了僵尸企业经济风险问题,僵尸企业以连续 5 年净资产为负的标准衡量,重点分析长期保持这种状态的公司,因此涵盖了最极端状况的僵尸企业。

Urionabarrenetxea 等(2018)认为净资产为负的僵尸企业不仅是西班牙经济体内的问题,也遍及整个欧洲经济体。有研究把捷克食品行业在 2003—2015 年连续 3 年净资产为负的企业定义为僵尸企业(Blažková & Dvoulety, 2019)。Urionabarrenetxea 等(2016)指出,这类最极端的僵尸企业大约占欧洲 GDP 的近 10%。

以净资产为负的特征刻画僵尸企业,虽然较好地代表了僵尸企业资不抵债的状态,在经济发达、以市场配置资源为主导的欧洲国家具有适用性,但未必反映转型经济体或发展中国家政府对经济活动进行行政干预的现实情况。

六 僵尸企业识别方法的结果比较

不同的识别方法对僵尸企业识别的结果自然是不同的。表 2-1 是代表性文献僵尸企业识别模型的结果比较。

可见,不同识别方法代表的核心思想不同,大多数研究以获得信贷补贴和"常青贷款"为思想基础。一般来说,CHK 模型的识别标准单一,且较为宽泛,识别出的僵尸企业数量较多。FN 法及其修正模型的识别条件多元化,识别标准较为严格,所以识别出的僵尸企业占比较低。包含偿债能力指标的综合方法同时强调了企业获得的信贷补贴和企业偿债能力,识别标准较好地刻画了企业无力偿债的内涵,具有创新性,其识别出的僵尸企业比例低于 CHK 模型。连续亏损法衍生于中国官方政策,也是单一标准,但其识别出的僵尸企业比例也低于 CHK 模型。极端类型僵尸企业的研究文献以欧洲国家企业数据为样本,并不具有代表性。

表2-1 僵尸企业识别结果比较

识别模型	代表性文献	核心思想	识别条件	僵尸企业比例
CHK	Caballero et al., 2008	获得信贷补贴	$EIR_{i,t} = (R_{i,t} - R^*_{i,t})/R^*_{i,t} < 0$	日本上市公司数据，1994—2004年每年在25%以上
FN	Fukuda et al., 2011	盈利能力不足以支付理论上的最低利息，却持续获得贷款支持	$EIR_{i,t} = (EBIT - R^*_{i,t})/R^*_{i,t} < 0$，资产负债率>50%，t年资产负债率>t-1年资产负债率	日本上市公司数据，在1994—2004年的样本期间，一般低于10%
CHK-FN修正模型	Imai, 2016	盈利能力不足以支付理论上的最低利息，却持续获得贷款支持	$\sum_{m=0}^{t}(EBIT_{i,t-m} - R^*_{i,t-m}) < 0$，资产负债率>50%，t年资产负债率大于t-1年资产负债率	日本中小企业数据，1999—2008年僵尸企业比例在4%—14%
	黄少卿等, 2017	缺乏持续盈利能力，没有退出市场的低效率企业	扣除各种补贴后实际利润总额连续三年为负和负，净资产负债率没有增加	中国工业企业数据，2001—2007年之间僵尸企业比例在10.6%—19.7%
	谭语嫣等, 2017	盈利能力不足以支付理论上的最低利息，却持续获得资源支持	息税前利润小于最小净利息支出，且t期资产负债率大于t-1期资产负债率	中国工业企业数据，1999年在32%，2013年在10%以下
包含偿债能力指标的综合方法	王万珺等, 2018	现金流不足，不能清偿债务	借鉴CHK-FN模型计算实际利润为负，现金流动负债流量、偿债能力（息债比）连续至少两年低于5%	中国工业企业数据，1999—2013年僵尸企业占比为15%
	Manuela et al., 2017	偿债风险较大，投资机会少	资产回报率为负，净投资为负，企业年龄大于三岁	欧洲中小企业，2010—2014年僵尸企业比例一般在12%以下
连续亏损法	饶静等, 2018；宋建波等, 2019	盈利能力不可持续	扣除政府补贴和税费返还后的净利润三年都小于零	上市公司数据，2010—2016年僵尸企业比占比为10.24%左右
极端类型	Urionabarrenetxea et al., 2016, 2018；Blažková et al., 2019	资不抵债	净资产连续3年或5年为负	非上市公司数据，这类最极端的僵尸企业大约占欧洲GDP的近10%

第二节 僵尸企业形成因素

企业僵尸化的原因不外乎两种，即内因和外因。内因是导致僵尸企业陷入财务困境状态的微观因素，具体表现为经营亏损、偿债能力不足、不可持续经营，按市场规则最终应该退出市场的低效率企业。然而，由于非市场化力量的干预而没有退出市场。这种非市场化力量也是企业僵尸化的外部原因，既包括银行的信贷支持，也包括政府干预，后者更是中国企业僵尸化的深层次因素。外因一般也是企业僵尸化的宏观因素。

一 企业内部因素

从内部因素研究僵尸企业形成因素的研究文献较少，该类文献主要从企业财务状况、生产经营策略、企业特征等方面探讨企业陷入僵尸化危机的原因。首先，财务状况通常指杠杆率、资产规模、运营效率、融资约束等内容，研究发现企业杠杆率越高，资产规模越小，越可能僵尸化，而运营效率较低是制造业企业僵尸化的原因之一（朱舜楠、陈琛，2016）。寿华琛（2018）把企业融资约束划分为债权型融资约束和股权型融资约束两种类型，研究结果表明融资约束类型对企业僵尸化的影响不同，债权型融资约束越低，企业僵尸化的可能性越高，股权型融资约束越低，企业僵尸化的可能性越低。有的文献认为预算软约束是企业僵尸化的因素，且企业规模越大，预算软约束造成企业僵尸化的可能性越大（孔繁成、易小琦，2019）。

其次，企业因自身管理实践或业务策略错误而导致僵尸化。Blažková 和 Dvoulety（2019）以捷克食品行业企业为样本，研究发现财务业绩的持续恶化显著增加了企业僵尸化的可能性，并认为捷克僵尸企业没有得到政府政策的支持，其存在的原因在于缺乏经济措施防止这些公司业务的延续。

最后，行业性质、所有权性质等企业特征因素也影响企业僵尸化，研究表明制造业企业、国有性质的企业更容易成为僵尸企业（朱舜楠、陈琛，2016）。

二 企业外部因素

多数文献从银行贷款补贴和政府干预等外部因素探讨了僵尸企业的

成因。日本僵尸企业研究文献主要从银行贷款支持和政府监管政策两个角度进行分析，认为银行贷款支持是企业僵尸化的关键因素，而政府对银行监管的容忍度和货币政策则是企业僵尸化的推动因素（刘坤甫、茅宁，2016）。由于中国商业银行的国有性质及政府对经济活动的干预，国内文献则侧重于从资源禀赋优势、政府补助、官员地域偏爱等方面探讨僵尸企业成因。

第一，西方研究文献认为银行贷款的持续输入是僵尸企业形成的主要原因。20世纪80年代末，日本经济泡沫的破灭导致银行贷款抵押品价值下降，银行体系面临巨大的调整问题。但政府监管部门推迟对银行进行重大改革或重组。由于担心低于资本标准，许多银行继续向资不抵债的借款人提供信贷，押注低效率企业以某种方式复苏，或政府将为它们纾困。事实上，政府也鼓励银行增加对中小企业的贷款，以缓解明显的"信贷紧缩"环境的不利冲击，特别是在1998年以后，持续的融资或"常青贷款"对企业僵尸化具有关键作用（Hoshi，2006）。研究文献把这种贷款称之为"僵尸贷款"，并认为僵尸贷款可能是日本经济在所谓"失去的十年"（lost decade）中复苏乏力的主要原因之一。

Peek和Rosengren（2005）的研究为"僵尸贷款"提供了证据，研究结果显示资本最少的银行最有可能向低效率公司给予常青贷款支持。Caballero等（2008）根据1982—2002年多达2500家日本公司的银行公司数据，发现大型银行以极低的利率向无效益的企业发放了过多贷款，形成了一种"僵尸贷款"模式。Max（2014）认为资不抵债、经营亏损的银行更有动机掩盖不良贷款或银行坏账，从而给低质量的客户提供贷款支持。Iwasako等（2013）和Asanuma（2015）对日本僵尸企业的生存状况进行了研究，他们认为，由于政府采取了拯救破产企业的政策，在日本银行的帮助下，僵尸企业等效率低下的企业得以存活并继续存在。

Jaskowski（2015）对银行进行僵尸贷款的虚假行为提出了一个简单而又相当直观的解释。他指出，在某些情况下，僵尸贷款可能是银行的最佳策略，即使没有政府的任何政治压力、市场摩擦或任何其他误导性的监管，银行也可能在战略上选择发放僵尸贷款，因为僵尸贷款可以增加银行的收入。Manuela等（2017）基于欧洲国家中小企业数据，研究了银行僵尸贷款对经营亏损、没有偿付能力企业的支持。

第二，中国僵尸企业形成的外部因素包括多种形式，其中，政府行政干预是关键因素。不同于日本的主银行制度及欧美以市场为主导的信贷融资模式，中国特有的商业银行体系和政府对经济活动的过度干预是中国企业僵尸化的根本原因。所以中国僵尸企业的形成有其重要的前提条件，即政府干预导致了资源错配，从而使银行贷款或政府补贴等资源流向了经营不善的企业。研究文献从不同的具体角度对僵尸企业的成因进行了探讨。

申广军（2016）基于新结构经济学视角分析了企业僵尸化的深层次原因，发现要素禀赋比较优势和技术比较优势可以解释僵尸企业的出现，不符合比较优势的企业生产效率低，盈利能力差，最终只能通过政府补贴、税收优惠和银行贷款维持生存，更容易成为僵尸企业。陈运森和黄健峤（2017）认为僵尸企业存活的关键在于地方政府的地域偏爱，与主银行制国家不同，在中国制度背景下，政府官员的地域偏爱可能会通过身份认同和熟悉度偏见两个层面影响僵尸企业的资源获取；研究结果发现官员对主政经历的地域偏爱情结促进了曾主政地区僵尸企业的形成。另外的研究认为地方政府财政存款影响银行信贷资源的分配，银行出于对财政存款的竞争，形成企业信贷歧视，从而造成企业僵尸化，尤其是促成国有企业的僵尸化（刘冲等，2020）。

饶静和万良勇（2018）实证研究了不同强度政府补助对企业僵尸化的异质性影响，发现适度的政府补助有助于降低企业陷入僵尸困境的风险，但高额的政府补助则会明显加大该风险。宋建波等（2019）从投融资约束视角探讨了政府补助对企业僵尸化的影响。投资机会约束企业指投资主要受制于投资机会而非现金流的企业，融资约束企业指投资主要受制于现金流而非投资机会的企业；实证结果表明，相对于非融资约束企业，投资机会约束企业收到更多政府补助；政府补助对投资机会约束企业的僵尸化具有显著推动作用；其中特定的融资补助对投资机会约束企业僵尸化的作用较政府补助总额更为显著；但政府补助总额与融资补助对融资约束企业僵尸化的作用没有显著性。

表2-2是僵尸企业形成因素的研究结果比较，包括因素归类、代表性文献、具体原因、主要论点及结论等。日本书献研究主要从银行僵尸贷款的视角解释了僵尸企业的形成。中国研究文献对僵尸企业的成因

分析较为多元，少数文献探讨了企业内部因素对企业僵尸化的影响，大部分文献则从外部因素解释了僵尸企业的成因。

表 2-2　　　　　　　　　　　　僵尸企业形成因素

类型	代表性文献	具体原因	结论或发现
内部因素	Blažková et al., 2019	财务业绩持续恶化	自身管理实践或业务策略错误而导致僵尸化
	朱舜楠等，2016	企业杠杆率、资产规模、行业性质、所有权性质、运营效率	高负债率企业、资产规模较小企业、制造业企业、国有性质的企业更容易成为僵尸企业，而运营效率较低是造成能源开采与制造业企业成为僵尸企业的主要原因
	寿华琛，2018	融资约束、政治关联	债权型融资约束越低，企业僵尸化的可能性越高，股权型融资约束越低，企业僵尸化的可能性越低；政治关联对企业僵尸化具有促进作用
	孔繁成等，2019	预算软约束	企业规模越大，预算软约束造成企业僵尸化的可能性越大
外部因素	Caballero et al., 2008; Jaskowski, 2015	银行掩盖坏账损失，宽松的政府监管政策及主银行制度下的银企关系	银行僵尸贷款是企业僵尸化的根本原因
	申广军，2016	要素禀赋比较优势和技术比较优势	不符合比较优势的企业更容易成为僵尸企业
	陈运森等，2017	地方政府官员的地域偏爱	官员对主政经历的地域偏爱情结促进了曾主政地区僵尸企业的形成
	刘冲等，2020	银行竞争地方财政存款	银行出于对地方财政存款的竞争，形成信贷歧视，特别是导致国有企业的僵尸化
	饶静等，2018；宋建波等，2019	政府补助	适度政府补助有助于降低企业陷入僵尸困境的风险，但高额政府补助则会明显加大该风险；政府补助对企业僵尸化的影响受到企业投融资约束条件的限制

第三节　僵尸企业经济后果

Kane（1987）最早关注了僵尸企业和僵尸贷款的现象，有证据表明，这种僵尸贷款盛行于20世纪90年代的日本（Sekine et al.，2003），并造成了巨大的经济损失（Max，2014）。僵尸企业负外部性可以分为僵尸企业决策行为的负面效应和僵尸企业对宏观经济发展的负面效应两个方面，前者是对僵尸企业自身决策行为的研究，后者重点关注僵尸企业对其他企业或整个宏观经济的负外部性，且以后者为主要研究主题。僵尸企业负面效应的研究是僵尸企业理论研究的核心部分。

一　僵尸企业决策行为的负面效应

僵尸企业能够获得银行贷款支持，从而减少了破产压力，这将对僵尸企业管理者决策行为产生影响，主要表现在管理者道德风险问题严重、机会主义行为较多、投融资活动等生产经营行为扭曲等方面。

第一，管理层决策行为短视化。这主要表现在僵尸企业管理层为获得银行贷款而高估业绩预测等方面（Kato et al.，2006；Peek，2008）。Kato等（2006）以1997—2006年日本上市公司数据为样本，研究僵尸企业管理层业绩预测行为，研究发现管理层每年的预测业绩均远高于最终的实际业绩，企业盈利越差，这种业绩预测高估效应愈加明显。Peek（2008）也指出僵尸企业管理者对业绩预测将有乐观或过度自信倾向，同时，管理层还推迟公司的重组活动。

第二，僵尸企业管理层盈余管理动机较大。除了业绩预测高估之外，僵尸企业作为财务困境企业，为获得银行贷款支持还进行其他财务报告粉饰行为，进而恶化了公司财务报告信息质量。Lin（2011）以日本僵尸企业为样本，采用自然实验法对其财务信息透明度进行探讨，实证结果发现，僵尸企业盈余管理行为比非僵尸企业更严重，可操纵应计性项目数量更多，金额更大。戴泽伟和潘松剑（2018）探讨了僵尸企业对财务信息质量和信息环境的影响，实证结果表明僵尸企业信息透明度更低，信息质量更差。

第三，僵尸企业投融资活动扭曲。银行监管政策影响僵尸企业投资，Diamond和Rajan（2000）的研究表明银行的资本充足率影响僵尸企业的投资行为，与资本充足银行相关的僵尸企业增加了投资；如果银行资本不足，僵尸企业增加投资，而其他借款者减少投资。Imai（2016）利用1999—2008年的企业面板数据，探讨了日本中小规模（SME）僵尸企业的借贷和投资行为，实证结果表明，由于银行"常青"贷款支持，即使中小企业土地价值下降也未能导致僵尸企业贷款减少；同时，"常青"贷款增加了僵尸企业对低生产率和低盈利项目的投资，因而没有增加僵尸企业投资的盈利能力（以边际q衡量）。

二　僵尸企业对经济发展的负面效应

Peek和Rosengren（2005）以及Caballero等（2008）的研究表明，向僵尸企业提供的长期贷款扭曲了市场规律，导致日本宏观经济复苏严重滞后。在中国情景下，研究文献从不同角度探讨了僵尸企业对经济造成的不利影响，具体表现在就业、投资、融资、税负、创新、生产效率、产能过剩等方面，从而扭曲资源配置结构和削弱资源配置效率。僵尸企业在宏观上的负外部性可以归纳为以下几个方面，并以其传染性为显著特征。

第一，僵尸企业挤占健康企业投资，造成某些行业产能过剩，并抑制企业创新。以欧洲企业为样本，Schivardi等（2017）的研究表明，在欧元区主权债务危机期间，资本金较低的银行不太可能削减对实力较弱公司的贷款。这导致了信贷分配不当和健康企业失败率的上升，但对企业增长或生产率的影响有限。研究结果还表明，与僵尸贷款现象更为直接相关的是信贷错配成为欧洲投资下滑的一个重要原因（Kolev et al.，2016）。McGowan等（2017）测试了行业内僵尸企业的比例是否随着时间的推移而增加，以及这种趋势对生产率增长的影响，该文运用Caballero等（2008）的分析框架，结果表明僵尸企业的市场拥挤减少了健康企业的商业投资，僵尸企业对投资的挤出效应抑制了资本再配置效率的提高。

Tan等（2016）认为僵尸企业对私人投资的挤出效应对中国经济增长、生产率改善、就业创造等造成不利作用，抑制了非僵尸企业的业绩，该文数据表明，僵尸企业的退出将使非僵尸企业的年产出增长率提高2.12个百分点。谭语嫣等（2017）的研究结果证实了僵尸企业对非僵尸企业投资的挤占效应，且这一挤出效应对私有企业尤为明显，而对国有企业并不显著。现有研究结果表明僵尸企业对污染排放投资也有挤占效应。王守坤（2018）考察了僵尸企业对环境保护的负面影响，研究结果表明省份僵尸企业资产规模越高，工业污染治理投资金额越小。

许多研究人员和政策制定者已经认识到僵尸企业造成了产能过剩的问题。Caballero等（2008）发现，在20世纪90年代的日本，产能过剩的问题在僵尸企业比例较大的行业更为严重。Shen和Chen（2017）探讨了产能过剩与僵尸企业之间的关系，发现僵尸企业通过排挤健康的企业，导致并加剧了产能过剩；僵尸企业对健康企业产生负面影响的途径通常包括更少的税款缴纳、更多的政府救助、更好的融资渠道等方式。总之僵尸企业通过扭曲资源配置排挤健康的公司。

王永钦等（2018）探讨了僵尸企业对中国企业创新结构的影响，研究发现僵尸企业对非僵尸企业的专利申请和全要素生产率具有挤出效应，行业内僵尸企业占比越高，非僵尸企业专利申请数量越低，全要素生产率也越低；僵尸企业对非僵尸企业创新挤出效应的渠道主要包括资源约束的加剧、信贷配置扭曲及行业公平竞争环境的损害等方面。

第二，僵尸企业抑制生产率提高，阻碍就业增长，污染外部治理环境。僵尸企业阻止生产率更高的企业获得市场份额，是扼杀整体经济生产率增长的一个潜在重要因素。由于僵尸企业受到信贷补贴的支持，对20世纪90年代日本经济遭受的不利冲击没有做出应有的反应，从而使健康企业被迫进行调整，健康企业在这种不利冲击中遭受的损失更大。证据表明，在僵尸企业数量较多的行业，生产率增长较低，资源配置结构扭曲，加剧了本已疲弱的生产效率恶化（Ahearne & Shinada，2005）。僵尸企业倾向于比非僵尸企业增加更多的就业岗位，当一个行业僵尸企业的比例增加时，就业岗位的创造会下降，就业岗位的破坏会增加，而对非僵尸企业的影响尤其强烈（Hoshi，2006）。Caballero等（2008）、肖兴志和黄振国（2019）及乔小乐等（2019）的研究表明，在僵尸企业大量存在的行业，健康企业的投资和就业增长大幅下降。

与现有研究发现的僵尸企业对投资和就业具有溢出效应的结果一样，Lin（2011）证明了僵尸企业信息披露的溢出效应，即僵尸企业的盈余管理行为具有传染性，引发行业中其他企业进行效仿，从而导致整个行业财务信息透明度下降，具体表现在，僵尸企业存在的行业，其财务信息透明度比没有僵尸企业行业的财务信息透明程度，会下降4%—6%。基于中国上市公司样本，研究结果表明僵尸企业信息透明度具有传染性，即省份僵尸企业密集度较大时，非僵尸企业的信息透明度较差，省份整体信息环境质量也较低（戴泽伟、潘松剑，2018）。

此外，有的文献研究了僵尸企业财务危机的传染性。实证结果表明中国中小民营企业因为融资渠道特殊，难以获得银行贷款，主要依靠企业之间相互担保或供应链负债进行融资，中小民营僵尸企业的财务危机具有较大的传染性，从而连累更多中小民营企业陷入财务困境，其传染渠道包括投资、融资、用工三种类型（方明月等，2018）。

第三，扭曲银行资本配置效率，加剧金融风险。僵尸企业通过银行"输血"而持续加杠杆，因而干扰了货币政策的作用，导致非金融企业降杠杆出现结构分化。刘莉亚等（2019）研究发现央行通过公开市场操作调节银行资金成本，实现货币政策意图，当僵尸企业以优惠利率从银行获得贷款时，为弥补资金成本，银行会提高正常企业的贷款利率（信贷成本转嫁效应），导致正常企业融资被挤出；货币政策紧缩时，僵尸企业在企业中的比重越高，对正常企业贷款利率的转嫁效应越强，正常企业的融资成本更高，从而杠杆率越低。王海林和高颖超（2019）的研究表明僵尸企业推动了银行整体风险的增加。

第四，其他宏观负面经济后果。"减税降负"以激发企业活力是国家经济新常态下的工作重点，但僵尸企业的存在造成了税收负担转移和税负扭曲的后果。李旭超和鲁建坤（2018）的研究结果表明僵尸企业对非僵尸企业税收负担具有扭曲效应，僵尸企业显著提高了非僵尸企业的实际所得税税率，财政压力越大的省份，其税负扭曲效应越严重。金祥荣等（2019）基于税负视角对僵尸企业的负外部性进一步探讨，研究结果发现僵尸企业占比越高，正常企业报告利润越低，僵尸企业越可能导致正常企业通过低报或瞒报利润的方式进行企业所得税的偷逃行为。另外的研究结果表明，僵尸企业的存在推高了正常企业的风险承担水平（王凤荣等，2019），同时通过"成本加成效应"和"创新挤出效应"而导致非僵尸企业加成率的恶化（诸竹君等，2019）。

僵尸企业经济后果研究的结果比较如表2-3所示。总体上，僵尸企业扰乱了资源配置的市场规律，恶化了稀缺资本的配置效率，对国家经济造成不利影响。僵尸企业微观效应主要通过影响微观主体的决策行为而产生，诸如管理者资产重组决策、业绩预测、财务报告信息质量、投融资行为等。僵尸企业宏观效应主要包括对行业或地区非僵尸企业在投资、就业、生产率、信息环境、产能过剩、创新、环境污染、税收负担等方面的溢出效应而产生破坏作用，其中研究文献集中于对僵尸企业投资、就业、生产率方面影响效应的探讨。

表 2-3　　　　　　　　　　僵尸企业经济后果

类型	代表性文献	具体途径	结论或发现
僵尸企业决策行为的负面效应	Kato et al., 2006; Peek, 2008	管理者决策行为	管理层道德风险问题严重，产生短视决策行为，比如推迟资产重组、高估业绩预测等
	Lin, 2011; 戴泽伟等, 2018	财务信息披露	僵尸企业盈余管理行为严重，信息透明度更低，信息质量更差
	Diamond et al., 2000; Imai, 2016	投融资行为	僵尸企业贷款没有减少，僵尸企业增加了对低生产率和低盈利项目的投资，僵尸企业投资的盈利能力没有提高
僵尸企业对经济发展的负面效应	Ahearne et al., 2005; Tan et al., 2017	生产率	在僵尸企业数量较多的行业，生产率增长较低
	Hoshi, 2006; Caballero et al., 2008; 肖兴志等, 2019	就业	当一个行业僵尸企业的比例增加时，就业岗位的创造会下降，造成劳动力资源错配
	Caballero et al., 2008; McGowan et al., 2017; Tan et al., 2017; 谭语嫣等, 2017	投资	在僵尸企业大量存在的行业，健康企业的投资增长大幅下降，也就是僵尸企业的投资挤出效应
	Caballero et al., 2008; Shen et al., 2017	产能过剩	僵尸企业通过扭曲资源配置排挤健康的公司，导致并加剧了产能过剩
	Lin, 2011; 戴泽伟等, 2018	财务信息环境	僵尸企业信息透明度较差，僵尸企业较多的行业或省份，其整体信息环境质量也较低
	方明月等, 2018	财务危机	中小民营僵尸企业的财务危机具有较大的传染性，从而连累更多中小民营企业陷入财务困境

续表

类型	代表性文献	具体途径	结论或发现
僵尸企业对经济发展的负面效应	王永钦等，2018	企业创新	僵尸企业对非僵尸企业的专利申请和全要素生产率具有挤出效应，行业内僵尸企业占比越高，非僵尸企业专利申请数量越低，全要素生产率也越低
	王守坤，2018	环境污染	省份僵尸企业资产规模越高，工业污染治理投资金额越小
	李旭超等，2018；金祥荣等，2019	税收负担	僵尸企业显著提高了非僵尸企业的实际所得税税率，财政压力越大的省份，其税负扭曲效应越严重；僵尸企业的存在显著增加了正常企业通过瞒报利润而逃避企业所得税的行为
	刘莉亚等，2019；王海林等，2019	银行资本配置	信贷成本转嫁效应，恶化资本配置效率，增加银行系统性风险
	王凤荣等，2019；诸竹君等，2019	企业经营效益及风险	推高了正常企业的风险承担水平；导致非僵尸企业加成率的恶化

第四节 僵尸企业治理措施

国外关于僵尸企业处置方面的研究不多，而且主要基于日本和美国的治理经验（黄婷、郭克莎，2019）。日本采取市场和政府联动、政府适度干预、企业加强内部治理的混合策略。在中国，僵尸企业问题虽然由来已久，但对僵尸企业的研究和治理却是近几年开展起来的领域。僵尸企业治理也可以说是僵尸企业的退出，其含义既包括破产退出等狭义概念，也包含多种形式的退出变动，如重组后的复活等。僵尸企业治理措施包括微观治理和宏观治理两个方面，前者是企业内部治理机制的完善，后者以外部治理环境或国家干预为主要研究视角，但二者是紧密结合的。

一 企业内部治理机制

以日本僵尸企业治理经验而言，主要措施采取政府适度干预下的政府—银行—企业三方联动的混合策略，其中企业内部治理是其中重要内容之一（盛垒，2018）。企业内部治理的内容包括股权结构改造、管理层重建等，以实现企业经营效益改善和活力再生为主要目标。在日本僵尸企业治理过程当中，为了降低经营成本曾削减管理层薪酬和分红，但造成管理人员消极怠工，反而不利于僵尸企业的复苏。研究表明，精简员工、出售固定资产、激励经理人以及建立透明的财务体系等企业重组方式有利于激活僵尸企业（Fukuda & Nakamura，2011），但如果对僵尸企业的兼并重组缺乏创新，也未必使之复苏（Nakamura，2017）。所以日本的经验说明，管理层激励机制在僵尸企业治理中发挥重要作用。

以中国经验而言，研究结果表明内部治理机制能够防止企业僵尸化。韩飞和田昆儒（2017）从内部控制、股权结构等角度分析公司治理对企业僵尸化的作用，内部控制利用迪博内部控制指数衡量，实证结果显示内部控制质量越高的上市公司，越不容易成为僵尸企业；机构投资者持股和大股东持股以及管理层持股等能够显著抑制僵尸企业的形成。在混合所有制改革推动的背景下，研究文献探讨了混合所有制对僵尸企业的"治疗"功能，研究发现了一种"国企混改类啄序"现象，即混合所有制改革对国有僵尸企业具有显著的治疗效果；在多种混合所有制改革策略中，转制民企优于国企参股，国企参股优于国企控股（方明月、孙鲲鹏，2019）。

有关僵尸企业清理处置方式的研究认为，中国僵尸企业应该进行分类处置，其处置方式主要包括托管经营、扶持发展、兼并重组、破产退出四种类型（熊兵，2016；黄婷、郭克莎，2019）。针对僵尸企业不同的退出方式，研究文献认为应该划分界定标准，如负债率超过100%的国有僵尸企业处置应以破产退出为主，负债率在100%以下的企业应以自救重生为目标。

二 外部治理环境

日本在20世纪90年代经济泡沫崩溃后，深陷经济发展停滞的泥潭，僵尸企业直接导致了日本经济"失去的十年"。经过十余年的努力，日本政府终于解决了僵尸企业难题，并成为僵尸企业治理的全球典范。

据文献（张季风、田正，2017；尹嘉琳、邹国庆，2017；盛垒，2018），日本僵尸企业处理措施主要有四点，第一，坚持以市场配置资源原则为主导；第二，妥善安置失业工人；第三，完善法律法规；第四，建立独立的第三方机构，政府适度干预僵尸企业清理处置；其中，第三方机构的设立和运作在僵尸企业治理的过程中发挥了重要作用。日本治理僵尸企业的经验成为政府行为弥补市场失灵的典型案例。

1990—2000年，在日本政府最初寄希望于市场机制来主导僵尸企业治理，政府政策的重心在于整治银行不良债权上，没有认识到银行不良债权的根源是无偿债能力的僵尸企业。随着僵尸企业问题的恶化，日本政府意识到仅靠企业与银行的自我转型和自救行为无法有效解决僵尸企业问题，从而转向"适度干预"的政策理念。政府干预的主要形式是成立独立运作的第三方机构来主导僵尸企业问题的处置，比如日本政府成立专门的产业再生机构和中小企业再生支援协议会。这些第三方机构在设立方式上表现为官民共建，但运作流程又以市场运作为特点。第三方机构由专业人士组成，在注重债务关系处理的同时，更重视培育企业自生能力。通过僵尸企业财务重组、经营重建，日本僵尸企业治理取得有效成果。

在政府适度干预的同时，日本处理僵尸企业的手段还坚持以市场指导原则配置资源，实行尊重市场规律的产业调整模式。在保障工人权益方面，日本政府通过颁布《零短工劳动法》《雇佣派遣法》《合同工保护法》等法律，以立法形式保护失业工人的再就业和福利水平。同时，通过颁布《能力开发促进法》《职业训练法》《教育训练补贴》等法律，以培养失业工人的再就业能力。为了实现银行等债权人与僵尸企业的互赢共生，日本相继出台了一系列相关法律法规，如1998年的《金融再生法》和2003年的《产业再生机构法》等，试图在短时间内梳理清楚僵尸企业的债务关系，解决金融不良债权问题。总之，经过日本政府对僵尸企业处置的适度干预，自2005年之后日本僵尸企业的数量呈现回落趋势，僵尸企业治理效果明显（张季风、田正，2017）。

有文献比较分析了美国和日本治理僵尸企业的经验方法，发现美国对僵尸企业治理主要是分类处置和破产保护的措施（Hoshi & Kashyap，

2010），其结果使20世纪90年代的美国航空业和21世纪初期的美国汽车业渡过了经济危机。

中国僵尸企业主要集中于国有企业，国有僵尸企业清理处置成为国家经济工作的重点内容，相关清理处置僵尸企业的政策文件相继推出，并鼓励企业进行自救脱困。鉴于中国属于转型经济体，制度和法律在进一步完善之中。研究文献认为僵尸企业退出市场的困难之一是破产成本太高，所以建议完善破产法，减少僵尸企业破产退出成本（黄少卿、陈彦，2017）。

不同的制度供给及外部环境对僵尸企业治理产生影响。蒋灵多和陆毅（2017）探讨了最低工资制度对企业僵尸化的影响，研究结果表明最低工资标准促使企业精简员工以实现优化管理，提高生产效率并降低企业负债率，所以最低工资标准制度能够抑制僵尸企业的形成，特别是在劳动密集型行业这种抑制作用更明显。蒋灵多等（2018）以外资管制政策为例，探讨了市场机制在僵尸企业处置中的作用，研究发现，外资自由化有助于僵尸企业复活率的提高。彭洋等（2019）从区域一体化视角探讨了外部治理环境对企业僵尸化的影响，实证结果表明，"撤县设区"对企业僵尸化具有抑制作用，这种抑制作用在中部和东部地区更明显。杨龙见等（2020）基于减税降费视角探讨了僵尸企业处置的具体路径。

另外的文献采用演化博弈论方法，通过构建地方政府和国有僵尸企业之间的动态博弈模型，理论分析了国有僵尸企业退出机制的影响因素（黄婷、郭克莎，2019）。这些因素包括政府补助、惩罚、改革转型费用、转型前后收益的差别以及高管价值损失等方面，研究表明增加政府补助和惩罚力度、抑制改革成本和高管价值损失、提高转型前后的收益差，均会引导国有僵尸企业采取改革转型策略。

僵尸企业治理措施的研究结果比较如表2-4所示。综上，通过比较分析僵尸企业治理的相关文献，可见僵尸企业治理措施以宏观治理为主，且以日本经验为代表。僵尸企业的宏观治理强调政府适度的行政干预，同时坚持市场配置资源为主导的原则。微观治理的研究文献较少，其关注重点在企业股东治理和管理层治理两个方面。

表 2-4　　　　　　　　　僵尸企业治理措施

类型	代表性文献	具体措施	结论或发现
内部治理机制	Fukuda et al., 2011, 2017	削减员工，资产重组，管理层激励	企业重组有利于激活僵尸企业，但没有创新的企业重组却不能使僵尸企业复活
	韩飞等，2017	完善内部控制和股权结构	内部控制质量越高的上市公司，越不容易成为僵尸企业；机构投资者持股和大股东持股以及管理层持股能够显著抑制僵尸企业的形成
	方明月等，2019	完善股权结构	混合所有制改革对国有僵尸企业具有显著的治疗效果，即经过股权结构改造，国有僵尸企业数量降低
外部治理环境	张季风等，2017；尹嘉琳等，2017；盛垒，2018	日本以政府适度干预的混合策略为主	资源配置以市场为主导，政府适度干预，颁布相关法律法规，建立第三方机构，取得较好治理效果
	Hoshi & Kashyap, 2010	美国以分类处置和破产保护为主	20世纪90年代的美国航空业和21世纪初期的美国汽车业渡过了经济危机
	蒋灵多等，2017，2018	最低工资标准，外资自由化	最低工资标准能够抑制企业僵尸化，外资管制政策放松提高了僵尸企业复活率
	黄少卿等，2017；黄婷等，2019	完善破产法，国有企业转型改革	减少僵尸企业退出成本，推动地方政府在国有企业转型改革中的作用有利于国有僵尸企业退出
	彭洋等，2019	区域一体化	"撤县设区"对企业僵尸化具有抑制作用，这种抑制作用在中部和东部地区更明显
	杨龙见等，2020	减税降费	减税降费政策能够缓解企业融资约束，增加僵尸企业复活的可能性

第五节　文献述评

从历史角度看，每次经济危机均面临大量企业破产倒闭，经济发展陷入困境，其中尤以欧美发达国家的经验为典型。20世纪90年代后期，日本经济泡沫破灭，出现大量僵尸企业，对经济发展造成巨大的破坏作用。2008年国际金融危机的爆发以及危机后各国经济复苏乏力，僵尸企业现象和问题再次成为监管部门和学术研究的热点。经过40多年的改革开放，中国经济告别高速增长的时代，进入调结构、保质量的中高速发展阶段。中国大量僵尸企业的存在成为国家经济结构转型升级的巨大障碍，清理处置僵尸企业已经成为中国政府经济工作的重要任务之一。基于此，僵尸企业治理问题的研究成为学界关注的热点，其研究结果在拓展僵尸企业治理理论研究内容的同时，也具有重要的实践价值。

本章梳理了僵尸企业相关研究文献，内容包括僵尸企业识别方法、形成因素、经济后果、治理措施四个方面。文献研究结果表明，中国企业僵尸化的路径区别于日本、欧美等发达国家的企业僵尸化模式。西方国家金融体系发达、市场化程度较高、法律制度较为成熟和完善，稀缺资本配置主要依靠市场力量的作用而得以实现，所以西方企业僵尸化的机制在于银行等债权人的"僵尸贷款"，信贷补贴是理解僵尸企业内涵和识别僵尸企业的核心思想和基础指标。

然而，就中国而言，特殊的制度背景决定了中国企业僵尸化机制的特色。国有银行和国有企业的同源特征，造成政府干预经济活动的程度较大，银行贷款在某种程度上成为政府政策性工具之一，政府的过度干预是中国企业僵尸化机制的关键所在。鉴于中国企业僵尸化机制的行政干预特征，中国僵尸企业的识别方法、具体原因分析、负面效应分析、治理措施等研究文献均在借鉴西方僵尸企业研究成果的基础上进行了本土化修正。例如，政府补贴作为行政干预的最直接手段，中国僵尸企业识别模型中实际利润的修正、僵尸企业具体原因的分析等研究文献均对此有较多考察。

文献研究结果表明，僵尸企业负外部性研究是文献重点关注的内容。企业僵尸化对企业管理层决策行为、财务信息披露、企业投融资行为等微观经济主体行为产生负面影响，但这方面的文献成果相对较少。大量研究文献探讨了僵尸企业对正常企业资源配置的挤出效应和传染效应，尤其是近期中国研究文献对僵尸企业负外部性的讨论范围非常广泛，从僵尸企业对正常企业投资、税负、创新、环保、企业风险承担、加成率、就业增长等方面的挤出效应，再到僵尸企业对资源配置效率、金融系统风险等宏观经济发展的负面影响，研究成果非常丰富。

僵尸企业的清理处置是中国供给侧结构性改革的重要任务之一，僵尸企业形成因素及其负外部性的研究均以僵尸企业治理为最终目标。在介绍日本、美国等僵尸企业治理经验的同时，学者针对中国实际情况做出了独特的研究成果。比如，把僵尸企业治理同混合所有制改革联系起来，通过股权结构改造，探讨企业僵尸化的微观治理。因为目前僵尸企业清理处置以国有僵尸企业为主要目标，且以官方政策条文的形式实行自上而下的治理模式，政府在国有僵尸企业的清理处置中占有绝对地位，所以，中国僵尸企业治理注定与西方僵尸企业的治理经验不同。由于企业是千差万别的，如何从根源上解决僵尸企业治理问题是中国经济实践深入探索的一个过程。

综上，僵尸企业问题是基于中国经济现实需要而引起重点关注的一个经济实践和理论探讨的领域，虽然出现令人可喜的研究成果，但有待探究的研究方向还很多。比如，作为市场主体如何应对僵尸企业经济风险以抑制企业僵尸化？既然僵尸企业具有经济风险，对微观经济主体和经济增长的具体影响是什么？总之，研究文献对僵尸企业的负面经济后果已达成共识，但对僵尸企业微观效应的关注不够；同时尚未有研究文献从宏观层面探讨僵尸企业对经济增长的影响。因此，在经济高质量发展背景下，僵尸企业相关理论的突破和创新研究具有重要实践价值。本书拟从企业僵尸化的影响因素、僵尸企业投融资行为的负面效应及僵尸企业对经济增长的宏观影响三个方面分析僵尸企业问题，进一步根据研究结论探讨僵尸企业治理的具体措施，以期为清理处置僵尸企业、助推经济提质增效的治理目标做出些许贡献。

第三章

理论分析

通过第二章文献梳理,文献研究认为中国企业僵尸化的机制独具特点,政府行政的过度干预是理解和把握中国企业僵尸化机制的核心基础,而西方企业僵尸化的根本原因是银行的僵尸贷款。本章首先对政府干预理论、信息不对称理论、委托代理理论、资源依赖理论、替代机制理论及预算软约束理论等进行介绍。其次对僵尸企业概念界定、僵尸企业特性、僵尸企业测度等内容进行理论探讨。最后基于僵尸企业治理视角,建立本书理论分析框架。

第一节 基础理论

一 政府干预理论

市场失灵理论为政府干预行为提供了理论支撑,无论西方发达国家还是发展中的经济体,政府均在不同程度上参与、甚至是主导经济资源的配置。政府干预在推动经济增长的同时,也在扰乱、破坏市场规则,带来副作用或严重后果。

在西方经济学中,亚当·斯密提出著名的"看不见的手"的经济原理,进一步被西方传统经济学诠释为通过市场的自由竞争,资本主义经济可以达到一般均衡,实现资源配置的帕累托最优状态。然而,完全自由竞争的理想化假设条件并不适用于资本主义经济的现实情况,市场并不能在所有场合均能导致有效的资源配置。这就是所谓的"市场失灵"。美国20世纪30年代的经济大萧条以及资本主义国家经济的衰败造成自由市场的全面崩溃,周期性经济危机的不断爆发催生了以凯恩斯为代表的政府干预理论。针对市场失灵理论，政府干预学派主张利用国家行政手段、法律手段等经济调控政策管理经济，以修正市场经济固有的缺陷。也即，当市场失灵后，政府需要承担市场本身不能充分发挥或根本无法发挥作用的功能，所以政府干预是必要的。

市场失灵主要表现在垄断、经济活动的外部性、公共利益、信息不对称等方面。针对市场失灵，政府采取不同的政策进行修正，如反垄断法、产权保护、政府承担公共物品供给、加强对市场信息的调控政策等。西方福利经济学认为微观经济政策可以矫正市场机制的缺点。为了弥补市场失灵的不足之处，政府干预的范围和领域包括经济部门的各个方面，而不限于制定法律法规、再分配和提供公共物品等方面。

然而，政府干预不是万能的。在市场失灵基础上发展起来的政府干预理论不能划清政府和市场的边界，政府干预不是解决市场失灵的有效手段，因为在市场失灵的经济活动中，政府干预并不会必然提高效率（Gruber，2004；李俊生、姚东旻，2018）。政府干预理论暗含着政府是仁慈并且外生于经济决策者的假设（Buchanan，2007）。事实上，也存在"政府失灵"问题，典型例子包括公共物品的资源浪费、政府干预导致的资源错配、政府官员腐败、国有经济对私有经济的排斥挤出等。所以，政府组织参与或主导的资源配置活动并不一定会减少或消除失灵问题（Buchanan，1962）。政府需要在"市场失灵"还是"政府失灵"这两种没有效率的结果上进行权衡。

二 信息不对称理论

Akerlof（1970）通过对二手车市场"柠檬问题"的观察和研究，提出信息不对称理论，并被广泛应用于微观经济领域。信息不对称理论用以说明相关信息在交易双方的不对称分布对市场交易行为和市场运行效率所产生的一系列重要影响。信息不对称理论的基本内容主要包括两点，一是有关交易的信息在交易双方之间的分布是不对称的，也就是说一方比另一方占有较多的相关信息；二是交易双方均清楚明白各自在信息占有方面的相对地位和优势。信息不对称根据信息发生的时间先后顺序进行分类，可以分为"逆向选择"和"道德风险"两种，前者源于交易参与者或潜在的交易者中的一方或多方相对于其他参与者来说具有信息优势，后者起因于交易参与者或潜在的交易者中的一方或多方在整个交易的履行过程中能够观察到他们的行动，而其他参与方却观察不到这种行动。

信息不对称的存在诱使机会主义或自利动机的产生，使双方在签约之前代理人会凭借自身的信息优势而达成增加自身利益或有损委托人利益的契约，企业的无效率投资即是典型的契约扭曲例子。契约签订之后，代理人可能会出现一些道德风险问题，如偷懒、"帝国建造"、放弃净现值为正的项目或投资净现值为负的项目等。这些问题成为学术界讨论的热点。

Myers（1984）认为，由于经理掌握着公司更多内部经营信息，而外部投资者没有这些信息，所以股东与经理存在严重的信息不对称。这些信息由企业内部人提供，在自利动机下，管理层可能通过各种途径粉饰财务报告，为外部投资者提供不真实的会计信息，误导投资者做出非科学的投资决策，导致企业非效率投资行为的产生，如投资过度或投资不足等。Narayanan（1988）进一步研究认为经理与投资者之间的信息不对称主要集中在对新项目预期未来现金流的估计中，而不是对企业现有资产信息判断的不对称，并假定新项目实施与否是唯一可用来区分企业是"好企业"和"坏企业"的信号，那么"坏企业"可能接受一些净现值为负的投资项目来冒充"好企业"，而目的是从股价的波动中获取收益。当企业从股价中获取的收益超过了投资净现值为负的项目所遭受的损失时，则企业就可能实施净现值为负的项目，产生投资过度问题。

信息不对称的存在也可能扭曲经理的融资决策，在这种情况下，外部投资者和债权人并不了解企业内部信息，如有关投资项目的质量、经理的努力程度及风险偏好等，所以债权人在信贷决策中面临较大的风险，并索要足够的风险溢价作为补偿，这将扭曲企业最优的投融资决策。

根据信息不对称理论，如何向资本市场（包括潜在股东与债权人）传递有关公司投资项目或发展前景的信息，是降低不对称信息不利影响的关键，其中管理层持股有助于缓解信息不对称引起的融资成本的增加（Leland & Pyle，1977）。Leland 和 Pyle（1977）认为股权激励虽然增加了公司成本，但股权激励同时意味着企业家更愿意投资于自己选定的项目,这向市场传递了有关投资项目的积极信号。

三 委托代理理论

传统经济学把企业理论视为"黑箱",强调在预算约束条件下,投入数量一定的生产要素就能取得利润最大化。当考虑信息不对称、契约不完备等因素的影响时,传统企业理论则很难解释现代企业的经济行为。

现代公司的显著特征是所有权和经营权分离,公司由众多股东共有,但他们并不直接参与公司的生产经营管理,而是委托专业的经理人员进行管理,这就产生了典型的委托代理关系。Jensen 和 Meckling(1976)提出的代理成本模型把人的本性融入公司行为的综合模型之中。该理论认为公司是一种契约关系的法律主体,该契约关系包括经理、股东、供应商、顾客、雇员及其他关系人。所有关系人都是理性人,其行为以维护自身利益为出发点,并希望其他人的行为也符合自身利益。这种代理成本模型建立在两个基本假设上,一是委托人与代理人之间存在利益冲突;二是委托人与代理人之间存在信息不对称的情况。

在委托代理关系中,委托双方都期望以最小的个人成本获取最大收益,导致委托代理双方因利益冲突而产生较大的摩擦。委托方在选择代理人时,由于信息不对称,只能靠代理人的个人陈述、学历、工作经验等进行判断,不能直接观测到代理人的经营决策能力;代理人很可能利用这种信息不对称,向委托人提供虚假信息,以达到获取更高职位和薪酬水平的目的。当代理人参与到企业经营活动后,对企业生产经营更具有信息优势,从而成为不易被委托人监督的内部控制人,更有机会和动机做出有利于自身利益最大化的经营决策。如代理人希望增加闲暇时间,获取更多的在职消费和更优越的工作环境,甚至采用损害股东价值最大化的经营决策等,导致委托方必须承担的代理成本。

由委托人和代理人利益冲突造成的福利损失即为代理成本。Jensen 和 Meckling(1976)指出委托代理成本是影响企业所有权结构的重要因素,其产生的主要原因在于经营者并不是企业的真正所有者。其后果是经营者努力工作而付出的个人成本完全由经营者个人承担,而努力工作的成果,如经营利润的增加和企业价值的提升,却由所有者获取。经营成果也可能仅有很少部分作为奖励给予经营者。如果经营者偷懒或获取额外消费而造成的成本大部分可以由股东"埋单",所以作为理性经济人,经营者选择自利的机会主义行为的动机就较大。同时,Jensen 和 Meckling(1976)将代理成本划分为三种,即委托方的监督成本、代理方的担保成本、剩余损失成本。代理成本实质是所有者为了控制和监督企业生产经营行为而付出的费用。

降低代理成本的方法之一是建立一套有效的激励约束机制。委托人与代理人之间信息的不对称和不完备使双方无法签订完全合约,在完全约束和完全激励不可行时,最终的契约只是一种次优选择。可行的方法是委托人根据契约将企业剩余索取权按一定比例分配给代理人,也即,将代理人的薪酬与企业经营业绩挂钩,从而激励代理人在为自身利益努力的同时也增加股东价值。除了通过薪酬契约的合理设置来降低代理成本之外,还存在其他降低代理成本的方式,比如,董事会和股东的直接监督,通过撤换不称职的经理来降低代理成本,但也不能保证新任经理没有自利行为;完善公司内部治理结构;培育、完善和发展外部控制权接管市场和经理人市场等。

四 资源依赖理论

企业生产经营需要资金、人力、原材料等要素,也需要政策支持、信息、社会支持等资源,这些资源决定了企业的生存发展。但资源稀缺性表明企业获取资源的过程是困难的,且要付出相应的成本,特别是对资源依赖程度较大的企业来说更是如此。为了描述或解释企业从外界环境获取资源的过程,资源依赖理论逐渐流行起来。

资源依赖理论假设组织的生存发展依赖于外部环境,组织对资源的依赖程度与资源的稀缺程度和重要程度相关,企业会通过各种途径来改变对资源的依赖程度。Peteraf 和 Bergen(2003)认为组织的生存是首要任务,但生产所需要的资源并不能由自己全部生产出来,企业为获取资源而形成对环境的依赖,这包括对其他组织的依赖。影响组织对组织依赖程度的因素包括资源的重要性、资源获取过程、资源的可替代性以及资源获取渠道等方面。组织的生存能力在很大程度上取决于企业与外部环境的交往和谈判能力。

由于政府在某种程度上控制了资源的配置和政策的不确定,企业才积极建立政治关联以减少对资源的依赖程度。政治关联是企业为获取资源而采取的主动迎合的方式。公司通过积极建立政治关联而影响政府的资源配置行为，获取有利于自身发展的资源和机会。

五 替代机制理论

不论是经济发达国家，还是发展中的经济体，社会制度均包括正式制度和非正式制度，前者主要指法律法规、政策文件及其他官方明确的成文规定等，后者包括价值信念、伦理规范、道德观念、风俗习惯和意识形态等。非正式制度对人或企业的行为并不是成文的限制或硬性约束，但同样对社会个体产生影响。正式制度与非正式制度相互依赖，当正式制度存在不足或不能有效执行时，非正式制度可能会突破这种制度约束，产生有效的替代作用。研究认为，建立政治关联的现象之所以在世界范围普遍存在，原因在于政治关联可以成为一种非正式制度，能够缓解或消除现实环境中存在的体制问题给企业生存发展造成的约束或障碍（Fisman，2001；Du & Girma，2010）。

政治关联作为一种非正式制度，在制度不健全、法律法规不完善、政府管制较多的地区或国家更为重要。所以，文献研究发现制度环境是企业建立政治关联的影响因素，制度环境越落后，企业建立政治关联的动机越强烈（Faccio et al.，2006；Chen et al.，2011；Guo et al.，2014）。

中国作为转型经济体，经济体制和政治体制均在不断发展和完善之中，政府对经济干预的程度更加严重，制度缺位和缺失仍然是市场经济发展不可避免的问题。政治关联对正式制度约束的突破或替代作用既对宏观经济发展具有重要影响，也对微观经济主体的生产经营活动产生重要作用。

六 预算软约束理论

在新古典经济学中，效用最大化理论假定企业和个人均严格在预算约束的范围内追求自身效用的最大化，但是在现实生活中却并非如此。"预算软约束"的概念由经济学家Kornai（1979）首次提出，并逐步发展，用于解释经济发展中的一些现象。比如政府或银行等资金供给方未能坚持原来的事先合约，使企业资金的运用超过了其当期收益的范围，从而造成企业软约束。Kornai（1986）的初衷是解释社会主义经济体制下政府基于政治目标的实现而对国有企业给予的"父爱主义"。然而，西方资本主义国家和社会主义国家的私有企业也存在大量预算软约束现象，这种由外生制度而衍化的"父爱主义"理论逐渐失去了解释力。

Dewatripont 和 Maskin（1995）提出了预算软约束的内生性理论，核心观点是预算软约束起因于时间不一致性问题，对于一个未完工的无效率的投资项目，追加投资的边际收益可能大于放弃投资而付出的边际成本，所以政府或银行会主动或被动对未完工的无效率项目进行追加投资。该理论也可以归结为这样的论断，即从跨时期的时间纬度来说，提供资金的机构使企业支出超过了其将来收入现值所确定的范围（平新乔，1998）。

就中国而言，林毅夫和林志赟（2004）从政策性负担和企业自生能力视角拓展了预算软约束理论。该观点认为，在一个自由竞争的市场经济中，一个正常经营的企业，在没有外部力量扶持的情况下，如果能够获得不低于社会正常利润率水平的预期利润率，这个企业就具有自生能力。否则，企业就没有自生能力。无自生能力的企业就会遭受投资机会约束，只有依靠政府的扶持才能够生存。政策性负担由企业的自生能力而产生，包括战略性负担和社会性负担两种。政策性负担导致政策性亏损，政府必须为之负责，由此导致预算软约束。

预算软约束对资本配置效率和经济发展的负面影响是显而易见的。在一个公平的市场环境中，资金价格由供求关系和风险溢价决定，金融机构根据市场风险与收益匹配原则合理分配资金，但是部分企业存在预算软约束的问题。预算软约束造成融资约束的扭曲，引诱过多资源流向企业，甚至使企业管理层产生依赖政府兜底而消极经营的心理，最终的结果导致企业对自身债务问题、资产、利率等融资限制不再敏感（罗长林、邹恒甫，2014）。预算软约束企业的存在会降低企业融资溢价水平，使低效企业获得更多资金，挤占了高效企业、新兴产业的潜在金融资源，造成资金错配（中国人民银行营业管理部课题组，2017）。

如何使约束硬化而防范金融危机风险以削弱预算软约束对整体经济的负面影响，是中国推进供给侧结构性改革、完成"三去一降一补"五项重点任务的着力点（中国人民银行营业管理部课题组，2017）。这个问题的解决必然要立足于预算软约束产生的内在根源。根据预算软约束的政策性负担理论（林毅夫、林志赟，2004），逐步减除企业的政策性负担是培育企业自生能力的关键,从而消除企业的预算软化及其对破产规则和边界界定的影响(Lin et al.,1998)。

综上,政府干预理论不仅为僵尸企业形成机制分析提供理论指导,还是僵尸企业宏观经济后果实证分析的理论基础。委托代理理论衍生于信息不对称的经济现实,主要用于实证分析僵尸企业的经济后果。政治关联对企业僵尸化的影响分析主要基于资源依赖理论和替代机制理论而展开。僵尸企业投融资行为的微观效应主要以预算软约束理论为基础。

第二节 僵尸企业内涵和特性

一 僵尸企业定义

西方研究文献认为,僵尸企业的本质在于两点,首先是陷入财务困境,经营亏损,不能持续经营;然后是银行贷款的"输血"(僵尸贷款或常青贷款),使其维持低效生产经营活动,而不至于退出市场(Caballero et al.,2008;Fukuda & Nakamura,2011)。在中国,对僵尸企业的"输血"还包括政府补助或其他政府资源支持,但政府"输血"的背后是地方政府的政绩诉求目标。

(一)企业僵尸化的内部原因

研究僵尸企业的首要问题是如何定义和识别僵尸企业。以企业经营成果考察,僵尸企业盈利能力和增长机会均较低,偿债风险较高(Caballero et al.,2008;Manuela et al.,2017)。因此,僵尸企业首先是财务困境企业,但又区别于财务困境企业。经营困难或财务困境仅是判断企业是否是僵尸企业的一个必要条件。财务困境企业如果没有债权人的支持或外部力量的干预最终会清算破产,僵尸企业因获得银行贷款或外部力量支持而得以延续。企业出现债务危机、陷入财务困境的关键因素是流动性风险的增加,资金周转出现困难,其内源性融资功能的丧失或不足是企业僵尸化风险升高的根本内在原因。所以国内外文献对僵尸企业内涵的诠释均强调了企业盈利状况、偿债风险等财务特征(Fukuda & Nakamura,2011;Nakamura & Fukuda,2013;黄少卿、陈彦,2017;谭语嫣等,2017;Urionabarrenetxea et al.,2018;王万珺、刘小玄,2018)。

(二) 企业僵尸化的外部原因

单纯把僵尸企业定义和经营业绩联系起来可能会干扰僵尸企业对经济影响的评估（Caballero et al., 2008）。在企业无力偿债、无望复苏的情况下，外部"输血"是企业僵尸化的另一个必要条件。

就日本企业而言，企业僵尸化的根源在于获得银行的信贷补贴；信贷补贴成为日本学术界及后续研究认定僵尸企业的基本思想（Hoshi, 2006；Caballero et al., 2008；Fukuda & Nakamura, 2011），如著名的 CHK-FN 模型。在中国特定背景下，僵尸企业的形成是政府过度干预的结果，信贷补贴仅是政府干预经济活动的一种形式（张栋等，2016；王万珺、刘小玄，2018）。但如何在僵尸企业的定义或认定标准中把政府干预因素表现出来却是难题。文献研究采用政府补助对 CHK-FN 模型进行修正的方式并没有完全解决问题，因为除了政府补助和信贷补贴，政府干预手段还有其他形式，如政府特许权利、政府工程、政府主导的并购重组等。但银行信贷支持无疑是一种普遍且基本的政府干预经济活动的手段。

(三) 僵尸企业定义

CHK-FN 模型及其修正模型一再强调银行信贷补贴或政府干预是没有偿债能力（insolvent）但却不退出市场的企业"僵而不死"的根本原因，也一致认为僵尸企业杠杆率和偿债风险较高，但很少有文献在认定僵尸企业的模型中考虑偿债能力指标。

僵尸企业自身造血功能不足和外部力量的干预是僵尸企业存在的关键内部因素和外部因素，其中，企业偿债能力不足、银行信贷支持或政府干预是僵尸企业认定的核心思想。基于此，本书给出僵尸企业的定义，即盈利能力不足以支付理论上的最低利息费用，短期偿债风险较高，在市场逻辑下不具备持续经营能力，现实经济当中依然能够存续的企业，必然获得了市场力量之外的干预，因而被认定为僵尸企业。

虽然国内外对僵尸企业的边界认识较模糊，尚未形成统一的界定，但对僵尸状态的特性具有共同认识，如盈利能力低下、债务偿还困难、依靠外部贷款或政府资助维系生存等（黄少卿、陈彦，2017）。僵尸企业的判别方法也充分体现这些特性，如采用信贷补贴、盈利指标、资产负债率等指标综合判定僵尸企业的 FN 法。根据本书对僵尸企业的定义，僵尸企业基本特性表现在以下三个方面，即不具备持续经营能力、制度负外部性的产物及僵尸状态的动态性。

二 不具备持续经营的能力

按会计上的定义，所谓持续经营，是指一个会计主体的经营活动将会无限期地延续下去，在可以预见的未来，会计主体不会遭遇清算、解散等变故而不复存在。很显然僵尸企业并不具备持续经营能力。

首先，僵尸企业生产效率低下，营业收入不足以支付包括生产成本、管理费用、贷款利息、税金等在内的成本费用，企业经营业绩较差甚至连年亏损，其利润率和生产率较低甚至为负。

其次，企业内源性融资功能不能有效发挥，自身造血功能不足，主要表现为经营活动现金流比率较低。僵尸企业经营活动现金流净额难以覆盖利息和其他成本，只能举借更大债务来填补之前的债务，所谓借新债还旧债，从而使企业处于高负债率状态。僵尸企业内源性融资不足以支撑企业正常生产经营活动，所以严重依赖外源性融资，导致负债率增加。

最后，偿债能力低，偿债风险高。经营亏损、现金流不足、债台高筑的结果自然是偿债风险的攀升，特别是导致短期偿债风险加剧。可以预期，僵尸企业流动资产结构和质量均较差，在流动资产中，流动性较大的现金所占比例较小。对于流动负债，偿债风险较高的短期金融性负债占比较高。短期金融性负债通常包括短期银行贷款、交易性金融负债等。这种短期金融性负债一般具有特定的利率和还款期限，对企业资金流是一种硬性约束，很容易导致经营困难的僵尸企业陷入资金链断裂风险，而不能维持持续经营。

但是，怎样衡量和判断企业持续经营能力？基于融资结构理论，内源性融资功能不足是企业陷入财务困境的根本内在原因。偿债能力指标是衡量企业内源性融资功能有效性的主要指标，对短期债务风险的关注是考察企业偿债能力指标的首要因素，其中流动比率是自19世纪90年代以来债权人使用的评估企业流动性的最重要指标（Horrigan，1968；Waymire & Basu，2007）。因此，短期偿债风险主要指资产流动性不足，如营运资本出现赤字或流动比率低于1。美国注册会计师协会（1988）在关于审计人员判断一个实体企业是否有能力在未来12个月内持续经营的权威指南中，就明确要求审计人员应该考虑企业指标的负面趋势，其中包括营运资本不足。Lee 等（2005）和 Johnson（2010）也支持把营运资本赤字概念用于审计师发表持续经营意见的判断标准之一的观点。

在企业偿债风险较高、偿债能力不足的情况下，按资金配置的市场规则，企业将很难得到外部融资。而一旦资金链断裂，企业生产经营将难以为继。所以僵尸企业不具备持续经营的能力。

三　制度负外部性的产物

企业盈利能力较低、偿债风险较大而难以维持持续经营，如果没有外部"输血"，最终会被市场出清。但僵尸企业通过银行借贷或政府救助维持低效经营活动，从而得以保持僵而不死的状态或难以退出市场。作为理性经济人，政府的政治目标与企业利润最大化的目标不可能完全融合。政府干预的作用存在"帮助之手"和"攫取之手"的理论之争，为了实现政府政治目标而施加给企业的政策性负担是企业陷入经营困难和政府"输血"的关键所在。政府对企业的过度干预是中国企业僵尸化的根源，银行对僵尸企业的救助也仅仅是政府干预下的一个结果（张栋等，2016）。

众所周知，中国商业银行体系以国有银行为主，国有产权属性导致银行在某种程度上具有政府干预经济活动的政策性工具的功能，所以中国的银行信贷补贴也是政府救助的一种形式。地方政府对不具备持续经营能力的企业给予各种支持，不仅包括信贷补贴、政府补助等直接形式，还包括土地使用权、自然资源开采特许权、政府工程承包权等政策优惠或资源支持。由政府主导，僵尸企业还可以增加承接大型项目的能力，甚至可能接管表现良好的企业，以迅速提高其盈利能力（Tan et al.，2017）。例如，亏损的山东钢铁集团在地方政府的支持下，于 2009 年收购了盈利的日照钢铁控股集团。

然而，政府为何给低效企业持续不断"输血"而阻碍其市场出清呢？作为理性经济人，政府也有自身的利益诉求，政绩考核目标的实现和政治晋升是政府及其官员的利益所在。政府需要企业再投资以拉升GDP、承担员工冗余成本以稳定就业、缴纳税费以增加财政收入，从而给企业带来固定资产过度投资、用工成本提高、税费加重等政策性负担。政府政策性负担无疑增加了企业生产经营成本，虽然得到政府"输血"的支持，但仍然难以恢复生机，从而陷入僵尸化危机。

综上，鉴于政府作用的两种力量，政府"帮助之手"不是导致企业僵而不死的原因，政府的"攫取之手"或政策性负担才是企业陷入经营困境、僵而不死的深层次因素。即使政府持续不断地"输血"给予资源或政策优惠支持，只要政府"攫取之手"导致的政策性负担存在，企业就难以真正恢复"造血"功能，从而得到长期可持续发展。政府干预的政策性负担是企业陷入僵尸化危机的根本原因，或者说僵尸企业是制度负外部性的产物。

四　僵尸状态的动态性

（一）僵尸企业复活

僵尸企业的存在造成资源错配和市场扭曲，给经济发展带来了较大危害，国内外研究文献的实证结果表明，僵尸企业在生产率、就业创造、有效投资、创新、实际税负等方面造成破坏，严重影响资源配置效率和经济发展（Ahearne & Shinada，2005；Caballero et al.，2008；Tan et al.，2017；王永钦等，2018；李旭超等，2018）。研究认为在日本经济失去的二十年当中，僵尸企业是日本宏观经济复苏延迟的主要原因（Sekine et al.，2003；Max，2014）。然而，以日本经验而言，僵尸企业的最终破产却是罕见的。

Peek 和 Rosengren（2005）以及 Caballero 等（2008）的研究表明，向僵尸企业提供的长期贷款扭曲了市场规律，造成资源错配，导致宏观经济复苏严重滞后。这些研究预测僵尸企业最终会破产并被赶出市场。但在21世纪开始的十年，日本僵尸企业最终破产的情况并不多见，大多数僵尸企业在21世纪初已经恢复元气，利润大幅提高。削减人工成本和出售固定资产有利于僵尸企业的复苏（Fukuda & Nakamura，2011）。

因此，即使以僵尸企业研究为典型的日本，僵尸企业破产率也是较低的。虽然僵尸企业生产经营低效，对经济增长造成较大破坏作用，但因为僵尸企业的存在具有社会价值，如就业、税收等，很大一部分僵尸企业并没有最终走向破产（Fukuda & Nakamura，2011；Nakamura & Fukuda，2013），而是通过减员增效、资产重组等措施逐步摆脱了僵尸状态，因而也被称为僵尸企业复活。

（二）僵尸状态的反复

根据僵尸企业识别标准，僵尸企业在 t 期被认定为僵尸企业，在 t+1或 t+s 期可能恢复常态或保持僵尸状态，或者在 t 期后的不定时期又进入僵尸状态。企业僵尸状态的这种变化也被文献称之为转变，并分为三种类型，即不变、恢复和退出（王万珺、刘小玄，2018）。企业进入僵尸状态，然后恢复，之后又进入僵尸状态，则被称为僵尸状态的反复。

企业僵尸状态的反复说明企业没有恢复生机，并不能达到健康企业标准。其表现可能是营业收入波动较大，经营风险较高，盈利状态不稳定，生产率未能实质性提高，预期现金流入也受到较大冲击，企业偿债能力没有恢复，偿债风险并未消除。简言之，僵尸状态的反复表明僵尸企业并未真正具备持续经营能力，企业未来陷入财务困境的可能性依然很高。

所以僵尸状态的反复不等于复活。僵尸企业复活依靠资产重组、员工计划等企业改组措施，根本改善了企业资产结构、人力资源等重要生产要素，从而能够提高生产率，恢复造血功能，逐步摆脱僵尸状态。

（三）僵尸企业退出

当企业僵尸状态长期保持不变，即使通过兼并重组、改组等方式，也无力改善经营效益、提高生产率、恢复盈利和偿债能力，这时的僵尸企业就有市场出清的必要，如一些长期停工停产、产能落后、无法升级转型的资源型企业。对长期保持僵尸状态的企业，比如，僵尸状态持续时间在3年或5年以上，其持续时间越长，越表明企业恢复常态和复活的难度及成本越大，机会越小。所以，对僵而不死、长期亏损、生产停滞、扭亏无望、依靠外部"输血"勉强存活的企业应该更多运用市场机制实现"优胜劣汰"，尽快进行市场出清。

对中国上市公司而言，由于"壳资源"价值和地方政府政绩诉求，上市公司退市成为难题，上市僵尸企业依靠地方政府的财政补助、银行贷款或其他资源支持而保持低效运行的案例层出不穷。实质上，上市僵尸企业被市场出清的案例极为罕见。

五　企业僵尸化

基于僵尸企业定义和特性，僵尸企业形成机制如图 3-1 所示。企业陷入财务困境和行政过度干预是僵尸企业形成机制的关键因素，而其他推动或抑制僵尸企业形成的因素则为影响因素。

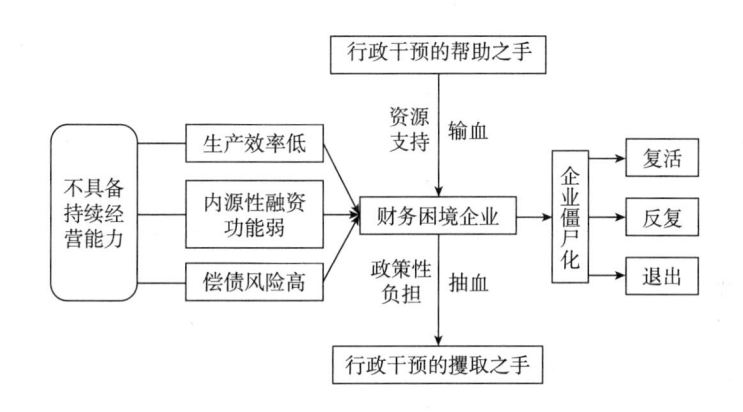

图 3-1　僵尸企业形成机制

总体而言，僵尸企业首先是财务困境企业，其生产效率较低，内源性融资功能较弱，偿债风险较高。但财务困境企业并不必然成为僵尸企业。财务困境企业在市场环境中不会永续生存。当政府基于 GDP、就业、税收等政绩诉求，而对财务困境企业进行银行贷款、财政补贴及其他资源支持时，财务困境企业则可能延续下去，但并没有恢复生机和活力，所以成为僵而不死的企业，也就是所谓"企业僵尸化"。企业僵尸化程度有高低之分，僵尸状态反复次数是划分僵尸化程度的标准，僵尸状态持续时间越长或反复次数越多，企业僵尸化程度越高。僵尸企业能够通过资产重组、减员增效等措施而恢复正常状态，也可能因为僵尸化程度较为严重没有救助价值而退出市场。

由于僵尸状态的动态性，所以，僵尸企业是一种时点概念，是企业在某一时点进入僵尸状态的特定称谓，并不表示企业一直处于僵尸状态。而企业僵尸化是一种动态概念，代表企业从正常状态到僵尸状态的转变、僵尸状态的持续性或反复次数、以及僵尸状态恢复到正常状态等过程。企业僵尸化也可以称为僵尸企业形成，僵尸化程度是一种对企业僵尸状态持续性或反复次数的衡量方式。

第三节 僵尸企业测度

一 资产流动性与僵尸企业

然而，精准认定僵尸企业或者识别僵尸企业却成为难题，理解和把握僵尸企业的内涵是认定僵尸企业的前提。理论上僵尸企业一般是指自身缺乏造血能力、无望恢复生机、依靠债权人支持或政府干预而免于倒闭的企业，但在实际操作评估中如何界定一家企业是不是"僵尸企业"则很复杂。识别僵尸企业模型的判定指标包括信贷补贴指标（Caballero et al.，2008）、盈利指标、资产负债率指标等（Fukuda & Nakamura，2011；Nakamura & Fukuda，2013；聂辉华等，2016），其修正模型则同时考虑了政府补助因素对企业僵尸化的影响（张栋等，2016；申广军，2016；周琎等，2018）。这些模型均强调僵尸企业维系生存依赖于银行贷款补贴或政府补助的特征。

根据本书僵尸企业定义，僵尸企业偿债能力较差，不具备持续经营能力，主要表现在营运资本出现赤字或流动比率低于1等方面。据参考文献，流动比率最初的单一目的就是为信用分析服务，帮助信贷提供者及其他债权人判断企业偿债能力（Horrigan，1968；Waymire & Basu，2007；Dyreng et al.，2017）。短期偿债能力不足的企业更容易陷入财务困境，甚至达到破产的标准，流动性指标被广泛应用于预测企业财务困境和破产（Beaver，1966；Altman & McGough，1974）。流动资产和流动负债代表公司资产负债表上的很大一部分内容，营运资本管理传统上使用流动比率来衡量公司的流动性和短期债务的偿付能力（Lev，1969）。短期偿债能力不足的公司更无法支付长期债务，企业陷入财务危机很多情况下缘于短期债务风险的上升。

由于流动比率对债权人判断企业信用风险的重要作用，流动比率等于1或营运资本出现赤字被西方文献认为是营运资本管理是否进行操纵的标尺（Jiang et al.，2016；Dyreng et al.，2017）；并认为企业营运资本的融资顺序首先是银行贷款等正式渠道融资，其次才是商业信用融资（Petersen & Rajan，1994）。

但西方融资结构理论并不完全适用于中国的特殊环境,国内文献从融资角度探讨了流动比率与短期偿债能力的关系(王竹泉等,2017)。不同融资方式的成本和风险偏好明显不同。企业营运资本融资来源可以分为自发融资和正式渠道融资两种方式,前者是利用经营性流动负债为流动资金提供支持,也即占用供应商等利益相关者的资金为营业活动提供资金支持;后者包括短期金融性负债(短期借款、交易性金融负债等)和营运资本(长期借款、长期债券和股票)两种方式。短期金融性负债使用非经营性流动负债为流动资产提供支持,以使资金的来源和使用的结构相互匹配,营运资本运用长期融资为流动资产提供资金来源。营运资本融资决策的首要因素是企业在营业活动中对商业信用的自发占用,然后才是高成本的银行贷款等正式渠道融资(王竹泉等,2017)。

营运资本出现赤字即是流动比率小于1,从融资角度讲,表明企业自发融资渠道和短期正式融资渠道均不能提供足够的营运资金以维持企业正常生产经营。融资约束是公司进行流动性管理的根本原因,融资约束越严重,公司对流动资产的需求也越高(Huberman,1984)。信用配给理论认为,供应商、银行或其他债权人会根据客户的风险状况对其进行"信用配给",高风险的企业在某种程度上被排斥在信贷市场之外。比如,供应商不愿意为经营风险高的公司提供采购赊销、现金折扣、延期支付等优惠政策,员工和政府等利益相关者也是理性经济人,不愿意企业拖欠工资和应交税费,银行不愿意提供企业低成本的信贷资金,在短期偿债风险攀升的情况下银行更不愿意提供长期借款。经营风险较大的企业受到信贷配给或商业信用条件的限制,很难获得银行贷款、商业信用等外部融资的支持。而股权融资等长期资本来源一般因为融资金额较大,融资程序较为烦琐复杂,且历时较长,更难与灵活多变的日常运营管理相匹配。因此,保持企业充足的流动性而对于控制短期债务风险至关重要。

综上,基于资产流动性对企业外部融资的影响,以企业流动比率指标修正僵尸企业识别模型,既能够从企业偿债能力角度认定僵尸企业,又有利于判别出偿债风险较高、不具备持续经营能力的僵尸企业。

二 僵尸企业识别标准

根据僵尸企业定义，综合使用盈利能力指标和偿债能力指标对僵尸企业进行识别，具体识别步骤如下：

（一）借鉴 CHK-FN 模型计算企业实际利润

首先，根据 CHK 法，计算正常经营条件下企业的最低利息支付下限，如式（3-1）所示：

$$R_{i,t}^* = rs_{i,t-1} \times BS_{i,t-1} + \frac{1}{5}(\sum_{j}^{5} rl_{i,t-j}) \times BL_{i,t-1} + rb_{i,t-1} \times Bonds_{i,t-1} \quad (3-1)$$

$$EIR_{i,t} = \frac{R_{i,t} - R_{i,t}^*}{R_{i,t}^*} \quad (3-2)$$

其中，$BS_{i,t-1}$、$BL_{i,t-1}$ 及 $Bonds_{i,t-1}$ 表示企业 i 在 t-1 年末的短期银行贷款、长期银行贷款及应付债券余额；$rs_{i,t-1}$、$rl_{i,t-j}$ 及 $rb_{i,t-1}$ 分别为 t-1 年的最低短期贷款利率、t-5 到 t-1 年的最低长期贷款利率以及 t-5 年到 t-1 年的最低可转换债券利率。Caballero 等（2008）认为如果式（3-2）中的 $EIR_{i,t}$ 小于 0，表明企业获得了信贷补贴。

根据中国人民银行公布的历年银行贷款利率表确定企业短期贷款利率和长期贷款利率；可转债利率往往设计成累进利率的形式，根据 2007 年以来发行可转换债券的利率分析条款，按 1—6 年加权平均利率的最低利率计算可转债利率[①]。假设贷款持续增长，短期贷款利息如果采用 t-1 年末的短期贷款金额估算，则低估了最低利息费用，可能对当期短期贷款增加较快的企业产生误判。在计算最低利息支付下限时，采用了严格的计算方法，即利用 t 年末的短期贷款金额、长期贷款金额、长期应付债券金额估算最低利息。

其次，计算扣除信贷补贴的实际利润。Fukuda 和 Nakamura（2011）对 CHK 模型进行修正，在式（3-2）中加入盈利指标，即息税前利润，如式（3-3）所示：

$$EIRadj_{i,t} = \frac{EBIT_{i,t} - R_{i,t}^*}{R_{i,t}^*} \quad (3-3)$$

[①] 样本期间为 2012—2016 年，计算最低利息费用所用的短期贷款利率为 4.6% 和 5.6%、长期银行贷款利率为 5% 和 5.4%、可转换债券利率为 1.046%。

参照 FN 模型，用息税前盈余减去最低利息费用得到扣除贷款补贴的实际利润。识别僵尸企业的第一个条件为实际利润为负，也即，当企业利润总额不足以支付理论上的最低应付利息时，即认为企业获得了信贷补贴。

（二）计算企业流动比率

僵尸企业造血功能不能有效发挥，内源性融资功能不足，依赖外部输血的后果造成僵尸企业偿债能力持续恶化，其首要表现是短期偿债能力不足。当流动比率低于 1 时，流动资产金额小于流动负债金额，营运资本出现赤字，表明企业短期偿债风险增加。因此，识别僵尸企业的第二个条件为流动比率小于 1，也就是营运资本出现赤字。

（三）僵尸企业判别条件

根据以上两个条件，把满足实际利润为负、流动比率小于 1 的企业认定为僵尸企业，标记为 Z1。

为了对比分析不同测度方法的结果，以及交叉检验分析结果的稳健性，借鉴现有文献，剔除政府补助或其他非经常损益对利润总额的影响，采用营业利润代替式（3-3）的息税前利润，以避免可能的测定偏误（周琎等，2018）。亏损的僵尸企业可能因为获得政策性补贴而在账面上依然显示正的利润总额，因而被误定为非僵尸企业。采用营业利润减去最低利息，得到企业的实际利润，以此修订僵尸企业识别的第一个条件，结合第二个识别条件，得到僵尸企业的认定标准 Z2。

第四节　基于僵尸企业治理的理论框架

经济理论认为效率低下和没有竞争力的企业是对经济可持续增长的重大障碍（Schumpeter，1961；Ziolo et al.，2017），现有实证研究也对此提供很多证据（Hoshi，2006；De Veirman & Levin，2012；Urionabarrenetxea et al.，2016）。而且，低效率企业的风险可能转移给其他业务单位，如客户、供应商及其他市场参与主体（Caballero et al.，2008；Urionabarrenetxea et al.，2016；Tsai & Luan，2016；De Martiis & Fidrmuc，2017）。低生产率单位的退出和高生产率单位的进入能够提高整个经济的生产率（Foster et al.，2001；Asanuma，2015）。因此，清

理处置效率低下的僵尸企业成为中国经济高质量发展的重要内容。

本书基于僵尸企业形成机制和政治关联视角实证分析企业僵尸化的影响因素，探讨市场主体预防僵尸化危机和清理处置僵尸企业的应对策略和长效机制，以达到僵尸企业"治本"的目标；从投融资行为的微观视角和经济增长的宏观视角实证分析企业僵尸化的负面效应，针对性地探讨僵尸企业"治标"的具体措施。通过本书研究，试图为僵尸企业治理提供一个标本兼治的解决方案。基于此，建立如下理论分析框架。

一 僵尸企业整体的经济风险分析

僵尸企业理论关注的不仅是单个的僵尸企业，而应该是整个僵尸企业问题及其对经济的潜在影响。僵尸企业会伤害健康的非僵尸企业，在极端情况下，造成非僵尸企业也会变成僵尸企业，就像恐怖电影中的僵尸一样（Hoshi, 2006）。僵尸企业对经济的负面影响表现在多个方面。几乎所有关于僵尸企业的文献都将僵尸企业亏损程度和对其他公司的传染性作为主要研究维度（Hoshi, 2006；Caballero et al., 2008；Imai, 2016；Tan et al., 2016）。其他研究角度还包括僵尸企业复活（Fukuda & Nakamura, 2011；Nakamura & Fukuda, 2013），以及僵尸企业偿债风险或流动性问题（Urionabarrenetxea et al., 2018；王万珺、刘小玄，2018）。

第一，僵尸企业净资产销蚀的程度，也代表僵尸企业经营亏损持续时间的长短。僵尸企业是效率较低、负债较高、生产经营绩效较差的公司，这些公司严重削弱国家经济，并限制了一国经济的增长，其典型特征是负债累累（Ahearne & Shinada, 2005；Hoshi, 2006；Caballero et al., 2008；Papworth, 2013；Imai, 2016；Tan et al., 2016；王万珺、刘小玄，2018；王海林、高颖超，2019）。所以，僵尸企业的净资产较低，最极端的僵尸企业可能是负资产公司。尽管僵尸企业股东权益较小或失去了所有的股权价值，但仍然继续生产经营（Mohrman & Stuerke, 2014）。僵尸企业在经历了多年的财务亏损后，已经销蚀了大部分或全部的资本净值。在理论上，僵尸企业迫近于或应该进入清算状态，但它们在外部力量的干预之下却继续进行市场交易。净账面价值是总资产与总负债之间的差额，在公司清算后，一旦公司的所有资产被出售，所有债务被偿还，所有者有权收回净账面价值。然而，僵尸企业净资产较低甚至为负，在经济停滞或外部环境的冲击之下，僵尸企业将可能无法兑现其债务承诺。以中国为例，地方政府基于 GDP、就业、税收等政绩诉求，对僵尸企业提供资源支持。但是，僵尸企业自身创造价值或现金流的能力较低，内源性融资功能较弱，存在严重的流动性危机。在预算软约束下，僵尸企业的亏损将被社会化（Tan et al.，2017）。

第二，僵尸企业的传染性。僵尸企业问题的探讨集中于日本，日本已经奋斗了四分之一个世纪，致力于恢复国家经济活力，但效果甚微。其他国家经济也在遭受僵尸企业的拖累，比如，中国（Tan et al.，2016；Shen et al.，2016；谭语嫣等，2017；李旭超、鲁建坤，2018；金祥荣等，2019；刘莉亚等，2019）、西班牙（Prada，2010）、英国（Papworth，2013；Bingham，2014）等欧盟国家。一方面，僵尸企业阻止了高效率企业的市场进入和合并（Aherane & Shinada，2005），造成经济萎缩。另一方面，在僵尸企业有较大比例的区域，工作岗位的创造能力较低，且有更大的就业破坏和较低的生产效率水平（Hoshi，2006；Caballero et al.，2008；肖兴志、黄振国，2019；乔小乐等，2019）。而且，僵尸企业数量的增加抑制了非僵尸企业的投资和限制了非僵尸企业的工作机会增长，并加大了二者的生产效率差距。据 Caballero 等（2008）的研究，僵尸企业的传染效应削减了健康企业的利润，因而抑制了企业生产力和新增投资。所以，僵尸企业对正常企业具有负向的溢出效应，甚至使健康的企业也变成僵尸企业。

第三，僵尸企业复活的可能性。尽管僵尸企业没有确切的定义，也很少有精准的概念来界定什么是僵尸企业（Papworth，2013；黄少卿、陈彦，2017）。截至目前，相关文献均以银行信贷补贴为基础指标来识别僵尸企业（Ahearne & Shinada，2005；Hoshi，2006；Asanuma，2015；Caballero et al.，2008；Fukuda & Nakamura，2011；Imai，2016；黄少卿、陈彦，2017；王万珺、刘小玄，2018；方明月等，2018，2019）。Fukuda 和 Nakamura（2011）在僵尸企业识别模型中，首先引入盈利标准，随后 Imai（2016）给出了一个动态盈利方法。僵尸企业有能力在严重的经济衰退中生存下来，甚至在经济开始出现复苏迹象时能够复活（Fukuda & Nakamura，2011）。然而，在这种休眠状态下，僵尸企业面临的资不抵债或不能偿还债务的风险难以全部涵盖在所有者权益中，因此由其他企业承担。

第四，僵尸企业债务问题的即时性。僵尸企业负债较高，偿债能力较低，同时，自身创造的现金流不足以支付债务本金和利息。所以僵尸企业短期债务直接关系到企业的流动性问题和克服企业休眠时的困难。从最初的僵尸企业概念出发，基于银行债权人的保护或行政干预，研究认为流动性问题是僵尸企业问题的隐性部分（Urionabarrenetxea et al.，2018）。因此，在考虑僵尸企业风险问题的严重程度时，流动性问题需要被明确地包括在内。考虑企业短期债务的偿付能力，不仅是因为衡量企业流动性的指标能够从企业资产负债表上直接观测，还因为标准化的流动性指标能够比较不同环境下的企业流动性能力。

综上，僵尸企业作为一个整体，其经济风险主要表现在净资产侵蚀程度、传染性、复苏迹象及债务即时性四个方面。由于僵尸企业带来的经济风险，其治理的理论研究和实践工作就显得尤为迫切。下面将基于企业僵尸化的影响因素与经济后果视角构建本书理论分析框架。

二 政治关联对企业僵尸化的影响

政府掌握重要的经济资源，企业与政府建立政治关联，能够克服制度约束对企业发展造成的限制，获取资源支持。政治关联作为一种非正式制度，对企业资源获取带来较多便利。

（一）资源效应假说

在中国特定背景下，具有政府关系的企业高管能够通过正式或非正式的场合和渠道，与政府官员建立信任和了解，形成企业歧视。这种歧视的积极作用能够降低企业融资过程中的信息不对称问题，消除融资摩擦，减少融资成本（况学文等，2017）。现有研究结果证实，高管政治关系所形成的企业歧视能够给企业带来融资便利，使企业更容易或以更低的成本获得正式渠道融资，这些融资形式包括 IPO 融资、再融资（配股、增发等）、举借长期低息的银行贷款、发行企业债券等，其中银行贷款是主要融资形式（Cull et al.，2005，2009，2015；Sapienza，2004；Khwaja & Mian，2005；Dinc，2005；Boubakri et al.，2008）。

另外，企业利用高管从政经历积累起来的关系资本，更容易获取政府补助或税收优惠等政策支持（潘越等，2009；余明桂等，2010；

Adhikari et al., 2006；Wu et al., 2012）。

（二）抑制政策性负担

政治关系能够避免或抑制政府"攫取之手"的伤害。企业高管在利用关系资本获得政府资源支持的同时，必然响应政府政策导向或帮助政府完成政治目标，如 GDP 增长、税收、就业等。在中国官员晋升锦标赛的激励下，投资拉动经济增长成为地方经济发展的引擎（赵静、郝颖，2013；步丹璐等，2018）。但是作为趋利性组织，企业高管能够利用与政府的关系资本和信息优势，规避政府行政主导的净现值较低的投资项目，以减少投资失利带来的损失。所以政治关系有助于企业控制非效率投资。

同时，当企业用工成本超出企业承受能力的时候，高管借助自己建立的政治关系网络，更有能力说服政府同意企业的用工减员计划，帮助企业减少用工成本，保持企业竞争优势，以便企业能够生存下去。所以高管政治关系能够帮助企业控制用工冗余成本，这种人工成本的控制作用在民营企业更为突出（田利辉、张伟，2013）。

政治关联即使承担政府摊派的政策性负担，然而，作为"趋利性"的组织，政治关联带来的利益必然大于其成本，才能解释企业建立政治关联的动机和政治关联现象普遍存在的合理性。总之，基于政治关联的资源效应假说和理性经济人假设，政治关联能够帮助企业获得有利于生存发展的经济资源，避免或抑制政府的政策性负担，增加竞争优势和企业业绩，降低企业僵尸化风险，其作用渠道包括融资便利、税收成本控制、固定资产投资控制和员工成本控制等。同时，制度环境不同，行政干预的程度不同，所以，制度环境对政治关联的抑制作用产生影响。本书的第一个主要假设为政治关联对企业僵尸化具有抑制作用。

三 僵尸企业对投融资行为的影响

微观主体的融资活动和投资活动对经济发展具有重要作用（Castano et al., 2016），下面分析僵尸企业对投融资行为的影响。

（一）僵尸企业与银行贷款

银行贷款一般有贷款合同条款规定，资金成本及使用期限能够预期，是一种安全性较高的资金来源，因而是市场主体债务融资的基本来源。根据信用配给理论，金融中介按照企业盈利状况、信用风险、抵押物价值决定授信金额及利率。企业偿债风险越高，抵押物价值越小，获得的银行贷款金额越少，利率也越高。所以正常企业银行贷款会受制于企业信用状况，正常企业银行贷款是市场化的正常行为。

基于僵尸企业形成机制分析，中国僵尸企业是行政过度干预的结果，持续的银行贷款和资源输入是僵尸企业存在的条件。在地方政府资源输入的情况下，僵尸企业管理层可能消极地看待自身债务问题，其决策行为对资产、杠杆率及利率的敏感度下降，扭曲了企业融资约束。同时，上市僵尸企业一般资产规模较大，对地方政府完成GDP增长、税收、就业等政治任务的意义重大。为了维持僵尸企业生产经营，地方政府甚至为僵尸企业的债务融资进行显性或隐性担保。所以，行政干预造成僵尸企业存在外生预算软约束。

同时，外部输血使僵尸企业暂时没有破产清退的风险，降低了僵尸企业管理层被解雇的概率，造成管理层道德风险增加（Peek，2008）。僵尸企业管理层在投资行为上的机会主义动机增加，更容易导致无效率投资。对未完工的无效率投资项目，当追加投资的边际收益超过放弃投资而付出的边际成本时，政府或银行会主动或被动对无效率项目继续进行资金支持，从而产生内生预算软约束（Dewatripont & Maskin，1995）。

综上，不论是外生预算软约束，还是内生预算软约束，均表明僵尸企业存在预算软约束问题，其银行贷款不受信用风险、抵押物价值等企业特征因素的制约。

（二）僵尸企业与投资行为

根据经典资本结构理论，银行贷款影响企业投资，但很少有研究探讨僵尸企业债务融资资金配置效率问题。

第一，企业僵尸化诱导管理层道德风险升高，管理层在投资行为方面的机会主义动机增大，导致代理成本增加，造成投资效率下降。预算软约束扭曲了僵尸企业融资行为，甚至使管理层产生依赖政府救助的心理，造成资源配置效率恶化（罗长林、邹恒甫，2014）。就投资而言，僵尸企业管理层决策视野更可能短视化，导致投资过度或投资不足，从而造成投资效率较低甚至无效。

第二，僵尸企业存在投资机会约束，没有好的投资项目。僵尸企业连年亏损，经营效率低下，从而无法吸引投资，不能够获得投资或增长

(James, 2002)。在管理层代理成本增加、投资机会缺乏的情况下，即使新增银行贷款促进了僵尸企业投资水平的提高，但僵尸企业未必获得有利的投资收益。

（三）僵尸企业与融资行为

除了银行贷款，企业债务融资渠道还包括商业信用、金融性负债等方式。由于行政干预，僵尸企业融资行为受到制度因素的干扰（王万珺、刘小玄，2018）。僵尸企业存在预算软约束问题，无论制度环境如何，僵尸企业融资行为对市场化因素均不敏感。也即，不论是国有僵尸企业、晋升压力较大地区僵尸企业，还是民营僵尸企业、晋升压力较小地区僵尸企业，决定其融资行为的市场化因素均不明显，其融资行为受到制度因素的影响。

综上，由于行政干预，僵尸企业存在预算软约束问题，其银行贷款行为不受资产价值、企业盈利状况及偿债能力的影响，其融资行为对市场化因素不敏感。僵尸企业缺乏高效的投资机会，同时由于管理层道德风险较高，其获得的信贷资金并不能配置到高盈利的项目上。所以，僵尸企业投融资活动是低效或无效的。本书的第二个主要假设是僵尸企业存在预算软约束问题和投资机会约束问题，导致投融资行为扭曲。

四 僵尸企业对经济增长的影响

僵尸企业具有负面效应，会伤害健康的非僵尸企业，在极端情况下，造成非僵尸企业也会变成僵尸企业，就像恐怖电影中的僵尸一样（Hoshi，2006）。经济增长包括数量和质量两个方面，先有数量增长，再有质量增长。没有一定的经济增长数量，不可能谈及经济增长质量（任保平等，2012）。本书分别探讨僵尸企业对这两个方面的影响。

（一）僵尸企业对GDP增长的影响

中国改革开放以来经济一直保持高速增长，学者认为政府行为是中国经济增长之谜的首选变量，并从制度和官员激励视角分析中国经济增长的原因。"保护市场的联邦主义"假说认为中国强调通过将权力从中央下放到地方政府来进行经济改革（Qian et al.，1996，1997）。例如，中央政府允许地方政府保留各种"预算外"账户，由于对这些预算的了解有限，中央政府承诺不对它们征税，这反过来又鼓励地方政府创造繁荣和收入。这种财政收入激励机制推动了地方政府发展当地经济的热情。

但由于中国不属于真正意义上的联邦制国家，有些学者认为行政分权和财政包干不是地方政府激励的基本来源。周黎安（2007）认为中国特色的制度因素是中国经济增长奇迹的关键，提出著名的政治晋升锦标赛假说。政治晋升锦标赛指上级政府对多级下级政府部门设计一种晋升考核体系，其量化指标以 GDP、税收、就业等目标为主，竞赛优胜者将晋升。张五常（2009）认为"县级竞争"制度是中国经济高速发展的根本原因，这种制度以政府合约为基础，县级政府、上级政府以及企业投资者对经济收入进行合理分成。

现有理论从不同视角解释了政府制度和政策对经济增长的贡献，其共识是地方政府成为经济增长的主要推手（李俊生、姚东旻，2018）。由于地方政府的干预和保护，大量低效率企业难以市场出清，其中以僵尸企业为代表（聂辉华等，2016）。地方政府为什么甘愿甚至千方百计地为属地内的低效率企业"续命"？相对于非上市公司而言，上市公司资本投资较高，均具有一定的资产规模，对地方 GDP 的贡献举足轻重。在中国目前官员晋升锦标赛模式下，任期内地方官员对经营效率较低的上市公司难以割舍是显而易见的。所以，僵尸企业可能助推 GDP 增长。但除了 GDP 增长，地方政府还承担就业、维稳等政治目标，对企业员工计划进行干预，造成企业员工成本攀升，增加了企业经营负担，降低了僵尸企业经营效益和产出，也可能抑制 GDP 增长。

因此，总体上，由于地方政府追求 GDP 增长和就业维稳的目标对 GDP 的作用不同，僵尸企业可能助推 GDP 增长，也可能抑制 GDP 增长。

（二）僵尸企业对经济增长质量的影响

第一，政治家的道德风险问题。从经济发展的历史角度看，凯恩斯的政府干预理论并没有治愈资本主义经济危机，资本主义经济危机始终存在并周期性爆发，如 1973—1975 年美国经济发展的滞胀时期、2008—2011 年席卷全球的国际金融危机及近期的欧债危机等。Shleifer 和 Vishny（1994）提出了政府"攫取之手"的观点，认为政治家也是理性经济人，其行为追求自身利益最大化，而非社会福利最大化，无论政府的属性是独裁还是民主，政治家都倾向于把资源配置给支持者，以增加自己的权力和财富，而不是谋取公共福利。政府干预行为的危害性主要表现在官员的权力寻租、地方政府部门的乱摊派、超过公共服务需要的税费征收、通货膨胀等方面。

Easterly（2005）指出政府对经济增长也会产生危害，政府的腐败、无能和低效率对经济发展的障碍甚至是致命性的。以 GDP 增长为主要目标的官员考核机制在维持低效率的僵尸企业存续的同时，也对经济发展质量带来较大破坏作用。比如，环境污染、产能过剩、产业结构扭曲、金融风险加剧等经济问题，损害了经济发展质量。

第二，僵尸企业股东的道德风险问题。从理论上讲，僵尸企业由于持续的经营亏损而损失了所有的净资产，这种情况就属于技术性破产，应该被清算，因为它们不再有任何资源来偿还债务。即使僵尸企业不是负资产的企业，但所有者权益的价值较低，从而导致较高的偿债风险。然而，它们在银行或政府资源的支持下，依然维持低效经营活动，从而成为经济发展的威胁和隐患。基于委托代理理论，当股东没有什么可失去的时候，或者代价极低，将造成更大的代理问题，他们就会有动机采取风险更大的决策和更多机会主义行为，产生较高的代理成本，从而增加对经济的负面影响。

由于政治家和僵尸企业股东的道德风险问题，僵尸企业无疑损害了经济发展质量。

（三）地区差异对僵尸企业与经济增长关系的影响

对于中国这个全球最大的转型经济体而言，区域经济发展极度不平衡。这是由历史条件、经济地理、市场化程度和工业化阶段等方面的差异而造成的。以 2017 年 GDP 数据为例[①]，在经济发达的东部沿海地区，部分省份 GDP 规模已达 5 万亿元以上，如山东、江苏、广东在 2017 年的 GDP 分别为 68024.49 亿元、77388.28 亿元、80854.91 亿元，经济发展水平已进入工业化的中后期。在中西部地区的省份 GDP 却较低，排在后几位的省份，如青海、宁夏、甘肃等，其 GDP 规模分别为 2572.49 亿元、3168.59 亿元、7200.37 亿元，这些地区的经济发展水平还处在工业化的中前期。不同区域之间的经济总量相差极大，地区经济发展的极化现象较为严重（郝颖等，2014）。

---

① GDP 数据来自 CSMAR 区域经济数据库。

由于地区经济规模的提升与工业化进程具有同步性，随着工业化进程的发展，企业重复或无差异的物化资本投资在增加GDP的弹性方面逐步降低（Smith & Krutilla，1984；Maddison，2009）。考虑地方经济发展的非平衡性，僵尸企业影响地区经济增长的传导机制可能存在差异。所以，可以预期，僵尸企业对经济增长的影响因地区差异而存在不同。

综上，僵尸企业可能助推地区GDP增长，也可能抑制地区GDP增长，但僵尸企业不利于经济增长质量的提高。僵尸企业与地区经济增长的关系受到地区差异的影响。这是本书的第三个主要假设。

总体上，本书理论分析框架如图3-2所示。

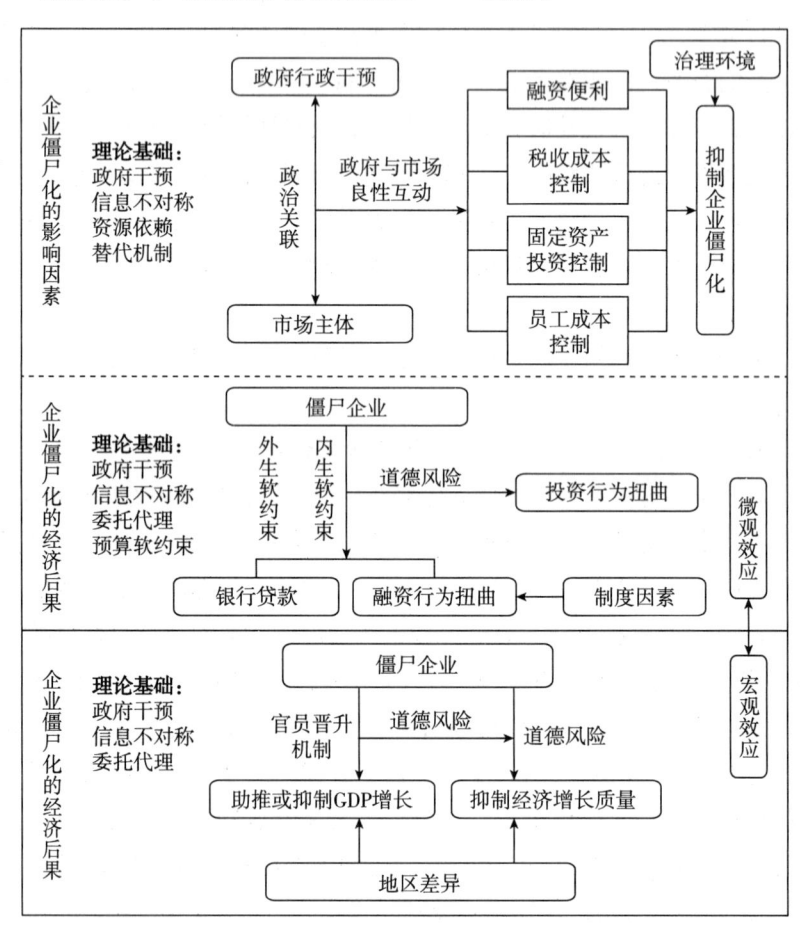

图3-2 理论框架

第五节 小结

首先，本章对研究问题赖以分析的基础理论进行简要述及，这些理论包括政府干预理论、信息不对称理论、委托代理理论、资源依赖理论、替代机制理论及预算软约束理论。

其次，基于僵尸企业定义和特性，分析僵尸企业形成机制。本章从经营效率、内源性融资功能及企业短期偿债能力等方面分析企业持续经营能力。僵尸企业不具备持续经营能力，政府的政策性负担是其僵尸化的根本原因，也是政府对其"输血"的动机所在。僵尸企业的存在是市场和政府两种力量作用的共同结果，这两种作用在交锋或不断变化之中。所以僵尸企业是一种时点概念，企业僵尸状态是变化的，存在复活、反复、退出三种转变模式，而企业僵尸化是对僵尸企业形成及其状态转变过程的一种动态称谓。

再次，建立僵尸企业识别标准。基于流动性对企业融资行为和偿债风险的影响，分析运用流动比率指标对僵尸企业识别模型修正的适用性。具体识别条件为"实际利润为负、流动比率低于1"。该识别标准既有利于判别出杠杆率较高、偿债能力较低的僵尸企业，也可以进一步研究僵尸企业债务融资问题。

最后，基于僵尸企业治理目标建立理论框架。本章对僵尸企业整体的经济风险进行分析，阐明僵尸企业治理的必要性和重要性，并基于企业僵尸化的影响因素与经济后果视角建立僵尸企业治理的理论框架。具体而言，就政治关联对企业僵尸化的影响、僵尸企业投融资行为的负面效应、僵尸企业对经济增长的影响三个方面进行理论分析，并提出三个主要假设。也即：第一，政治关联能够抑制企业僵尸化；第二，僵尸企业存在预算软约束和投资机会约束，导致投融资行为扭曲；第三，僵尸企业对GDP增长的作用可能是助推的，也可能是抑制的；但僵尸企业无疑对经济增长质量的提高具有损害作用。后续章节将对这些假设进行实证检验。

本章理论分析为后续章节研究假设的提出和实证检验奠定了坚实的理论基础，是主体研究内容得以提升的前提。

第四章

僵尸企业现状

第一节 引言

在当前形势下，僵尸企业的存在给经济运行造成风险和隐患，僵尸企业面临着升级换代、发展新产业以及淘汰破产的破立困境。针对僵尸企业问题，加速出清已是国家政策多次申明的方向。基于此，本章对僵尸企业现状进行分析，为后续章节僵尸企业治理问题的实证检验铺垫基础。

现有文献对僵尸企业问题的研究主要基于中国工业企业数据库数据（申广军，2016；黄少卿、陈彦，2017；蒋灵多、陆毅，2017；谭语嫣等，2017；李旭超、鲁建坤，2018；王万珺、刘小玄，2018），但一般是2013年之前的数据，无法更新到最近期间的数据。一部分研究文献基于上市公司数据对僵尸企业形成因素问题进行了探讨（陈运森、黄健峤，2017；饶静、万良勇，2018；宋建波等，2019）。少数研究文献分析了上市公司僵尸企业的分布特征（黄少卿、陈彦，2017）。由于中国工业企业数据不易获取，且不完整，本书利用上市公司数据对僵尸企业治理问题进行实证研究。

2018年12月4日，国家发展改革委员会等11部委发布《关于进一步做好"僵尸企业"及去产能企业债务处置工作的通知》（以下简称《通知》）。《通知》定调表示，将深入推进供给侧结构性改革，积极稳妥处置僵尸企业和去产能企业债务，加快僵尸企业出清，有效防范化解企业债务风险，助推经济提质增效。官方以政策条文的形式明确了债务问题是僵尸企业清理处置过程中的重要环节。在此背景下，僵尸企业债务问题的解决成为治理僵尸企业的重头戏，怎样从偿债风险的角度识别或认定僵尸企业就成为解决僵尸企业债务问题的前提。所以在第三章僵尸企业测度的理论分析中，采用流动比率代表企业偿债能力指标对僵尸企业进行识别，以期得到负债率较高、偿债风险较大的僵尸企业样本。根据第三章僵尸企业测度标准，本章在僵尸企业识别结果的基础上，重点分析其分布状况和财务状况。

本章研究发现僵尸企业呈现鲜明的分布特征和财务特征。第一是僵尸企业分布特征明显。宏观经济形势、企业成长阶段、区域环境、制度环境、行业等因素影响僵尸企业分布状况。第二是僵尸企业财务特征明显。与非僵尸企业相比，僵尸企业内源性融资功能较弱、杠杆率较高、偿债风险较大；与非上市僵尸企业相比，上市公司僵尸企业的僵尸状态持续时间较短，僵尸状态的转变以恢复正常状态为主。按僵尸状态反复次数划分僵尸化程度，与僵尸化程度较低企业相比，僵尸化程度较高企业的经营活动现金流水平更低。

相比已有文献，本章贡献主要有两点。第一，从制度环境视角实证分析了僵尸企业分布状况。这些制度因素包括所有权性质、市场化进程、政府竞争、政治关联等内容，其中前三项为正式制度因素，政治关联则为非正式制度因素。现有文献对僵尸企业的所有制分布进行了大量探讨，但很少有研究探讨僵尸企业市场化进程、政府竞争、政治关联等制度环境分布。本章研究结果丰富了僵尸企业现状分析的相关研究结果。第二，根据僵尸状态反复次数划分僵尸化程度，并比较分析了僵尸化程度高、僵尸化程度低两种类型的僵尸企业的基本财务比率。据参考文献，尚未有研究文献区分企业僵尸化程度，并探讨不同僵尸化程度企业的财务特征，本章研究结果弥补了现有文献的这项不足。

本章余文结构安排如下：第二节介绍研究设计；第三节实证分析僵尸企业分布状况；第四节实证分析僵尸企业财务特征；第五节陈述研究结论。

第二节 研究设计

一 数据来源和样本选择

基于数据的可获得性和即时性，样本数据来自 CSMAR 数据库，研究样本为中国沪深交易所 A 股上市公司，包括退市上市公司。2006 年会计准则经过重大修订，为了会计信息可比性，实证研究样本选择一般是 2006 年之后的上市公司，因而，研究数据涵盖期间为 2007—2016 年。参照已有文献对样本进行如下删除：首先剔除了金融类上市公司；其次剔除了上市时间 3 年以内的公司；最后删除了数据缺失的样本。剔除上市年龄 3 年以内公司的原因有两点，一是为了避免企业上市初期对财务报表的粉饰（李焰等，2011），二是计算数据或稳健性分析需要样本前期数据，所以样本选取是包含在 2012—2016 年的上市公司。经过筛选后，最终得到 2012—2016 年的 2258 家样本公司，共 8862 个样本观察值，构成本书研究的非平衡面板数据。

本书数据包含企业政治关联数据和 GDP 等宏观经济数据。政治关联数据由 CSMAR 数据库中公司治理数据和高管政治背景数据经手工整理获得。不同省份城市 GDP 数据和县级市区 GDP 数据来自 CSMAR 区域经济数据库，其中部分县级市缺失 GDP 数据，经查询当地政府网站而补充；对政府网站没有公布 GDP 数据的县市，由地级市政府 GDP 数据代替。利用不同城市 GDP 数据，通过手工整理计算出每个城市的相对 GDP 增长率，计算方法见下文变量定义。

二 僵尸企业识别

根据第三章僵尸企业测度标准，得到两个僵尸企业识别指标，分别为 Z1 和 Z2。这两个替代指标来自不同的方法和不同的宽严程度，虽然对个别企业"僵尸身份"的界定有所差异，但它们之间高度相关。据 Pearson 相关系数，Z1 与 Z2 的相关系数为 0.62。Z1 代表的僵尸企业数量有 581 个，占样本总体的 6.56%；Z2 代表的僵尸企业数量有 1343 个，占样本总体的 15.15%。

为检验流动比率在修正僵尸企业识别模型上的适用性，后续研究均采用 Z1 作为僵尸企业的认定标准，Z2 主要在实证研究结果的稳健性检验中运用。

三　变量定义

区域环境：具体分为东部地区、西部地区、中部地区三个部分①。由上市公司注册地按照秦朵和宋海岩（2003）的区域分类标准划分。

不同市场化进程的地区：参照步丹璐和狄灵瑜（2017）对市场化程度的划分方法，当年市场化指数大于中位数的地区视为市场化程度较高的地区，小于当年中位数的地区为市场化程度较小的地区。具体是市场化指数小于7的地区被定义为市场化程度较低的地区，赋值1，否则为0。

产权性质：按控股股东性质而定，国有控股股东赋值1，其他赋值0。

政治关联：根据Fan等（2007）、况学文等（2017）关于政治关联的界定，把曾任或现任政府官员、军队、人大代表或政协委员的董事长或总经理作为高管政治背景的替代变量。当企业有政治关联时，取值为1，否则为0。

政府竞争环境：参照逯东等（2014）、赵璨等（2015）及步丹璐等（2018）的研究，上级政府对地方官员的考核很大程度上是基于GDP增长率的考核，并采取相对绩效评价指标，即遵循"可比地区原则"。本章将样本城市分为三类，分别是普通城市、副省级城市和直辖市。对于普通城市，将GDP增长率与所在省份普通城市当年GDP增长率的均值相比，计算出普通城市每年的GDP相对增长率；副省级城市GDP增长率与15个副省级城市当年GDP增长率的均值比较，计算出副省级城市当年的相对GDP增长率；直辖市GDP增长率与4个直辖市当年GDP增长率均值相比较，计算出直辖市当年的相对GDP增长率。

根据每个城市的相对GDP增长率，判断企业所在地区政府面临的政治晋升压力。具体而言，当企业所在城市相对GDP增长率低于同级别城市相对GDP增长率很大时，企业所在区域的地方官员不仅政治晋

---

① 东部地区包括北京、天津、河北、辽宁、上海、江苏、浙江、福建、山东、广东、广西、海南12个省（市区）；中部地区包括山西、内蒙古、吉林、黑龙江、安徽、江西、河南、湖北、湖南9个省（市区）；西部地区包括重庆、四川、贵州、云南、西藏、陕西、甘肃、青海、宁夏、新疆10个省（市区）。

升没有希望,还可能被追究责任。因此以企业所在地城市相对 GDP 增长率低于省份当年同级别城市相对 GDP 增长率均值的 5% 时,为当地政府面临的政治晋升压力较大的代理变量,赋值 1,其他赋值 0。

第三节 僵尸企业分布状况

一 动态趋势

宏观经济政策会影响僵尸企业的动态发展趋势,也就是时间分布;根据产品生命周期理论,企业发展一般经历形成、成长、成熟、衰退这样的周期,随着企业年龄的增加,企业僵尸化的风险也在变化。

1. 时间分布

图 4-1 是不同加权方式计算的僵尸企业比例的时间动态发展趋势,包括僵尸企业数量占全部样本企业数量的比例、僵尸企业资产占全部样本企业资产总额的比例、僵尸企业债务占全部样本企业债务的比例、僵尸企业员工人数占全部样本企业员工人数的比例四个方面。主要特征表现在以下方面。

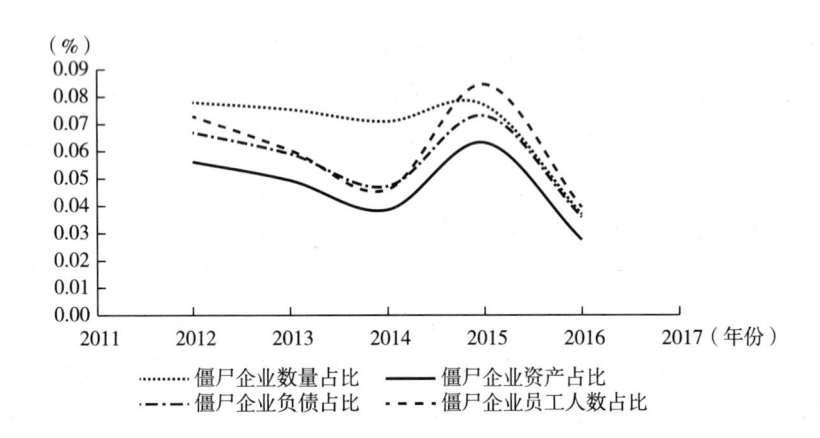

图 4-1 僵尸企业动态发展趋势

(1) 僵尸企业数量份额在 2012—2016 年整个区间均高于其资产份额、负债份额。这说明相对于非僵尸企业,上市公司僵尸企业的资产、负债等所占比例更小,与一些研究的经验结论不同(黄少卿、陈彦,

2017；谭语嫣等，2017；李旭超、鲁建坤，2018）。这些研究利用中国工业企业数据库数据，其结论是在中国工业企业中，僵尸企业资产、负债、就业人员等指标占比较大。这可能是样本差异所致。

（2）从时间发展趋势看，上市公司僵尸企业占比在2015年达到高峰后，在2016年僵尸企业比例迅速下降。比如，2012—2015年，僵尸企业数量占比一直保持在7%以上，高于样本总体均值6.56%，但2016年僵尸企业比例则为3.69%。2014年是中国宏观经济局势的转折点，中国经济增长开始告别10%左右的高速增长期，进入稳中求进、提质增效的中高速增长新阶段。经济发展方式的转变强调市场的有序竞争和资源配置效率的提高，对预期经济增长率的降低也缓解了地方政府干预经济的冲动，从而导致2016年僵尸企业比重的降低。2012—2015年保持较高的僵尸企业比例，其原因可能是2008年金融危机爆发、政府4万亿经济刺激计划的推行等短期刺激政策的影响趋于弱化之后，反而进一步推高了僵尸企业的数量上升，现有研究也发现了这一经济现象（黄少卿、陈彦，2017；谭语嫣等，2017；周琎等，2018）。

2. 成长阶段分布

上市公司僵尸企业的上市年龄从4—24年不等，具体见表4-1。

（1）上市僵尸企业在不同上市年龄阶段呈现不同的特点，如图4-2所示。在上市初期上市僵尸企业数量较少。随着上市年龄的增加，在上市年龄10—18年这个区间，上市僵尸企业数量上升，之后又下降。在上市年龄达到20年之后的企业中，僵尸企业数量最少。这似乎符合企业生命周期理论，上市初期是企业的发展时期，经营不善的上市公司容易陷入困境，随着上市公司的成长和成熟，当衰退期来临，上市公司又会增大"僵尸化"风险。

（2）综合比较4类上市板块，并结合表4-1，可见，上市4年就发生"僵尸化"的企业主要在中小板上市，其次是创业板，主板市场上市初期就陷入经营困境的企业不多，这些企业主要是沪市上市公司，而深市上市公司上市10年之前几乎没有出现僵尸企业。与沪市上市公司相比，深市上市公司僵尸企业数量较少，主要在上市13—16年产生。沪市上市公司"僵尸化"从上市第13年开始递增，在上市第20年之后开始下降。中小板和创业板的启动时间较晚，对企业上市资格的要求

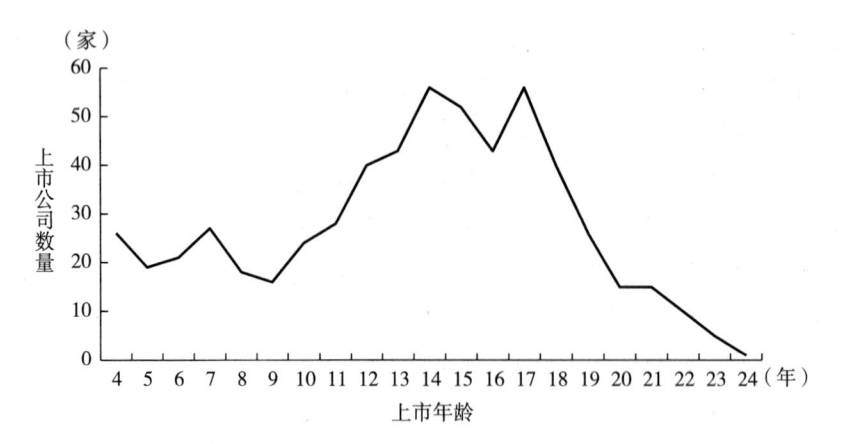

图 4-2 僵尸企业上市年龄曲线

表 4-1 僵尸企业上市年龄分布

上市年龄（年）	深市	沪市	中小板	创业板	总计	ST 企业
4	0	2	23	1	26	3
5	0	2	16	1	19	1
6	0	4	15	2	21	3
7	0	8	19	0	27	2
8	0	12	6	0	18	4
9	1	13	2	0	16	3
10	0	24	0	0	24	2
11	2	25	1	0	28	8
12	14	26	0	0	40	9
13	17	26	0	0	43	7
14	23	33	0	0	56	11
15	30	22	0	0	52	12
16	23	20	0	0	43	7
17	24	32	0	0	56	11
18	18	22	0	0	40	5
19	11	15	0	0	26	4
20	4	11	0	0	15	2
21	3	12	0	0	15	5
22	6	4	0	0	10	2
23	1	4	0	0	5	0
24	1	0	0	0	1	0
总计	178	317	82	4	581	101

较低，在这两个市场上市的企业，其竞争力与抵抗市场风险的能力无法与主板市场上市的企业相比，特别是中小板上市僵尸企业数量较多。

（3）部分上市僵尸企业同时被监管机构给予特别处理（ST）。在581个僵尸企业样本中，被同时ST的样本为101个，约占17.38%。这说明监管机构的退市风险警示标准与判断僵尸企业的标准在某种程度上重合，如上市公司连续2年亏损就被ST，识别僵尸企业的模型中也包含盈利指标。

二 经济地理分布

国家经济战略布局和产业政策在区域环境上的差异，不同省份经济发展水平以及在国家经济或区域经济中的地位不同，将影响僵尸企业的区域分布和省份分布。

1. 区域分布

僵尸企业区域分布情况如表4-2所示，基本事实情况如下。

（1）在整个样本期间，西部僵尸企业数量占比、资产占比、负债占比均高于中部和东部区域僵尸企业占比。在三个区域中，东部僵尸企业数量占比、资产占比、负债占比均最低。这说明区域治理环境影响僵尸企业的分布，与现有研究的经验结论一致（黄少卿、陈彦，2017；谭语嫣等，2017；李旭超、鲁建坤，2018；王万珺、刘小玄，2018）。

（2）在中部区域和西部区域，僵尸企业负债占比均大于其数量占比；在东部区域，僵尸企业负债占比低于数量占比，说明在经济欠发达的中西部地区，僵尸企业的负债率更高。

2. 省份分布

表4-3报告了僵尸企业的省份分布特征，其基本事实如下。

（1）企业僵尸化严重的省份大多处于西部区域。僵尸企业数量占比在全国排名前十位的省份分别是云南、山西、新疆、宁夏、广西、河南、四川、重庆、青海、辽宁，其中河南、辽宁在地缘上分别属于中部地区和东部沿海地区，其他省份属于西部地区。这些省份的僵尸企业数量占比大多高于10%。这与僵尸企业区域分布情况的事实特征相符合。

（2）僵尸企业占比较低的省份基本上在市场化程度较高、区域经济发展较好的东部地区。僵尸企业数量占比相对较低的省份包括浙江、北京、广东、江苏、天津、上海、湖北、江西、福建、安徽等，其中湖

表4-2 僵尸企业区域分布

年份	东部僵尸企业占比(%)				西部僵尸企业占比(%)				中部僵尸企业占比(%)			
	数量	资产	负债	员工人数	数量	资产	负债	员工人数	数量	资产	负债	员工人数
2012	7.29	4.58	5.27	6.10	8.85	7.97	9.43	8.57	8.46	9.45	12.01	9.92
2013	6.04	3.72	4.35	4.68	11.30	11.13	12.99	10.03	9.26	7.72	9.82	8.23
2014	5.63	2.97	3.47	3.74	12.45	10.39	13.30	10.07	7.69	4.67	6.03	4.54
2015	5.34	3.70	3.89	4.50	13.41	11.60	14.72	12.32	11.63	17.20	22.14	20.64
2016	2.09	1.43	1.84	2.46	11.03	8.75	11.46	7.68	4.42	7.56	10.47	8.15
总计	4.96	3.02	3.46	4.08	11.48	10.01	12.53	9.75	8.18	9.74	12.59	10.44

第四章 僵尸企业现状

表4-3 僵尸企业省份分布

省份	僵尸企业数量占比(%) 2012年	2013年	2014年	2015年	2016年	小计	僵尸企业资产占比(%) 2012年	2013年	2014年	2015年	2016年	小计	僵尸企业负债占比(%) 2012年	2013年	2014年	2015年	2016年	小计
云南	29.17	16.00	16.00	18.52	11.11	17.97	42.75	26.82	35.39	13.41	29.02	28.44	46.78	27.93	43.43	14.85	34.68	32.54
山西	10.34	17.24	13.33	29.03	14.29	16.88	3.30	6.13	10.63	24.10	13.51	12.26	4.08	6.47	14.49	31.22	17.56	16.02
新疆	13.79	9.68	9.09	25.00	16.22	15.06	6.60	2.87	6.99	12.81	3.33	6.47	7.14	3.16	9.03	14.29	3.24	7.22
宁夏	0.00	27.27	18.18	8.33	16.67	14.04	0.00	9.59	8.26	16.71	25.18	13.38	0.00	11.95	10.97	23.35	38.53	18.67
广西	12.50	8.33	8.00	19.23	10.71	11.81	5.92	16.76	15.56	16.38	3.14	11.49	7.44	17.55	18.33	20.75	4.84	14.00
河南	19.44	10.53	9.52	17.65	4.84	11.79	18.31	10.70	2.50	37.48	13.85	17.13	22.08	13.55	3.33	46.18	19.09	21.69
四川	8.77	11.11	16.42	9.09	11.11	11.30	5.10	4.70	14.41	10.63	2.96	7.65	6.18	6.16	18.21	14.04	3.65	9.89
重庆	8.00	8.00	11.54	13.33	12.12	10.79	3.80	18.94	6.55	11.52	14.12	11.51	4.39	21.38	7.28	14.73	19.30	14.28
青海	11.11	11.11	0.00	22.22	9.09	10.64	3.09	0.45	0.00	16.98	15.25	8.34	5.29	0.59	0.00	22.48	21.15	11.35
辽宁	10.87	16.33	12.00	10.53	1.67	9.92	20.97	15.92	9.38	18.78	1.13	12.33	18.83	17.00	11.29	18.19	1.70	12.62
吉林	6.90	12.90	10.00	11.76	5.56	9.38	17.10	13.93	4.61	26.90	9.78	14.41	22.08	17.80	5.01	32.25	12.00	17.59
西藏	0.00	12.50	11.11	11.11	11.11	9.30	0.00	3.13	3.08	4.23	2.95	2.79	0.00	2.20	2.76	5.15	3.61	2.76
陕西	3.85	7.14	13.79	11.43	5.56	8.44	2.36	7.60	5.99	7.40	4.09	5.56	3.95	11.55	7.96	10.28	6.70	8.18
湖南	11.63	6.82	12.24	8.47	3.13	8.11	22.70	20.64	7.25	9.44	13.62	13.37	27.87	26.74	9.41	16.67	19.60	19.42
贵州	0.00	11.11	11.11	5.26	10.53	7.61	0.00	9.39	3.48	0.94	3.24	3.33	0.00	14.21	5.96	0.96	2.57	4.49
海南	10.00	10.00	9.52	9.09	0.00	7.41	4.78	0.69	3.91	0.83	0.00	1.63	5.17	0.31	4.34	1.52	0.00	1.96
甘肃	0.00	9.52	4.55	13.64	8.00	7.34	0.00	18.39	0.15	27.19	10.80	9.68	0.00	18.38	0.16	34.78	13.93	10.37

73

续表

省份	僵尸企业数量占比（%）					僵尸企业资产占比（%）					僵尸企业负债占比（%）				
	2012年	2013年	2014年	2015年	2016年	小计	2012年	2013年	2014年	2015年	2016年	小计	2012年	2013年	2014年	2015年	2016年	小计
内蒙古	5.26	5.26	5.26	14.29	4.55	7.00	2.66	0.43	0.32	27.23	5.33	9.51	3.25	0.45	0.37	26.84	5.44	9.88
黑龙江	8.00	8.33	12.50	7.14	0.00	6.92	20.66	10.47	3.96	1.91	0.00	6.39	23.22	11.12	5.23	2.67	0.00	7.87
山东	10.47	6.38	8.33	7.44	3.57	6.89	8.49	2.63	5.90	1.48	2.77	3.79	9.39	3.05	6.78	1.77	2.57	4.11
河北	6.25	9.38	6.06	11.90	0.00	6.56	2.90	3.26	0.72	6.54	0.00	2.43	3.16	3.23	0.76	6.79	0.00	2.53
安徽	3.85	7.41	7.14	10.94	1.33	5.98	1.37	8.07	7.92	26.06	0.69	8.70	1.46	9.98	10.80	34.60	0.90	11.30
福建	4.35	5.66	5.45	11.43	2.53	5.94	3.92	1.46	0.44	4.32	1.09	2.07	3.96	1.59	0.61	4.49	1.65	2.33
江西	7.69	4.00	0.00	6.90	6.67	5.19	12.10	0.24	0.00	2.27	2.22	3.11	16.74	0.45	0.00	2.44	3.61	4.24
湖北	5.00	10.00	1.59	5.71	3.90	5.15	1.63	2.47	0.28	0.75	5.78	2.48	2.57	4.36	0.31	0.78	8.19	3.54
上海	7.25	4.29	6.29	5.10	1.70	4.77	2.85	4.05	3.57	3.31	2.58	3.21	3.14	4.54	3.65	3.24	3.53	3.58
天津	3.57	10.71	3.45	2.86	2.78	4.49	2.23	1.97	1.34	0.12	0.27	1.08	2.12	1.96	1.74	0.18	0.30	1.18
江苏	9.43	6.14	5.60	3.07	1.44	4.46	9.16	7.46	3.49	6.11	2.94	5.17	11.12	9.32	4.11	6.80	3.12	6.09
广东	5.23	4.86	4.85	3.66	1.57	3.72	1.79	8.12	1.75	1.45	1.82	2.71	2.49	8.90	2.10	1.83	2.39	3.28
北京	6.86	5.56	3.31	2.55	2.17	3.72	4.00	1.13	2.52	3.48	0.72	2.21	5.02	1.47	3.09	3.52	1.02	2.59
浙江	5.88	3.08	3.47	3.70	2.19	3.46	3.32	1.64	1.83	1.63	0.76	1.56	3.53	1.98	2.25	1.98	0.81	1.85
总计	7.79	7.53	7.09	7.70	3.69	6.56	5.61	4.94	3.86	6.31	2.76	4.52	6.68	5.91	4.72	7.30	3.59	5.44

北、江西、安徽等省份属于中部区域,其他省份为东部区域。这种现实情况也与僵尸企业的区域分布特征一致。

(3) 除了僵尸企业数量较多的云南省外,其他省份僵尸企业的资产规模和负债水平也低于相应省份样本僵尸企业数量占比。无论省份处在哪个区域,各省份僵尸企业资产占比和负债占比多数情况下小于数量占比,说明不同省份僵尸企业也存在一定的规律性,即资产规模较小的企业更可能成为僵尸企业。

三 制度环境分布

制度环境对僵尸企业形成具有重要影响。所有权性质、市场化进程、政府竞争环境等制度性因素不同,政府对经济的干预程度也不同,从而影响僵尸企业的产生。

1. 所有制分布

僵尸企业的所有制分布特征如表4-4所示。从表4-4可以发现以下事实特征。

表4-4　　　　　　　　僵尸企业所有制分布

年份	国有僵尸企业占比(%)				民营僵尸企业占比(%)			
	数量	资产	负债	员工人数	数量	资产	负债	员工人数
2012	9.06	5.92	6.99	8.28	5.91	3.86	4.88	3.66
2013	8.36	4.96	5.94	6.43	6.41	4.79	5.71	4.66
2014	8.20	4.01	4.91	5.03	5.77	3.11	3.72	3.15
2015	10.86	7.30	8.33	10.36	4.93	2.72	3.26	3.76
2016	5.33	3.10	4.00	4.93	2.52	1.86	2.42	2.12
总计	8.34	4.96	5.92	6.96	4.71	2.82	3.50	3.24

(1) 国有性质的僵尸企业居多,国有僵尸企业数量为376个样本,占比为64.7%。不论是数量占比、资产占比、负债占比、员工人数占比,国有性质僵尸企业均高于民营性质的僵尸企业。这与多数文献的经验结论相同(黄少卿、陈彦,2017;谭语嫣等,2017;李旭超、鲁建坤,2018;王万珺、刘小玄,2018),公众常识甚至把僵尸企业几乎等

同于国有僵尸企业①,但有的文献也提出相反的观点。

方明月等(2018)利用中国工业企业数据库研究了中小企业的僵尸企业,发现在中小民营企业中,僵尸企业的比例为9.8%左右,高于全部工业企业僵尸企业占比的均值7.51%,而正常企业变成僵尸企业的概率是5%左右。该文的结论是中小民营企业存在较高比例的僵尸企业,中小民营企业构成了中国僵尸企业的主体部分。

(2)不管哪种产权性质的企业,僵尸企业的资产规模和负债规模均较小。对于国有企业或民营企业两种所有制类型的僵尸企业而言,其资产占比、负债占比均低于数量占比,说明不论是国有性质还是民营性质的僵尸企业均在资产、负债上小于非僵尸企业的资产、负债。黄少卿和陈彦(2017)的研究结果显示上市公司僵尸企业资产规模与总体样本企业资产规模不是严格的比例关系。

2. 政治关联特征分布

按僵尸企业是否具有政治关联分为两组样本,其基本特征如表4-5所示。

表4-5　　　　　　　　僵尸企业政治关联特征分布

年份	政治关联僵尸企业占比(%)				非政治关联僵尸企业占比(%)			
	数量	资产	负债	员工人数	数量	资产	负债	员工人数
2012	5.64	3.87	4.58	5.27	9.08	7.37	8.73	9.02
2013	5.17	4.43	5.20	5.31	8.89	5.25	6.37	6.49
2014	4.79	1.27	1.49	2.00	8.38	5.47	6.84	6.18
2015	4.72	3.85	3.98	4.29	9.57	8.18	9.86	11.39
2016	2.97	1.08	1.35	1.58	4.13	3.93	5.11	5.58
总计	4.51	2.72	3.09	3.54	7.77	5.82	7.15	7.63

(1)具有政治关联的僵尸企业数量较少,政治关联僵尸企业在政治关联企业样本总体中占比为4.51%,低于非政治关联僵尸企业的比

---

① 方明月、张雨潇、聂辉华:《中国中小民营企业成为僵尸企业之谜》,《澎湃新闻》,https://baijiahao.baidu.com/s?id=1597431337831470490&wfr=spider&for=pc,2018年4月11日。

例7.77%。据统计,政治关联僵尸企业共计149个样本,占僵尸企业总体样本的比例为25.6%。这说明政治关联企业中的僵尸企业数量较低。

(2) 不论是政治关联僵尸企业还是非政治关联僵尸企业,其资产占比、负债占比、员工人数占比均小于数量占比,说明规模较小的上市公司更容易"僵尸化"。

3. 市场化程度分布

按僵尸企业所在区域的市场化程度,划分为市场化程度较低区域的僵尸企业和市场化程度较高区域的僵尸企业两种类型,如表4-6所示。

表4-6　　　　　　　　僵尸企业市场化程度分布

年份	市场化程度低区域僵尸企业占比(%)				市场化程度高区域僵尸企业占比(%)			
	数量	资产	负债	员工人数	数量	资产	负债	员工人数
2012	8.63	9.22	10.63	9.71	7.00	3.91	4.69	5.42
2013	10.28	8.63	10.13	9.41	5.36	3.44	4.13	3.91
2014	9.39	6.87	8.74	5.84	5.50	2.87	3.37	3.96
2015	12.82	13.23	16.74	12.85	5.70	4.53	4.90	7.06
2016	7.54	6.50	8.45	6.58	2.38	1.96	2.56	3.27
总计	9.68	8.85	10.88	8.83	4.81	3.20	3.75	4.69

(1) 相对于市场化程度较高区域的企业,市场化程度较低区域的僵尸企业数量较多。市场化程度较低区域的僵尸企业有308个样本,占总体僵尸企业的比例为53%。市场程度较低地区的僵尸企业比例为9.68%,高于市场化程度较高区域的僵尸企业比例4.81%。

(2) 比较两组样本,市场化程度较低地区的僵尸企业,其资产规模、负债规模和员工人数比例等更大,说明市场化程度较低地区企业僵尸化的影响程度可能更大。

4. 政府竞争环境分布

按政府竞争环境把僵尸企业分成两种样本,即政治晋升压力较大地区的僵尸企业和政治晋升压力较小地区的僵尸企业,其事实特征如表4-7所示。

表4-7　　　　　　　　　僵尸企业政府竞争环境分布

年份	晋升压力较大区域僵尸企业占比（%）				晋升压力较小区域僵尸企业占比（%）			
	数量	资产	负债	员工人数	数量	资产	负债	员工人数
2012	15.38	27.46	34.04	23.14	7.72	5.35	6.33	7.05
2013	7.26	3.58	3.94	2.79	7.57	5.14	6.19	6.55
2014	8.09	4.06	4.73	5.70	7.00	3.85	4.72	4.49
2015	10.36	19.88	23.46	24.33	7.31	5.36	6.20	6.81
2016	4.69	4.42	5.59	6.21	3.53	2.60	3.40	3.66
总计	7.45	7.86	9.39	9.71	6.45	4.26	5.14	5.58

（1）晋升压力较大地区的僵尸企业数量居多。政治晋升压力较大地区的僵尸企业共计67个样本，占僵尸企业总体样本的比例为11.53%，占晋升压力较大地区样本总体的比例为7.45%，高于晋升压力较小地区的僵尸企业占比6.45%。

（2）在晋升压力较大区域，僵尸企业资产占比、负债占比、员工人数占比均高于数量占比，而在晋升压力较小地区的样本中，僵尸企业的数量占比均显著高于其资产占比、负债占比、员工人数占比。这说明晋升压力较大地区的僵尸企业是规模较大企业，晋升压力较小地区的僵尸企业是规模较小的企业，原因可能是晋升压力较大地区的政府更重视大型企业，对大型企业经济活动的干预也较多。政治晋升压力较大地区僵尸企业在不同年份变化较大，如2012年和2015年僵尸企业比例较高。

四　行业分布

行业是同类企业构成的群体，有朝阳和夕阳、传统和新兴等产业之分，其内涵的资本、技术、劳动、知识、资源等要素密集度不同，不仅影响企业微观主体的生产经营绩效和未来成长潜力，还对整个行业的投资价值或在国民经济中的地位造成影响，因而国家实行差异化的产业调控政策。同时，行业竞争度、行业竞争门槛等市场条件也自然不同，从而造成僵尸企业存在一定的行业分布。根据2012年证监会行业分类标准对僵尸企业行业分布进行分析，僵尸企业行业分布的事实特征如表4-8

表4-8 僵尸企业行业分布

行业	僵尸企业数量占比(%) 2012年	2013年	2014年	2015年	2016年	小计	僵尸企业资产占比(%) 2012年	2013年	2014年	2015年	2016年	小计	僵尸企业负债占比(%) 2012年	2013年	2014年	2015年	2016年	小计
E49	0.00	100	0.00	0.00	0.00	33.33	0.00	100	0.00	0.00	0.00	39.30	0.00	100	0.00	0.00	0.00!	41.69
P82	100	0.00	0.00	0.00	50.00	33.33	100	0.00	0.00	0.00	60.46	39.49	100.	0.00	0.00	0.00	73.18	52.63
C31	32.26	25.81	20.00	56.67	16.67	30.26	31.04	23.42	11.83	57.34	12.63	26.90	32.98	26.13	13.03	61.84	15.30	29.62
C25	31.25	12.50	43.75	43.75	6.25	27.50	48.71	20.74	66.47	25.26	0.90	32.75	46.35	24.51	70.05	35.60	1.33	37.64
E47	0.00	0.00	100.	0.00	0.00	25.00	0.00	0.00	100.00	0.00	0.00	25.42	0.00	0.00	100	0.00	0.00	27.75
C26	19.15	20.37	16.36	18.31	10.46	16.47	20.03	12.93	16.75	9.95	17.35	15.08	24.98	15.17	21.38	12.16	24.66	19.59
B08	0.00	0.00	42.86	14.29	25.00	16.13	0.00	0.00	84.70	77.62	52.69	49.25	0.00	0.00	94.58	88.31	79.00	64.18
A02	25.00	0.00	25.00	25.00	20.00	15.79	10.22	0.00	6.56	3.12	0.00	3.54	16.14	0.00	11.17	9.12	0.00	7.28
B11	0.00	0.00	0.00	0.00	20.00	15.79	0.00	0.00	12.16	0.46	37.21	14.27	0.00	0.00	0.00	0.47	53.79	23.03
E50	16.67	50.00	11.11	13.33	6.25	15.38	20.66	21.19	0.00	6.10	4.40	9.12	22.78	20.45	14.22	8.10	5.53	10.76
C32	27.27	28.57	7.50	16.67	3.77	15.31	44.44	25.47	32.27	23.80	8.33	25.81	50.83	29.35	38.73	29.06	12.17	31.34
L71	0.00	0.00	0.00	0.00	33.33	14.29	0.00	0.00	0.00	0.00	2.83	1.25	0.00	0.00	0.00	0.00	2.86	1.30
C28	22.22	25.00	20.00	4.76	0.00	14.00	27.23	37.84	19.69	2.02	3.82	14.25	32.21	49.20	21.89	2.02	0.00	17.66
B06	4.00	4.00	8.00	34.62	16.00	13.49	0.32	1.59	2.45	26.87	8.55	7.76	0.77	1.54	3.55	32.58	4.72	9.98
A01	11.11	22.22	0.00	16.67	14.29	13.21	40.67	43.80	0.00	13.81	0.00	20.17	47.40	52.78	0.00	22.51	17.79	29.81
C22	14.29	21.74	17.39	12.00	0.00	12.93	13.58	16.39	6.87	10.28	0.00	8.77	13.75	19.64	9.58	11.28	0.00	10.40

续表

行业	僵尸企业数量占比（%）							僵尸企业资产占比（%）							僵尸企业负债占比（%）				
	2012年	2013年	2014年	2015年	2016年	小计	2012年	2013年	2014年	2015年	2016年	小计	2012年	2013年	2014年	2015年	2016年	小计
H62	0.00	0.00	25.00	0.00	33.33	11.76	0.00	0.00	20.64	0.00	3.58	5.37	0.00	0.00	46.09	0.00	15.18	14.70
H61	0.00	14.29	14.29	14.29	14.29	11.43	0.00	0.56	35.41	0.23	11.89	10.01	0.00	0.31	62.17	0.10	12.52	12.67
C17	5.56	13.89	8.57	16.67	11.43	11.24	7.65	6.08	1.71	5.92	11.41	6.04	9.14	9.11	2.30	8.53	19.23	8.37
C30	9.30	10.64	13.21	15.52	3.08	10.15	3.17	1.60	2.71	20.75	1.26	6.57	3.51	2.62	3.89	24.00	1.42	8.12
G55	12.50	16.67	12.00	7.14	3.57	10.08	3.34	14.19	13.06	18.47	14.30	13.13	4.58	17.02	16.00	22.92	21.77	17.21
A03	0.00	0.00	0.00	30.00	0.00	9.09	0.00	11.44	0.00	29.97	0.00	9.39	0.00	0.00	0.00	31.85	0.00	9.48
R85	20.00	10.00	10.00	6.67	0.00	8.20	14.95	1.03	0.16	0.11	0.74	3.06	21.76	17.66	0.41	0.39	0.00	5.37
N78	7.14	7.14	7.14	7.69	7.69	7.35	3.10	2.18	1.07	1.27	1.28	1.30	2.10	0.70	0.93	1.41	0.70	1.10
C13	19.05	4.55	4.17	3.70	6.06	7.09	20.96	1.89	5.39	1.50	3.54	5.02	30.47	4.61	10.45	2.22	2.11	9.13
C36	2.27	8.70	10.00	5.08	7.14	6.69	0.43	4.57	2.72	0.92	0.00	2.15	0.55	2.18	3.62	1.13	4.37	2.71
C21	0.00	33.33	0.00	0.00	0.00	6.67	0.00	0.48	0.00	0.00	0.00	0.65	0.00	6.11	0.00	0.00	0.00	0.82
C29	13.64	4.35	8.00	8.00	8.33	6.57	3.11	0.00	0.95	2.58	3.49	1.77	5.91	0.92	1.85	0.00	3.91	2.59
S90	4.55	0.00	13.04	4.91	4.00	5.93	0.01	2.73	3.98	4.00	4.05	2.02	0.08	3.59	4.45	3.34	6.83	2.54
C39	11.00	3.74	6.31	6.58	4.12	5.63	5.92	10.44	2.77	2.72	7.62	5.04	7.18	12.43	3.43	4.33	10.78	6.51
C35	4.17	8.00	3.45	5.00	3.81	5.04	0.39	6.54	0.78	1.69	5.17	3.98	0.40	7.82	0.98	3.26	7.68	5.17
C14	9.09	16.67	0.00	5.00	5.00	5.00	3.69	6.54	0.00	1.69	0.00	1.99	4.96	7.82	0.00	3.64	0.00	3.01

注：以样本期间僵尸企业数量占比排序，占比在5%以下的行业未在表中列示。

所示。第一栏为行业代码，具体代表行业如脚注①。表中行业僵尸企业的数量占比几乎都高于5%，低于5%的行业没有汇报。

（1）僵尸企业数量占比较高的行业主要集中在建筑安装、教育、农林牧渔业、采矿业、制造业中的石油化学加工业、非金属矿、通用设备、仪器仪表等行业。这种现实情况说明国民经济第一产业和第二产业中僵尸企业的数量较多，同时重化工行业和劳动密集型行业的僵尸企业数量较多。房屋建筑业和建筑安装业的僵尸企业数量占比较高是该行业样本数量较少的情况所致。

（2）产能过剩行业的僵尸企业比例较高。产能过剩企业按《国务院关于发布政府核准的投资项目目录（2016年本）的通知》〔国发〔2016〕72号文〕规定标准划分，该通知规定钢铁、电解铝、水泥、平板玻璃、船舶、传统燃油汽车7个行业为产能过剩行业，其行业代码分别是B06、B08、C30、C31、C36、C37，僵尸企业数量占比分别为13.49%、16.13%、10.15%、30.26%、6.69%、3.62%。这个分析结果说明"去产能"和清理处置僵尸企业是紧密关联的经济措施。

（3）在僵尸企业数量较多的行业，僵尸企业资产规模、负债规模也相对较大。其中僵尸企业数量排在前列的行业，资产占比、负债占比甚至超过数量占比。而僵尸化不严重的行业，僵尸企业数量占比高于僵尸企业资产占比和负债占比，如排在后几位的计算机通信、专用设备制造、食品制造业等行业。

综上，僵尸企业的产生受到宏观经济形势的影响，因而呈现一定的时间分布特征；上市公司发展进入成熟期，即在上市年龄达到13年时僵尸企业数量又呈增加趋势。区域环境影响僵尸企业分布，经济发达的东部地区或省份僵尸企业数量较少，经济欠发达的中西部地区或省份，

---

① E49为建筑安装业，P82为教育业，C31为黑色金属冶炼，C25为石油加工、炼焦和核燃料加工业，E47为房屋建筑业，C26为化学制品业，B08为黑色金属矿采选业，A02为林业，B11为开采辅助活动业，E50为建筑装饰业，C32为有色金属冶炼和压延加工业，L71为租赁业，C28为化学纤维制造业，B06为煤炭开采和洗选业，A01为农业，C22为造纸和纸制品业，H62为餐饮业，H61为住宿业，C17为纺织业，C30为非金属矿物制品业，G55为水上运输业，A03为畜牧业，R85为新闻和出版业，N78为公共设施管理业，C13为农副产品加工，C36为汽车制造，C21为家具制造业，C29为橡胶和塑料制品业，S90为综合，C39为计算机通信业，C35为专用设备制造业、仪器仪表制造业，C14为食品制造业。

其僵尸企业数量较多。制度性因素对僵尸企业分布也造成影响，比如，国有性质的僵尸企业数量居多，具有政治关联的僵尸企业数量相对较少，在市场化程度较高地区僵尸企业数量较多，晋升压力较大地区的僵尸企业数量占比较高等。在行业特点方面，属于国民经济第一产业和第二产业的农林牧渔、重化工、资本密集、产能过剩等行业的僵尸企业数量较多。

第四节 僵尸企业财务特征

一 僵尸企业基本财务比率

僵尸企业与非僵尸企业的基本财务状况比较（均值）见表4-9[①]。代表僵尸企业基本财务情况的指标有资产、负债、杠杆率、盈利指标、现金流指标、生产率、员工人数及融资成本、资产增长率和负债增长率等。其中生产率指标借鉴王万珺等（2018）的研究，首先计算人均营业收入的对数，然后计算企业所在两位数行业生产率均值的对数，两者相减，得到标准化的生产率指标。借鉴谭语嫣等（2018）的做法，融资成本的计算公式为财务费用除以负债总额与应付账款的差额。

表4-9 僵尸企业基本财务比率 单位：万元

项目	僵尸企业	非僵尸企业	t值
资产	1182432.23	1752760.45	-4.266***
负债	870550.31	1061207.99	-2.160**
资产负债率	95.63%	47.48%	4.161***
总资产利润率	-21.12%	5.34%	-3.094***
销售利润率	-41.49%	9.20%	-10.249***
经营活动现金流净额	35076.21	124733.94	-4.972***
经营活动现金流净额比率	9.92%	5.80%	0.884
生产率	-1.40%	0.24%	-0.373

---

① 计算数据为原始数据。在表4-9中，总资产利润率=净利润/总资产，销售利润率=营业利润/营业收入。

续表

项目	僵尸企业	非僵尸企业	t 值
员工人数	6034.61	6677.72	-0.682
融资成本	3.81%	1.45%	13.751***
总资产增长率	9.44%	78.43%	-4.231***
负债增长率	21.89%	-3.07%	2.240**

注：***、**、*分别表示在1%、5%、10%显著性水平下双尾显著。t是均值比较的参数检验值。

由表4-9可见，僵尸企业的资产和负债的绝对规模均显著低于非僵尸企业，但僵尸企业的资产负债率远高于非僵尸企业，高达90%以上，是非僵尸企业杠杆率的2倍以上。基于中国工业企业数据，现有研究发现僵尸企业高资产和高负债（谭语嫣等，2017；李旭超、鲁建坤，2018；王万珺、刘小玄，2018）；相反的观点则认为中小民营企业是中国僵尸企业的主体（方明月等，2018）。这些研究的实证结果均表明僵尸企业的杠杆率较高，也为僵尸企业通过"加杠杆"而维持生存提供了证据。

比较僵尸企业和非僵尸企业的资产利润率和销售利润率两个指标，僵尸企业的这两个指标均显著低于非僵尸企业，特别是销售利润率指标在僵尸企业与非僵尸企业之间的差异更大。营业利润为利润总额剔除非经常性损益的差额，僵尸企业的利润总额扣除非经常损益后的损失更大，说明僵尸企业的非经常性损益是收益或利得，僵尸企业试图通过不可持续的非经常性收益调增收入。

僵尸企业的经营活动现金流净额显著低于非僵尸企业，说明僵尸企业通过生产经营活动创造现金流的能力不足，内源性融资功能不能有效发挥作用。但僵尸企业的经营活动现金流净额相对比率（经营活动现金流净额/总资产）与非僵尸企业没有显著差别。

僵尸企业的生产率为负数，非僵尸企业的生产率为正数，雇用员工人数也显著低于非僵尸企业，但差异没有显著性。基于中国工业企业数据的研究结果表明，僵尸企业的就业人数高于非僵尸企业（谭语嫣等，2017；李旭超、鲁建坤，2018；王万珺、刘小玄，2018），原因可能是研究对象的本质差异造成结果出现不同。僵尸企业融资成本显著高于非僵尸企业，这与谭语嫣等（2017）的研究结果正好相反。这可能是僵尸企业较高的杠杆率导致贷款利息费用较大所致。

僵尸企业总资产的增长率显著低于非僵尸企业，其负债增长率却显著高于非僵尸企业，而且非僵尸企业的负债增长率是负数。这说明僵尸企业在"加杠杆"，而非僵尸企业在"去杠杆"。现有研究表明中国工业企业自2013年以来表现为负债率下降的趋势（钟宁桦等，2016），与本书数据表现的非僵尸企业在"去杠杆"的结果一致。僵尸企业在经营业绩较差、偿债风险较大的情况下却在增加负债率，这在一定程度上可以断定僵尸企业负债率的增加没有企业基本面的支撑，非市场化干预机制影响了僵尸企业的融资行为。

二 僵尸状态的持续性

通常情况下，僵尸企业持续时间长短决定了其"僵尸化"程度，僵尸状态保持时间越长，僵尸企业的经营困难越大，问题越多，越难以市场出清或恢复常态，从而越不利于社会资源配置效率的提高和优化。借鉴王万珺和刘小玄（2018）对僵尸企业持续时间的定义，如果企业在t至t+s的连续s年中一直或间断保持僵尸状态，则该企业在t至t+s期间僵尸状态的持续时间为s年。僵尸企业持续时间详见图4-3。

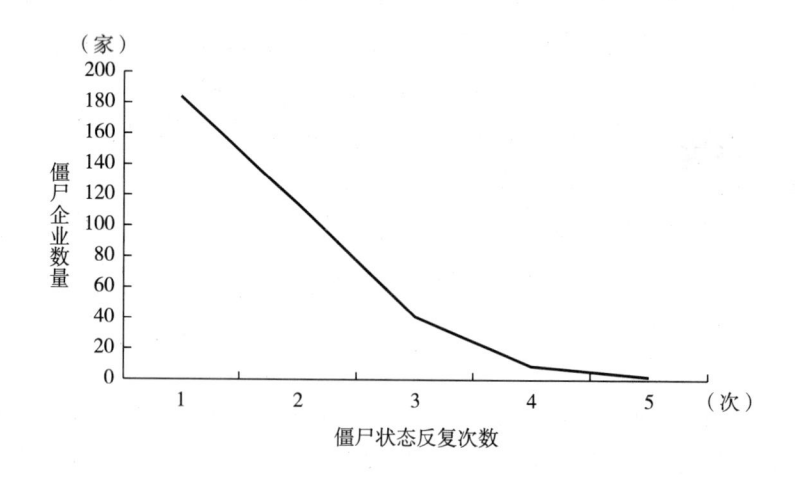

图4-3 僵尸状态持续时间

因为上市公司退市制度的存在，与基于中国工业企业数据识别出的非上市僵尸企业相比，中国上市公司僵尸状态持续时间较短。在样本期间，僵尸状态只出现1次的上市公司有184家，占僵尸企业样本的52.57%，出现2次僵尸状态的上市公司有114家，在僵尸企业样本中比例达32.57%，出现3次僵尸状态的上市公司有41家，在僵尸企业样本中的比例为11.71%，只有9家上市公司在样本期内出现4次僵尸状态，2家上市公司在样本期内出现5次僵尸状态。与王万珺和刘小玄（2018）对中国工业企业僵尸企业的状态具有长期性质的发现不同，上市公司由于退市制度的存在，其僵尸状态多数情况下是短期的，即在1年或2年之间。

三 僵尸状态的转变

上市公司自2001年实现退市制度以来，真正退出资本市场的上市公司数量相当稀少。据WRDS数据显示[①]，在1980—2017年，上交所和深交所上市公司退市率仅0.3%和0.1%，而该期间美股市场的上市公司退市率达72%。中国上市公司难以退市的背后是地方政府基于当地的GDP、税收、就业等政绩或民生问题考虑而对存在严重债务问题的上市公司完成退市的干预。

结合上市公司僵尸状态持续时间较短的特征，上市公司僵尸状态的转变有恢复、不变和退出三种情形，但以僵尸状态恢复为基本特征。正如上市公司ST状态的反复，上市公司僵尸状态也存在反复的特征，即在t年出现僵尸状态，t+1或t+s年又可能被识别为僵尸企业，但在t+1或t+s年也可能被识别为非僵尸企业。在僵尸企业的上市年龄特征分析中，也发现僵尸状态与ST状态并存的样本。因此，与上市公司努力"摘帽"类似，企业对其僵尸状态也积极进行恢复，最终的目的是尽快"摘帽"或规避被ST，进而避免退市。

样本数据包括10家退市企业，其中有4家企业被识别为僵尸企业，分别是天茂集团（股票代码：000627）、宝硕股份（股票代码：600155）、绿庭投资（股票代码：600695）和平煤股份（股票代码：

[①] 券商中国：《过去37年，美股有14183家公司退市，占比高达72%，怎么做到的?》，《和讯网》，http://news.hexun.com/2018-12-18/195593976.html，2018年12月18日。

601666）。这4家退市上市僵尸企业的僵尸状态均为1次，分别在2013年、2012年、2014年、2015年被识别为僵尸企业，且均在2016年退出资本市场。

所以，退市制度并没有造成更多僵尸企业退出资本市场，由于壳资源价值和保壳的努力，上市公司僵尸状态转变以恢复正常状态为主，长期维持僵尸状态的上市企业所占比例较小，退出资本市场的上市僵尸企业数量更少。

四 不同僵尸化程度企业的基本财务比率

根据僵尸状态的持续性和反复的特征，把样本期间出现1次和2次僵尸状态的僵尸企业划分为僵尸化程度较低的企业，其他出现3次、4次和5次僵尸状态的企业称为僵尸化程度较高的企业，不同僵尸化程度企业的基本财务比率的均值比较如表4－10所示。

表4－10　　　　不同僵尸化程度企业的基本财务比率　　　　单位：万元

项目（僵尸企业）	僵尸化程度高	僵尸化程度低	t值
资产	1292666.42	1137214.8	0.821
负债	998324.05	818138.267	1.166
资产负债率	0.83	1.01	-0.681
总资产利润率	-0.11	-0.25	0.790
销售利润率	-0.44	-0.40	-0.421
经营活动现金流净额	64808.01	22880.41	1.894*
经营活动现金流净额比率	0.02	0.13	-1.645*
生产率	-0.15	0.01	-1.470
员工人数	5133.02	6404.44	-1.633
融资成本	0.04	0.04	0.058
资产增长率	0.02	0.12	-0.859
负债增长率	0.07	0.28	-0.843

注：***、**、*分别表示在1%、5%、10%的显著性水平下双尾显著。t是均值比较的参数检验值。

根据表4－10，僵尸化程度较高企业的资产规模、负债规模、负债率、总资产利润率、销售利润率、生产率、员工人数、融资成本等指标与僵尸化程度较低的企业没有显著差异。僵尸化程度较高企业的经营活动现金流却显著高于僵尸化程度较低的企业,这可能与其得到较多的外部"输血"有关,如"税收返还"等。但僵尸化程度较高企业的经营活动现金流比率却显著低于僵尸化程度较低的企业。这说明相对而言,僵尸化程度较高企业的经营活动现金流比率较低,可能是企业僵尸化程度加剧的内部原因。

通过以上实证分析,僵尸企业基本特征表现为盈利较差、杠杆率较高、短期偿债风险较大,依靠"加杠杆"而维系生存。由于上市公司退市制度的存在,上市公司的僵尸状态以"短期持续"为主要特点,僵尸状态持续时间在1年或2年的上市公司占比较大。以僵尸状态持续时间和反复次数划分僵尸化程度,并比较其基本财务状况,发现僵尸化程度较大上市公司的经营活动现金流水平相对更低。

第五节 小结

鉴于债务问题对于清理和处置僵尸企业的重要性,第三章讨论了采用流动比率指标对僵尸企业识别模型 FN 法进行修正的适用性,并提出僵尸企业具体的测度标准。本章根据第三章僵尸企业测度标准,对僵尸企业进行识别,基于识别结果,实证分析了僵尸企业分布状况和财务特征。主要结论如下:

第一,僵尸企业分布特征明显。①宏观经济形势影响僵尸企业的时间分布,当经济运行下行时,僵尸企业数量较多;当上市公司进入衰退期时,僵尸企业数量也呈增加趋势。②区域环境、行业特性等因素对僵尸企业分布造成影响。经济较为发达的东部区域及其省份,僵尸企业数量较低,经济欠发达的中西部区域及其省份,僵尸企业数量较高;僵尸企业数量较多的行业主要集中在农林牧渔、重化工、资本密集、产能过剩等行业。③所有权性质、政治关联、市场化进程、政府竞争等制度环境因素对僵尸企业分布具有影响,即国有性质的僵尸企业数量较多,政治关联企业中的僵尸企业数量较少,市场化程度较高地区企业的僵尸企业数量较少,政治晋升压力较大地区的僵尸企业数量较多。

第二,僵尸企业的财务特征明显。①僵尸企业生产经营效率较差,杠杆率较高，内源性融资功能较弱，短期偿债风险较高；但负债率在增加。尤其需要强调的是僵尸企业的资产负债率均值达 95.63%，非僵尸企业的资产负债率均值为 47.48%，这说明采用流动比率等偿债能力指标识别僵尸企业，能够把债务问题严重的僵尸企业识别出来，有利于僵尸企业债务问题的解决。实证分析结果表明僵尸企业资金配置在较大程度上受到非市场化因素的干预。②上市公司僵尸状态持续时间较短，僵尸状态的转变以恢复和不变两种情形为主，且以僵尸状态恢复为基本内容；退出资本市场的僵尸企业数量极少。按僵尸状态持续时间和反复次数划分僵尸化程度，发现僵尸化程度较高企业的经营活动现金流水平更低。

　　现有研究结果表明政治关联有助于获得政府偏袒（融资便利、更低税负），并减少社会负担（更少员工成本）（田利辉、张伟，2013），这种作用尤其在民营企业中更明显。但文献研究同时认为，政治关联扭曲了企业之间的公平竞争环境，不利于经济的升级转型（袁建国等，2015）。既然政治关联是企业应对行政干预的一种手段，那么这种应对策略对具体的企业个体来说，是抑制其僵尸化还是助推其僵尸化？第五章将实证分析这个问题。

第五章

企业僵尸化的影响因素：基于政治关联

第一节 引言

本章基于企业僵尸化的影响因素探讨僵尸企业的治理措施。僵尸企业形成因素研究是僵尸企业理论的重要内容，可以分为关键因素和推动因素（影响因素）两个方面（刘坤甫、茅宁，2016），其中银行贷款、政府补贴等外部输血是企业僵尸化的主要原因（Caballero et al.，2008；Nakamura & Fukuda，2013；饶静、万良勇，2018；宋建波等，2019），影响因素则包括资源比较优势（申广军，2016）、官员地域偏爱情结（陈运森、黄健峤，2017）等。中国僵尸企业形成的关键因素是行政过度干预（张栋等，2016；聂辉华等，2016），银行贷款、政府补贴只是具体干预形式之一，其他干预形式还有政府主导的资产重组等（Tan et al.，2016）。作为市场主体，如何应对行政干预对企业的负面影响以防止或抑制企业僵尸化是僵尸企业治理问题的关键所在，但鲜有文献从行政干预的应对策略视角探讨僵尸企业影响因素问题。

政治关联是企业应对行政干预的一种策略选择，是企业与政府互动的一种手段。鉴于行政干预的两种作用，政治关联涉及政府对企业干预的程度和方向。也即，政治关联能否争取行政干预的"帮助之手"，规避行政干预的"攫取之手"，从而对企业僵尸化具有抑制作用？如果这种作用存在，其作用边界有哪些？作用机制是什么？本章致力于解决这些问题。

在经济活动中，政治关联通常指企业与政府或政府官员之间的关系（Fan et al.，2007；杜兴强等，2011）。企业建立政治联系的现象见诸很多西方国家。中国作为最大的转型经济体，普遍存在法治不健全、政治经济改革不彻底、权力相对集中、政治透明度不高、权力行使缺乏监督等问题，束缚或制约了企业发展。因此，企业尤其是民营企业建立政治关联的动机更大，其目的在于克服制度障碍对自身发展的限制，积极获取政府资源的支持。相关文献认为政治关联能够争取政府"帮助之手"的扶持，避免或抑制政府"攫取之手"的掠夺，改善企业经营效益，提高社会稀缺资本的配置效率和促进经济发展（Fisman，2001；Li et al.，2008；罗党论、刘晓龙，2009；Du & Girma，2010；Niessen & Ruenzi，2010；Kim et al.，2012；Wu et al.，2012；李莉等，2013；Wang et al.，2018）。这种理论观点被称为政治关联的"效率促进"假说。

相反的观点则认为政治关联是政府权力干预资源配置而"设租"和企业获取资源支持而"寻租"所进行的双向寻租活动的一种渠道。现有研究发现，在腐败越严重的地区，企业建立政治关系以获取政府补助或资源支持的寻租动机越强烈（Faccio et al.，2006；Claessens et al.，2008；Chen et al.，2011；Huyghebaert & Wang，2012；Guo et al.，2014；Kung et al.，2018）。政治关联的寻租效应还表现在较低的政府补贴效应、过度投资、员工冗余等方面（余明桂等，2010；杜兴强等，2011；张兆国等，2011；蔡卫星等，2011）。政治关联即使有利于提高企业经营绩效，但同时也破坏了企业公平竞争的环境，扭曲了政府优惠政策的效果，造成新型的政企不分关系，更加混淆了政府和市场的边界（田利辉、张伟，2013）。所以，政治关联也存在资源诅咒效应，经济租金和寻租成本导致资源配置效率低下，损害企业长期发展和价值（Fan et al.，2007；Boubakri et al.，2008；邓建平、曾勇，2009；袁建国等，2015）。这种理论观点被称为"寻租"假说。

基于第四章僵尸企业识别结果，政治关联僵尸企业基本情况如表5-1所示。可见，具有政治关联的僵尸企业为149个样本，占僵尸企业样本总体的比例为25.65%。民营政治关联僵尸企业占比和晋升压力较小地区的政治关联僵尸企业占比均高于这个比例，分别为29.76%和26.26%，市场化程度较高地区的政治关联僵尸企业占比与总体比例基本相同，为25.27%。这种事实情况说明，不论所有权性质、市场化程度高低和政治晋升压力大小，政治关联僵尸企业的比例均较低。

表5-1　　　　　　　　　政治关联僵尸企业基本情况

项目	政治关联企业	样本总体	政治关联企业占比（%）	政治关联僵尸企业	僵尸企业样本总体	政治关联僵尸企业占比（%）
民营企业	1834	4356	42.10	61	205	29.76
国有企业	1467	4506	32.56	88	376	23.40
市场化程度高	2185	5679	38.48	69	273	25.27
市场化程度低	1116	3183	35.06	80	308	25.97
晋升压力小	2980	7963	37.42	135	514	26.26
晋升压力大	321	899	35.71	14	67	20.90
总计	3301	8862	37.25	149	581	25.65

基于政治关联僵尸企业分布状况，本章实证分析产权性质、市场化进程及政府竞争等行政干预因素对政治关联与企业僵尸化关系的影响，其中企业僵尸化由僵尸企业形成和僵尸化程度两种方式衡量。同时，基于政治关联对企业债务融资、固定资产投资、员工成本和税收成本等生产经营行为的影响，探讨政治关联的作用机制。

本章研究发现政治关联对僵尸企业形成和企业僵尸化程度具有抑制作用，在控制了遗漏变量、反向因果和样本选择性偏差等内生性问题的影响之后，实证结论依然稳健。这种抑制作用受到所有权性质、市场化进程和政府竞争等制度环境的影响，在行政干预程度较弱的环境中，比如，民营企业、市场化进程较高地区企业及政治晋升压力较小地区企业，政治关联对企业僵尸化的抑制作用更明显；作用机制分析表明，政治关联对僵尸企业形成的抑制作用通过融资便利、固定资产投资控制、员工冗余成本控制等渠道而完成。总体而言，政治关联作为一种内部治理机制，能够纠偏或修正正式制度的负外部性对企业的不利影响，可以作为外部监督机制的一种替代。但当正式制度的负外部性强度增大时，政治关联的替代作用弱化。

与已有文献相比，本章研究贡献主要有三个方面。首先，基于政治关联的视角探讨了替代机制对企业僵尸化的作用，研究结果丰富了僵尸企业影响因素方面的文献。其次，实证分析了制度环境对政治关联抑制作用的影响，研究结果拓展了外部治理环境方面的相关内容。最后，构建中介效应模型，实证分析了政治关联对企业僵尸化的作用机理，研究结果丰富了政治关联作用途径方面的相关文献。

本章研究结论表明，在行政干预程度较小的情况下，政治关联对企业僵尸化的抑制作用更明显；当行政干预趋于强化时，政治关联的寻租效应可能加强，对企业僵尸化的抑制作用弱化。其政策启示意义在于减少行政干预、发挥非正式制度的作用是建立僵尸企业治理长效机制工作的重要内容。具体而言，僵尸企业治理的长效机制首先应该减少行政干预，规范政府行为，消除僵尸企业形成动因；其次加强企业内部治理机制，削弱政治关联的寻租效应；最后规范和纳入政治关联等替代制度，鼓励政府和企业良性互动，构建亲清政商关系，营造良好的政商环境，建立政府适度干预、市场化运作的"政府—企业"联动的僵尸企业治理模式。

本章后续部分安排如下：第二节提出研究假设；第三节介绍研究设计；第四节报告实证结果；第五节进一步分析作用机制；第六节报告稳健性检验结果；第七节陈述研究结论。

第二节 研究假设

一 政治关联与僵尸企业形成

完善的制度是国家经济增长的必要条件，中国企业发展在某种程度上受到制度约束，如金融体系、产权保护、清廉的政府、法律制度等。面对制度约束，企业会努力寻找非正规的替代机制，以克服落后制度对企业发展的阻碍（McMillan & Woodruff，2002；Allen et al.，2005），建立政治关联即是其中之一。政治关联企业基于与政府的良好关系，更有能力获得企业发展所需要的资金及其他稀缺的生产要素。政府给予企业资源支持的背后在于自身政绩诉求，包括GDP增长、员工就业、税费征收等内容，这也被称为政策性负担。因此，政治关联对企业的影响主要表现在两个方面，其一，争取政府"帮助之手"的扶持，特别是融资便利、税收优惠等；其二，避免或抑制政府"攫取之手"带来的政策性负担，如抑制固定资产投资过度和员工冗余程度。作为理性经济人，政治关联给企业带来的收益必定大于成本，政治关联的资源效应和政府偏袒效应在中国经济实践中更为盛行（于蔚等，2012；田利辉、张伟，2013）。

当企业陷入经营困难时，政治关联这种关系资本对企业生存发展的作用更加凸显。在政府干预之下，政治关联企业摆脱困境、走向正常盈利状态的典型案如民营企业 SDT（深大通公司，股票代码：000038）[①]。据公开披露的年报，该公司 2004 年、2005 年、2006 年连续三年亏损，2007 年 3 月发布股票暂停上市的风险警示公告[②]。该公司股票自 2007 年 5 月 22 日起暂停上市达六年之久，并于 2012 年 SDT 公司被 ST。但在样本期间，也即 2012—2016 年，SDT 公司未被识别为僵尸企业。据该期间披露的年报，SDT 公司时任董事长兼总经理许亚楠曾在中国海军舰队服役，表明该公司高管具有政府背景，属于政治关联企业。经地方政府许可，SDT 公司通过债务重组、股权转让等资产重组手段，实现业务转型，主营业务转为房地产，SDT 公司由此逐步走向正常盈利阶段，于 2013 年 2 月 8 日复牌。

另一个案例是曾被称为"中国第一蓝筹股"的国有控股公司 YGX（银广夏公司，股票代码：000557）。YGX 公司业绩连年亏损，连续多次被给予退市风险警示处罚，在样本期间也未被识别为僵尸企业。据 2012—2013 年公开披露的年报，时任董事长兼总经理孟虎曾在省级机关担任过重要职务；据 2014—2016 年公开披露的年报，时任董事长兼总经理王天林也曾有省级机关工作的从政经历。这均表明 YGX 公司是

[①]《山东商报》张恒：《*ST 大通明起"摘帽"暂停上市近六年之久》,《搜狐财经》,网址：https：//business.sohu.com/20130513/n375699476.shtml，2013 年 5 月 13 日。

[②] 东方财富网：《S*ST 大通：关于股票可能被暂停上市的风险提示公告》（公告编号：2007-003），网址：https：//guba.eastmoney.com/news，000038，836470690.html，2007 年 3 月 6 日。

政治关联企业。在地方政府主导之下，YGX反向并购了宁东铁路①。通过优质资产的注入，YGX公司于2015年10月22日起恢复股票交易，并在次年摘帽。

以上两个典型案例表明政治关联上市公司更有能力通过资产重组、股权交易等资本运作行为，进行资产置换，完成业务升级或转型，最终摆脱财务困境，抑制了企业僵尸化。

通过现实案例及理论分析，总体上，与没有政治关系的企业相比，有政治关系的企业更容易以较低的成本从政府获得各种资源，并抑制政府的政策性负担给企业生产经营带来的负面影响。这种资源获取优势对企业资产流动性产生重大影响。政治关联企业获得的政府补助、银行贷款及其他资源支持均能够增加企业流动性，或提高企业"造血"功能，降低流动性风险，从而导致企业陷入僵尸化困境的可能性降低。因此，基于政治关联的资源效应假说和理性经济人假设，政治关联有利于企业获得政府资源支持，抑制政府的政策性负担，缓解融资约束，降低偿债风险。

基于上述分析，提出如下假设：

H5-1：相对于非政治关联企业，政治关联企业成为僵尸企业的可能性更低。

二 政治关联与企业僵尸化程度

僵尸状态具有动态性，企业僵尸状态存在复活、反复、退出三种转变模式。如果把正常企业的僵尸化程度视为0，相对于正常企业，企业僵尸状态反复次数越多，企业僵尸化程度则越大，僵尸企业越难以恢复正常状态（王万珺、刘小玄，2018）。因而，企业僵尸化的程度存在差异。与僵尸状态反复多次的企业相比，在样本期间仅呈现一次或两次僵尸状态的企业，其僵尸化程度无疑是较低的。有的文献甚至把僵尸状态仅出现一次的僵尸企业归因为意外事件而导致的企业僵尸化（Fukuda & Fukuda，2011）。相对于是否是僵尸企业，僵尸化程度更能代表企业僵

---

① 《京华时报》敖晓波：《昔日造假王银广夏重组过会 历经13年终获重生》，《新浪财经》，网址：http://finance.sina.com.cn/stock/s/20151022/025923539024.shtml，2015年10月22日。

尸化的状态，也可以避免因对僵尸企业误判而影响结果分析。

因此，把非僵尸企业视为僵尸化程度为 0 或未僵尸化的正常企业，对于僵尸企业而言，无论企业僵尸状态次数是一次还是多次，均表明企业持续经营能力出现问题，偿债风险较高，生产经营陷入困境。特别是对中国上市公司而言，退市制度对企业盈利指标进行强制规定，比如，连续两年亏损将被 ST，达不到业绩标准将面临退市威胁或陷入再融资困境。所以，财务困难的上市公司有更强烈的愿望改善经营业绩，陷入僵尸状态的上市公司也有更大动机利用政治关系去尽快摆脱僵尸状态。

简言之，在退市制度约束下，政治关联企业更有动机和能力争取政府"帮助之手"的扶持，抑制政府"攫取之手"带来的政策性负担。实证文献结果已经表明，陷入财务困境、具有政治关系的企业会积极争取政府补助或其他政策支持，也更容易获得政府资源支持（Faccio et al.，2006；潘越等，2009），从而增加企业盈利，减少企业僵尸化风险；或控制企业僵尸状态的反复次数，从而使企业恢复正常状态的可能性增大。因而，政治关联作为企业的一种政治资源或关系资本，不仅使企业陷入僵尸状态的可能性更小，同时也使企业的僵尸化程度更低。

基于上述分析，提出如下假设：

H5-2：相对于非政治关联企业，政治关联企业的僵尸化程度更低。

三　产权性质、政治关联与企业僵尸化

在中国国有企业占国民经济比重较大以及经济转轨的特殊背景下，产权性质影响资源配置效率。不同产权性质的企业，即国有控股企业和非国有控股企业在管理运营方面存在较大差异，所遭受的融资约束差异也较大（Chow & Fung，1998）。

第一，相对于国有企业，民营企业生产经营受到市场风险和破产风险的影响较大。各级政府出于经营业绩和政治升迁等考虑，会对国有企业进行政策支持和稀缺资源供给，国有企业面临的市场风险较小。民营企业生产经营必须在更大程度上遵循丛林法则的市场竞争，企业经营管理效果对民营企业的财务风险影响更大。由于承受的市场风险不同，所以面临的破产风险也不同。国有企业承担着就业、提供公共物品等社会性负担，能够得到政府在财政补贴、银行贷款以及股市融资等方面的支

持，以应对市场竞争带来的破产威胁。民营企业在资金或资源获取方面处于劣势，经营不善或决策失误可能导致企业失败，甚至破产。民营企业市场风险和破产风险的增大都会促使风险厌恶的经理人寻求非正式制度的保护，利用政治关系即是手段之一。现有文献的研究结果表明具有政治关系的民营企业更容易获得政府补助（余明桂等，2010），也更容易控制员工冗余成本（田利辉、张伟，2013）。

第二，相对于国有企业，民营企业受到的融资约束较大。融资约束是公司进行流动性管理的根本原因，融资约束越严重，公司对流动资产的需求也越高（Huberman，1984）。民营企业在营运资金融资渠道上受到诸多限制。国有企业因为承担较多政策性负担，在融资方面能够得到政府的扶助，国有企业一直存在预算软约束问题，更容易从银行等正式渠道获得资金支持。民营企业没有政府兜底或担保，银行或其他债权人依据信用风险大小决定是否给予民营企业信贷资金支持。所以相对于国有企业，民营企业更难以合理成本从金融中介等正式渠道融资，民营企业融资难融资贵也是中国经济发展的现实问题之一。

民营企业承受较大的市场风险和破产风险以及更严重的融资约束，这些因素导致民营企业利用政治关系的动机趋强。所以民营企业更倾向于选聘有从政经历或政治背景的高级管理人员，其政治关系对政府政策性负担的抑制程度更大，从而提高企业经营绩效。因此，政治关联对企业僵尸化的抑制作用在民营企业更明显。国有企业因其产权属性的特殊性，与政府具有天然的关联，相对于民营企业，国有企业的政策性负担更严重，政治关联对其生产经营业绩的影响可能不大。

基于以上分析，提出如下假设：

H5-3：相对于国有企业，政治关联对企业僵尸化的抑制作用在民营企业更明显。

四 市场化进程、政治关联与企业僵尸化

区域经济市场化进程不同，政府行政干预的作用也不同。市场化进程主要通过降低市场信息不对称水平、市场扭曲和政府干预强度、提高金融中介质量和法治监督力度等途径而达到治理或消除外部资本市场摩擦的目标，并以此影响企业资金成本、交易成本、融资约束和投资效率（吴娜等，2017）。在市场化程度高的地区，市场的"无形之手"对资源配置占据主导作用,外部治理环境相对成熟,企业内部治理机制也较为完善。市场化程度较高地区的企业数量较多,规模较大,经营业绩较优,社会效益也较好,企业对GDP增长的贡献较大,就业岗位和税收贡献也较高,能够满足地方政府的政绩诉求,从而导致政府大幅减少对市场经济活动的干预。市场化程度较高地区的企业,高管的政治关系更多是消除企业与政府之间的信息不对称,降低与政府的契约成本,充分利用政府优惠政策和资源,以有利于企业更好地发展。因此,在市场化程度较高地区,企业政治关联的作用更符合政治关系的"信息效应"假说。

在市场化程度低的地区,资本市场和要素市场均不完善,制度落后,法律或司法体系难以对企业产权进行保护。同时政府干预经济的程度更加严重,官员权力行使缺乏有效制度的监督和约束,这给政府官员"设租"和企业"寻租"提供了很大空间。企业在获取政府稀缺资源支持的过程中,政府官员和企业双方的寻租动机均可能加强,导致寻租活动较为盛行。市场化程度较低地区,企业高管更可能利用其关系资本去俘虏政府,通过向政府官员提供好处或贿赂而获得有利于企业发展的政策和资源。这种政企双向寻租行为进一步恶化了资源配置效率。企业寻租成本不限于直接的物质利益输送,寻租的间接成本则是难以计量的,如企业生态环境的恶化、资源配置扭曲、企业难以升级换代等(袁建国等,2015)。所以在市场化程度较低地区,政府行政干预的政策性负担更大,高管政治关系的"寻租"动机趋于强化。

综上,行政干预程度因市场化进程的高低而不同。市场化程度高的地区,行政干预程度较小,高管的政治关系主要用于消除企业与政府之间的信息不对称,减少企业契约成本和交易成本。在市场化程度较低地区,政府对经济干预的程度较大,政府施加给企业的政策性负担更严重。所以,市场化程度较低地区企业高管的政治关系对企业僵尸化的抑制作用可能不明显。

基于上述分析,提出如下假设:

H5-4:相对于市场化程度较低地区的企业,政治关联对企业僵尸化的抑制作用在市场化程度较高地区企业更明显。

五 政府竞争、政治关联与企业僵尸化

现有文献认为中国经济高速增长的奇迹得益于独特的政治体制（Qian et al.，1996，1997）。在中国政治体制下，中央对地方政府的激励包括财政分权和行政分权两个方面。财政分权指中央下放财权给地方政府，并对地方政府实施财政包干，从而使地方政府拥有财政收入的"剩余索取权"。行政分权指中央政府下放多方面的经济管理权力，地方政府获得较多的经济发展自主权。具体表现为，中央将经济发展总目标分解到各个省份，提出对省级官员任期内的经济增长考核目标。省级政府按同样规则考核下级政府。为了完成上级政府的考核目标，下级政府官员必然围绕经济增长的关键目标而努力，以此寻求政治晋升。政府官员能够获得政治晋升，不仅要保持经济增长，而且要达到经济增长率优于同级别政府，由此形成了中国独特的政治晋升锦标赛现象（周黎安，2007），其中 GDP 成为地方政府业绩考核的重要指标和政府官员政治前途升迁的重要依据。

企业是当地经济增长的关键所在，特别是企业投资对当地 GDP 增长的助推作用更明显（赵静、郝颖，2013）。为了完成经济增长目标和获得政治晋升机会，当地政府通常把上级考核的目标任务进一步分解给属地企业。为了在竞争中获胜，地方政府必然利用各种行政手段对辖区经济运行进行干预，并期望在短暂的任期内取得成效。当辖区内经济增长不佳，特别是 GDP 增长率显著低于同级别政府时，地方政府面临的政治晋升压力较大，干预地方经济的动机也随之增加，其常用的直接干预手段包括政府补助和银行贷款支持，最终目标是吸引企业投资，促进投资推动 GDP 增长。

现有研究结果证实了晋升压力较大的地方政府对当地经济活动的干预程度相对较大。唐雪松等（2010）研究发现，为了实现当地 GDP 增长，地方政府干预导致了地方国企的过度投资。步丹璐等（2018）研究结果表明在 GDP 压力较大的地区，地方政府为了刺激投资和增加公共基础建设而给予投资企业大量政府补助。地方政府之间的恶性竞争也是僵尸企业产生的重要原因（聂辉华等，2016）。一方面，地方政府基于政绩诉求而千方百计不让僵尸企业市场出清，主要表现为地方政府给予僵尸企业持续不断地"输血"。另一方面，对企业的"抽血"也更严

重，比如干预企业投资、产品产出、用工、税收等企业经营活动。因此，晋升压力较大时，地方政府对经济活动的干预强度增大，政府的政策性负担也趋于严重。

相对于晋升压力较小地区，晋升压力较大地区政府的政绩诉求更强烈，施加给企业的政策性负担更大，对企业保护的动机随之强化。即使企业是低效运转，也会给地方政府贡献产出、就业、税收等好处，也比破产清退更符合地方政府利益的需求。因此，不论企业是否具有政治关系，政治晋升压力较大地区政府对企业进行干预的动机均较大，政府的政策性负担也更大，高管的政治关系等非正式制度的作用弱化或受到限制。

基于上述分析，提出如下假设：

H5-5：相对于晋升压力较大地区的企业，政治关联对企业僵尸化的抑制作用在晋升压力较小地区企业更明显。

本章假设H5-1至H5-5的理论分析如图5-1所示。总体而言，政治关联能够争取政府"帮助之手"的扶持，避免或抑制"攫取之手"导致的政策性负担，对企业僵尸化起到抑制的作用，其中企业僵尸化包括僵尸企业形成和僵尸化程度两个方面。这种抑制作用受到行政干预程度的影响。在行政干预程度较严重地区的企业，政府的政策性负担较大，弱化了政治关联对企业僵尸化的抑制作用，所以，在国有企业、市场化程度较低地区企业和政治晋升压力较大地区企业，政治关联对企业僵尸化的抑制作用不明显。在行政干预程度较低地区的企业，比如，民营企业、市场化程度较高地区企业和政治晋升压力较小地区企业等，政府的政策性负担较小，政治关联对企业僵尸化的抑制作用也更明显。

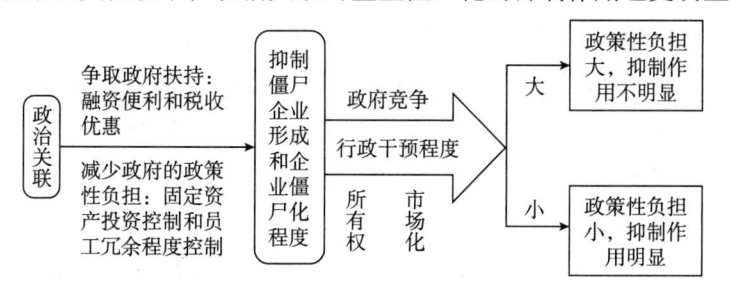

图5-1 政治关联对企业僵尸化的抑制作用

第三节 研究设计

一 数据来源和样本选择

样本数据来自CSMAR数据库，样本筛选过程详见第四章第二节样本选择。最终样本包括2012—2016年2258家样本企业的8862个样本观测值。政治关联数据由CSMAR数据库中公司治理数据和高管政治背景数据经手工整理获得。不同省份城市GDP数据和县级市区GDP数据来自CSMAR区域经济数据库，其中部分县级市缺失GDP数据，经查询当地政府网站补充；对政府网站没有公布GDP数据的县市，由地级市政府GDP数据代替。利用不同城市GDP数据，通过手工整理计算出每个城市的相对GDP增长率，计算方法见第四章第二节变量定义。

市场化指数来自樊纲等（2011）编制和出版的中国31个省级层面（包括自治区和直辖市）市场化指数。政府补助数据由CSMAR数据库中财务报表附注项目"营业外收入"经手工整理后获得。为消除异常值的影响，对主要连续变量进行了上下1%的缩尾处理。

二 变量定义

1. 被解释变量

一是僵尸企业形成，根据第三章识别方法计算而得，僵尸企业赋值为1，否则为0。二是僵尸化程度，以企业僵尸状态反复次数表示，并除以样本期间5年以标准化；僵尸状态反复次数越多，代表僵尸化程度越高，其中非僵尸企业的僵尸化程度赋值为0。

2. 解释变量

根据Fan等（2007）、张兆国等（2011）、况学文等（2017）关于政治关联的界定，把曾任或现任政府官员、军队、人大代表或政协委员的董事长或总经理作为政治关联的替代变量。当企业有政治关联时，取值为1，否则为0。

3. 分组变量

产权性质、市场化进程、政府竞争等变量的计算和定义见第四章第二节变量定义。

4. 控制变量

参照以往研究(陈运森、黄健峤,2017;王万珺、刘小玄,2018;李旭超、鲁建坤,2018),控制变量包括以下指标:

(1) 财务特征控制变量,包括现金持有水平、资产负债率、经营风险、生产率、资本密度、企业规模、上市年龄、政府补助、所有权性质等。在构建中介效应模型的时候,控制变量包括应收账款、存货水平、固定资产投资水平以及企业增长机会等指标。

(2) 其他控制变量,控制了年份、省份和两位数行业等因素对企业僵尸化的影响。

5. 中介变量

根据理论分析,选取商业信用、银行贷款、固定资产投资、员工成本、税收成本作为中介变量。变量具体定义和计算见表5-2。

表5-2　　　　　　　　　变量定义和计算

变量名称	变量符号	变量计算
被解释变量		
僵尸企业形成	Z1	根据第三章识别方法计算,当企业被识别为僵尸企业时,赋值1,否则为0
僵尸化程度	Zd1	以企业僵尸状态反复次数衡量;在5年样本期间,识别为非僵尸企业的样本,僵尸化程度为0;僵尸状态为1次的企业,僵尸化程度为1,僵尸状态为2次的企业,僵尸化程度为2,以此类推;并除以样本期间5年以标准化
解释变量		
政治关联	political	当公司总经理或董事长当年或以前在各级地方政府、军队、人大或政协有任职经历时,赋值为1,否则为0;滞后一期
控制变量		
现金持有水平	cash	t-1年货币资金/t-1年资产总额
资产负债率	level	t-1年负债总额/t-1年资产总额
经营风险	risk	企业t-1年至t-3年销售利润率的标准差
生产率	lnsales	企业t-1年人均营业收入的自然对数与t-1年行业营业收入均值的自然对数的差额
资本密度	lnkl	企业t-1年净资产的自然对数

续表

变量名称	变量符号	变量计算
企业规模	size	t 年员工人数的自然对数
上市年龄	age	t 年企业上市年龄
政府补助	subsi	t 年政府补助/t 年资产总额
应收账款	receive	(t 年应收账款 + t 年应收票据 + t 年预付账款)/t 年总资产
存货水平	inventory	t 年存货净额/t 年总资产
营业收入增长率	groth	(t 年营业收入 − t−1 年营业收入)/t 年营业收入
行业	ind	根据 2012 年证监会行业分类标准设置行业哑变量,样本涉及 16 个行业,设置 15 个行业虚拟变量
年度	year	样本涉及 5 个年度,设置 4 个年度虚拟变量
省份	province	全国 31 个省份,设置 30 个省份虚拟变量
分组变量		
所有权性质	soe	t 年国有控股股东赋值 1,否则为 0
市场化程度	market	根据樊纲市场化指数,t−1 期市场化指数小于 7 的地区被定义为市场化程度较低的地区,赋值 1,否则为 0。
晋升压力	GDP	t−1 年相对 GDP 增长率低于 t−1 年同级别城市 GDP 相对增长率均值 5% 时,为晋升压力较大地区企业,赋值为 1,否则为 0
中介变量		
商业信用	AP	(t 年应付账款 + t 年应付票据 + t 年预收账款)/t 年总资产
银行贷款	loan	(t 年银行短期贷款 + t 年银行长期贷款)/t 年总负债
税收成本	taxes	t 年度纳税总额/t 年总资产
固定资产投资	fasset	(t 年固定资产净额 + t 年在建工程 + t 年工程物资)/t 年总资产
员工成本	staff	t 年员工人数/t 年总资产 * 10000

三 模型设定

为了检验政治关联对企业僵尸化的影响,建立模型 (5−1):

$$Z_{i,t}/Zd_{i,t} = \beta_0 + \beta_1 political_{i,t-1} + \beta_2 controls_{i,t} + \varepsilon_{i,t} \quad (5-1)$$

在模型 (5−1) 中,因为 Z1 是二分变量,所以采用 logistic 回归。Zd 代表僵尸化程度,为连续变量,其值越大,代表的僵尸化程度越高。Controls 为一组控制变量,包括年份、行业、省份等虚拟变量。

在模型（5-1）中，如果 $\beta_1 < 0$ 且显著，表明政治关联对企业僵尸化具有抑制作用，从而证明了假设 H5-1 和假设 H5-2。为了检验政治关联的抑制作用是否受到产权性质、市场化程度、政府竞争等因素的影响，同时将模型（5-1）分别在国有企业和民营企业、市场化程度较低地区企业和市场化程度较高地区企业、政治晋升压力较大地区企业和政治晋升压力较小地区企业等组别中进行分组回归检验。

第四节 实证结果

一 描述统计

变量描述统计具体见表 5-3。上市僵尸企业（Z1）均值为 0.070，表明上市僵尸企业占总体的比例较小；上市公司僵尸化程度（Zd1）表示样本期间某一公司被识别为僵尸企业的次数，对于正常企业而言，其僵尸化程度为 0；在样本期间，每个年度均被识别为僵尸企业的公司，其僵尸化程度为 100%。上市公司僵尸化程度（Zd1）均值为 0.027，说明上市公司僵尸化程度总体上较低。

表 5-3　　　　　　　　　　描述统计

变量名称	N	最小值	最大值	中位数	平均数	标准差
Z1	8862	0	1	0	0.070	0.248
Zd1	8862	0	1	0	0.027	0.114
political	8862	0	1	0	0.372	0.483
cash	8862	0.009	0.588	0.132	0.164	0.118
level	8862	0.069	1.019	0.497	0.495	0.216
risk	8862	0.001	2.160	0.024	0.086	0.261
lnsales	8862	-12.231	2.460	-0.031	0.001	0.897
lnkl	8862	0.000	16.620	13.530	13.468	1.765
size	8862	3.611	11.147	7.767	7.751	1.373
subsi	8862	0.000	0.057	0.003	0.006	0.009
age	8862	4	25	13	12.288	5.420

政治关联企业（political）均值为 0.372，表明政治关联企业较少，

共计3301个样本。货币资金持有水平代表企业的流动性大小，其均值0.164大于中位数0.132，说明超过一半的企业小于均值水平。资产负债率指标的极大值和极小值的差距较大，最大值大于1，说明某些企业的净资产为负数，达到资不抵债的境地，杠杆率较高。经营风险的最小值为0.001，最大值达到2.160，表明不同企业的经营风险存在较大差异。生产率的最小值为负数，远远低于最大值，生产率的中值为 -0.031，平均值为0.001，说明企业生产率差异很大，绝大多数企业的生产率较低，甚至是负数。资本密度由人均净资产衡量，有的企业负债大于所有者权益，对企业债权几乎没有担保价值；资本密度的标准差较大，说明不同企业对债权的担保能力有较大差异。企业规模的最大值为11.147，最小值为3.611，说明企业规模差距较大。政府补助比例最大值为0.057，最小值为0.000，说明企业之间获得政府补助的金额有较大差距。上市年龄（age）中值为13，均值为12.288，说明一半以上样本的上市年龄超过均值。

二 政治关联对企业僵尸化的抑制作用

政治关联对企业僵尸化影响的回归结果见表5-4。

表5-4　　　　　　政治关联对企业僵尸化的抑制作用

	僵尸企业形成				僵尸化程度			
因变量	Z1		Z1		Zd1		Zd1	
自变量	系数	z值	系数	z值	系数	t值	系数	t值
political	-0.578***	(-5.914)	-0.323***	(-2.982)	-0.011***	(-3.457)	-0.008***	(-3.062)
cash			-3.587***	(-6.278)			-0.042***	(-3.900)
level			5.541***	(16.72)			0.142***	(18.775)
risk			0.178	(1.143)			0.019***	(3.740)
lnsales			-0.225***	(-3.908)			-0.008***	(-5.059)
lnkl			0.139***	(5.614)			0.002**	(2.023)
size			-0.190***	(-4.776)			-0.007***	(-6.593)
age			0.006	(0.577)			-0.000	(-0.389)
subsi			-14.81***	(-2.740)			-0.347**	(-2.455)
soe			0.434***	(3.772)			0.018***	(6.314)

续表

因变量	僵尸企业形成				僵尸化程度			
	Z1		Z1		Zd1		Zd1	
自变量	系数	z值	系数	z值	系数	t值	系数	t值
cons	-2.474***	(-49.380)	-5.216***	(-7.764)	0.186***	(12.562)	-0.003	(-0.134)
year/ind/province	yes		yes		yes		yes	
Nag R方	0.008		0.249		0.169		0.096	
H-L卡方	15.134***		13.220***		36.441***		16.718***	
N	8862		8862		8862		8862	

注：***、**、*分别表示在1%、5%、10%显著性水平下双尾显著。

当被解释变量是僵尸企业形成时，在单变量模型中，政治关联的系数为-0.578，z值为-5.914，表明政治关联能够抑制僵尸企业的形成。在多变量模型中，政治关联的系数为-0.323，z值为-2.982，表明政治关联与僵尸企业形成显著的负向关系依然存在。实证结果支持了假设H5-1。

当被解释变量是僵尸化程度时，在单变量模型中，政治关联的系数为-0.011，t值为-3.457，在多元回归模型中，政治关联的系数为-0.008，t值为-3.062，表明政治关联与企业僵尸化程度显著负相关，政治关联企业的僵尸状态反复次数更小，僵尸化程度更低。

在控制变量中，货币资金持有水平、生产率、资产规模、政府补助等指标与僵尸企业显著负相关，说明流动性越高、生产率越大、资产规模越高、政府补助越多的企业成为僵尸企业的可能性越低；负债率、产权性质、资本密度等指标与僵尸企业显著正相关，说明杠杆风险越大和资本密度越大的企业越可能陷入僵尸化困境，而国有企业更可能成为僵尸企业。经营风险、上市年龄与僵尸企业没有显著的相关关系。控制变量与企业僵尸化程度的关系与此类同。

回归结果表明，在控制相关变量后，假设H5-1和假设H5-2得到验证，即企业政治关联对僵尸企业形成和企业僵尸化程度均有抑制作用，实证结果支持了政治关联对企业僵尸化具有抑制作用的假设。

三 治理环境对政治关联抑制作用的影响

第一，按不同产权性质把样本分为国有企业和民营企业两组，分别测试政治关联对企业僵尸化的影响，回归结果见表5-5。

表5-5　不同产权性质下政治关联对企业僵尸化的抑制作用

	僵尸企业形成				僵尸化程度			
	国企		民企		国企		民企	
因变量	Z1		Z1		Zd1		Zd1	
自变量	系数	z值	系数	z值	系数	t值	系数	t值
political	-0.240	(-1.619)	-0.430**	(-2.454)	-0.006	(-1.449)	-0.007***	(-2.725)
cash	-4.972***	(-5.880)	-2.267**	(-2.778)	-0.068***	(-3.595)	-0.019*	(-1.683)
level	6.141***	(13.302)	5.189***	(9.957)	0.184***	(14.433)	0.100***	(12.406)
risk	0.247	(0.897)	0.032	(0.154)	0.026**	(2.559)	0.012**	(2.635)
lnsales	-0.226**	(-2.843)	-0.370***	(-3.859)	-0.006**	(-2.235)	-0.011***	(-6.294)
lnkl	0.141***	(4.155)	0.163***	(4.112)	0.000	(0.220)	0.004***	(4.102)
size	-0.189***	(-3.486)	-0.354***	(-4.988)	-0.009***	(-5.153)	-0.007***	(-6.370)
age	0.019	(1.141)	-0.017	(-1.013)	0.000	(0.418)	0.000	(0.463)
subsi	-20.757***	(-2.998)	-8.868	(-0.986)	-0.568**	(-2.566)	-0.217	(-1.329)
cons	-4.857***	(-5.380)	-5.071***	(-3.533)	0.054	(1.627)	-0.018	(-0.855)
year/ind/province	yes		yes		yes		yes	
Nag R方	0.303		0.233		0.120		0.087	
H-L卡方	9.726		8.611		11.605***		8.187***	
N	4506		4356		4506		4356	

注：***、**、*分别表示在1%、5%、10%显著性水平下双尾显著。

在国有企业样本，政治关联的系数均不显著，表明国有企业政治关联对僵尸企业形成和僵尸化程度的影响均不明显；在民营企业样本，政治关联的系数均显著为负，表明民营企业政治关联对僵尸企业形成和僵尸化程度均具有显著的抑制作用。实证结果支持了假设H5-3，即相对于国有企业，政治关联对企业僵尸化的抑制作用在民营企业更明显。

第二，表5-6报告了不同市场化程度下政治关联对企业僵尸化的影响。在市场化程度较低地区企业，政治关联的系数均不显著，表明政治关联对僵尸企业形成和僵尸化程度的影响均不明显；在市场化程度较高地区企业，政治关联的系数均显著为负，表明政治关联对僵尸企业形成和僵尸化程度的抑制作用均明显。实证结果支持了假设H5-4，即相对于市场化程度较低地区的企业，政治关联对企业僵尸化的抑制作用在市场化程度较高地区企业更明显。

表5-6 不同市场化程度下政治关联对企业僵尸化的抑制作用

	僵尸企业形成				僵尸化程度			
	市场化程度低		市场化程度高		市场化程度低		市场化程度高	
因变量	Z1		Z1		Zd1		Zd1	
自变量	系数	z值	系数	z值	系数	t值	系数	t值
political	-0.232	(-1.508)	-0.382**	(-2.461)	-0.006	(-1.098)	-0.009***	(-3.339)
cash	-3.776***	(-4.508)	-3.281***	(-4.056)	-0.058**	(-2.536)	-0.031***	(-2.828)
level	5.396***	(11.687)	5.925***	(11.987)	0.207***	(13.880)	0.103***	(12.637)
risk	-0.306	(-1.395)	0.847***	(3.695)	0.002	(0.193)	0.029***	(4.939)
lnsales	-0.243***	(-3.047)	-0.264***	(-3.097)	-0.013***	(-4.187)	-0.005***	(-3.053)
lnkl	0.126***	(3.920)	0.177***	(4.307)	0.003*	(1.845)	0.002**	(2.283)
size	-0.263***	(-4.342)	-0.139**	(-2.568)	-0.011***	(-5.350)	-0.004***	(-3.568)
age	0.037**	(2.056)	-0.014	(-0.912)	0.001	(1.501)	-0.000	(-1.247)
subsi	-17.915**	(-2.402)	-12.068	(-1.500)	-0.704**	(-2.543)	-0.102	(-0.664)
soe	0.563***	(3.350)	0.391**	(2.386)	0.027***	(4.803)	0.012***	(4.123)
cons	-4.932***	(-5.608)	-5.593***	(-4.955)	-0.015	(-0.439)	-0.021	(-0.889)
year/ind/province	yes		yes		yes		yes	
Nag R方	0.256		0.242		0.123		0.067	
H-L卡方	13.111***		9.646		9.722***		15.07***	
N	3183		5679		3183		5679	

注：***、**、*分别表示在1%、5%、10%显著性水平下双尾显著。

第三，不同政府竞争环境下政治关联与企业僵尸化的关系的回归结果见表5-7。当以僵尸企业形成被解释变量时,回归结果显示在政治晋升压力较大地区的企业,政治关联的系数为负但不显著,表明晋升压力较大地区企业的政治关联对僵尸企业形成没有显著的影响;在政治晋升压力较小地区的企业样本中,政治关联的系数显著为负,表明政治晋升压力较小地区企业政治关联能够抑制僵尸企业的形成。

表5-7 不同政府竞争环境下政治关联对企业僵尸化的抑制作用

	僵尸企业形成				僵尸化程度			
	晋升压力大		晋升压力小		晋升压力大		晋升压力小	
因变量	Z1		Z1		Zd1		Zd1	
自变量	系数	z值	系数	z值	系数	t值	系数	t值
political	-0.498	(-1.291)	-0.284**	(-2.473)	-0.017*	(-1.913)	-0.007**	(-2.555)
cash	-2.884*	(-1.663)	-3.838***	(-6.205)	-0.004	(-0.115)	-0.046***	(-4.057)
level	5.569***	(5.236)	5.604***	(15.767)	0.165***	(6.684)	0.139***	(17.488)
risk	0.219	(0.413)	0.159	(0.941)	0.027	(1.573)	0.017	(3.336)
lnsales	-0.650**	(-2.625)	-0.192***	(-3.185)	-0.017***	(-2.915)	-0.007***	(-4.155)
lnkl	0.408***	(3.021)	0.124***	(4.760)	0.009***	(3.068)	0.001	(1.045)
size	-0.151	(-1.091)	-0.196***	(-4.649)	-0.006	(-1.614)	-0.007***	(-6.452)
age	0.085**	(2.196)	0.001	(0.065)	0.001	(0.956)	0.000	(0.617)
subsi	-54.925**	(-1.954)	-13.737**	(-2.476)	-0.540	(-1.000)	-0.339**	(-2.308)
soe	0.553	(1.379)	0.427***	(3.495)	0.018*	(1.832)	0.018	(6.119)
cons	-8.721***	(-3.005)	-5.323***	(-7.230)	-0.107	(-1.482)	0.006	(0.284)
year/ind/province	yes		yes		yes		yes	
Nag R方	0.359		0.253		0.127		0.096	
H-L卡方	1.848		10.671		3.295***		15.074***	
N	899		7963		899		7963	

注:***、**、*分别表示在1%、5%、10%显著性水平下双尾显著。

当以僵尸化程度为被解释变量时,在晋升压力较大地区企业中,政治关联的系数显著为负,说明晋升压力较大地区企业政治关联对僵尸化程度的影响具有显著负向作用;在晋升压力较小地区企业样本中,政治关联的系数显著为负，说明晋升压力较小地区企业政治关联与僵尸化程度显著负相关。

实证结果对假设 H5-5 提供了部分证据，相对于晋升压力较大地区的企业，政治关联对僵尸企业形成的抑制作用在晋升压力较小地区的企业更明显；但政治晋升压力不影响政治关联对僵尸化程度的抑制作用，无论政治晋升压力大小，政治关联对企业僵尸化程度均有显著抑制作用。

综上，制度环境因素对政治关联与僵尸企业形成和僵尸化程度的关系具有影响。相对于行政干预程度较大的制度环境，在行政干预程度较小的制度环境中，政治关联对僵尸企业形成和僵尸化程度的抑制作用更显著；即民营企业、市场化程度较高地区企业和晋升压力较小地区企业，政治关联对企业僵尸化的抑制作用较明显。但是，政府竞争环境对政治关联与僵尸化程度的负向关系没有显著影响，无论在晋升压力较大地区企业，还是在晋升压力较小地区企业，政治关联对企业僵尸化程度均有显著的抑制作用。

第五节 作用机制

一 融资便利的中介效应

商业信用和银行贷款是企业两种重要的融资方式。商业信用是在企业日常经营中产生的一种经营性负债，一般来源于供应链赊购行为。商业信用的显性成本低，甚至无成本，属于对供应链资金的自发占用。在中国，银行贷款的融资成本较高，且较难获得，商业信用等非正式渠道融资成为一种重要资金来源。由于债权人治理效应存在差异，相对于银行债权人，商业信用债权人更有能力和优势对企业的生产经营过程施加影响和控制，比如，信息获取优势（Smith，1987；Biais & Gollier，1997；Burkart & Ellingsen，2004）、存货监控优势（Petersen & Rajan，1997；Burkart & Ellingsen，2004；Cunat，2007）、清算优势等（Habib & Johnsen，1999；Fabbri & Menichini，2010；Giannettim & Ellingsen，2011），强势的监督效应必然限制了商业信用融资方式的运用。

商业信用和银行贷款两种融资方式之间的关系存在两种理论解释，

即替代和互补。实证研究结果表明替代性融资理论更符合中国企业实践（Ge & Qiu，2007；Cull et al.，2009；余明桂等，2010；陆正飞、杨德明，2011；饶品贵、姜国华，2013）。假定企业负债率是风险和成本的函数，负债规模同时受到企业偿债能力和生产规模的约束。在企业最优资本结构存在的假设下，融资方式只能说是替代关系。如企业商业信用较多，则银行贷款资金的需求将减少。不同融资方式的成本和风险偏好明显不同，企业融资结构是权衡资金成本和风险的结果。

政治关联有利于企业获得银行贷款等正式渠道融资，降低对商业信用等非正式融资渠道的依赖。具体而言，政治关联对商业信用和银行贷款等融资方式产生影响，商业信用和银行贷款在政治关联对僵尸企业形成的抑制作用过程中存在部分中介效应。

为了检验债务融资的中介效应，参照温忠麟和叶宝娟（2014）、王化成等（2017）的研究，建立如下中介效应模型：

$$Z_{i,t} = \beta_0 + \beta_1 political_{i,t-1} + \beta_2 controls_{i,t} + + \varepsilon_{i,t} \quad (5-2)$$

$$debt_{i,t} = \beta_0 + \beta_1 political_{i,t-1} + \beta_2 controls_{i,t} + + \varepsilon_{i,t} \quad (5-3)$$

$$Z_{i,t} = \beta_0 + \beta_1 political_{i,t-1} + \beta_2 debt_{i,t} + \beta_3 controls_{i,t} + \varepsilon_{i,t} \quad (5-4)$$

其中，debt 代表债务融资方式，分别为商业信用（AP）和银行贷款（loan）两种类型。在三个模型中，控制变量（controls）包括现金持有水平、应收账款、存货、增长机会、固定资产、企业规模、上市年龄、所有权性质等指标，也包括行业、年度、省份等虚拟变量。

模型（5-2）检验政治关联（X，系数以 C 表示）对僵尸企业形成（Y'）的影响；模型（5-3）检验政治关联（系数以 a 表示）对中介变量（M）的影响；模型（5-4）进一步检验在控制中介变量（系数以 b 表示）的情况下政治关联（系数以 C' 表示）对僵尸企业形成（Y"）的影响。根据中介效应分析思路，如果模型（5-3）的 β_1（a）和模型（5-4）的 β_2（b）均显著不为零，且模型（5-4）的 β_1（C'）比模型（5-2）中的 β_1（C）降低，则能够判定政治关联通过中介变量的作用影响了僵尸企业形成；如果模型（5-3）的 β_1（a）和模型（5-4）的 β_2（b）至少有一个不显著，则利用 Sobel 检验来判断是否存在中介效应（温忠麟、叶宝娟，2014）。

1. 商业信用的中介效应

表 5-8 报告了商业信用中介效应的回归结果。第一步，模型 M1 显示政治关联对僵尸企业影响的系数显著为负，表明政治关联能够抑制僵尸企业的形成。第二步，模型 M2 显示政治关联对商业信用影响的系数显著为负，表明政治关联降低了对商业信用融资的依赖。第三步，模型 M3 的结果显示，政治关联、商业信用对僵尸企业影响的系数均显著，表明在控制了商业信用的影响后，政治关联对僵尸企业形成依然具有显著的负向影响，且模型 M3 中政治关联的系数绝对值 0.325 小于模型 M1 政治关联的系数绝对值 0.407。模型 M1 和模型 M3 政治关联的标准化系数的绝对值分别为 0.108 和 0.081，计算过程略（下同）[①]，前者仍然大于后者，表明在加入中介变量商业信用后，政治关联对僵尸企业形成的抑制作用下降。

表 5-8　　　　　　　　　　商业信用的中介效应

	M1		M2		M3	
因变量	Z1		AP		Z1	
自变量	系数	z 值	系数	t 值	系数	z 值
political	-0.407***	(-3.760)	-0.009***	(-4.072)	-0.325***	(-2.950)
AP					5.580***	(11.733)
cash	-3.807***	(-6.500)	0.080***	(7.986)	-4.708***	(-7.663)
receive	-2.942***	(-5.046)	0.368***	(35.638)	-4.790***	(-7.820)
inventory	-2.797***	(-5.416)	0.231***	(25.138)	-4.085***	(-7.542)
groth	-0.692***	(-4.865)	0.001	(0.405)	-0.665***	(-4.988)
fasset	3.047***	(9.483)	0.012	(1.556)	3.049***	(9.190)
size	-0.229***	(-5.627)	0.019***	(22.461)	-0.315***	(-7.554)
age	0.042***	(3.898)	0.002***	(7.799)	0.033***	(2.989)
soe	0.323***	(2.818)	0.025***	(10.246)	0.182	(1.539)
cons	-0.665	(-1.255)	-0.140***	(-11.045)	0.020	(0.037)
year/ind/province	yes		yes		yes	

---

① 计算公式见本书附录。

续表

自变量	M1		M2		M3	
因变量	Z1		AP		Z1	
	系数	z值	系数	t值	系数	z值
adj – R²	0.277		0.243		0.353	
F值	37.061***		48.334***		48.681***	
N	8862		8862		8862	

注：***、**、*分别表示在1%、5%、10%显著性水平下双尾显著。

因此，依据中介效应的依次检验规则，商业信用在政治关联对僵尸企业形成的影响中具有部分中介效应。也即，政治关联对僵尸企业形成的抑制作用部分通过降低对商业信用等非正式渠道融资的依赖而完成。

2. 银行贷款的中介效应

表5-9报告了银行贷款中介效应的回归结果。依照中介效应的依次检验法则，第一步，模型M1表明政治关联对僵尸企业形成具有显著负向影响；第二步，模型M2表明政治关联对银行贷款具有显著正向影响；第三步，模型M3回归结果表明在控制了银行贷款的影响后，政治关联对僵尸企业形成仍然具有显著的负向影响。模型M3中政治关联的系数 – 0.398，标准化系数为 – 0.105，模型M1政治关联的系数 – 0.407，标准化系数为 – 0.108，前者绝对值小于后者绝对值。但在模型M3中，银行贷款的系数为 – 0.270，z值为 – 1.216，说明银行贷款对僵尸企业形成的影响不显著。在这种情况下，需要做Sobel检验进一步判断银行贷款是否具有显著的中介效应。

表5-9　　　　　　　　　　银行贷款的中介效应

自变量	M1		M2		M3	
因变量	Z1		loan		Z1	
	系数	z值	系数	t值	系数	z值
political	– 0.407***	(– 3.760)	0.017***	(3.670)	– 0.398***	(– 3.673)
loan					– 0.270	(– 1.216)
cash	– 3.807***	(– 6.500)	– 0.358***	(– 16.863)	– 3.870***	(– 6.594)

续表

	M1		M2		M3	
因变量	Z1		loan		Z1	
自变量	系数	z值	系数	t值	系数	z值
receive	-2.942***	(-5.046)	0.024	(1.110)	-2.919***	(-5.007)
inventory	-2.797***	(-5.416)	0.157***	(8.127)	-2.766***	(-5.346)
groth	-0.692***	(-4.865)	0.001	(0.411)	-0.686***	(-4.853)
fasset	3.047***	(9.483)	0.268***	(16.664)	3.123***	(9.527)
size	-0.229***	(-5.627)	0.005**	(2.624)	-0.225***	(-5.522)
age	0.042***	(3.898)	-0.000	(-1.058)	0.042***	(3.855)
soe	0.323***	(2.818)	-0.033***	(-6.272)	0.315***	(2.742)
cons	-0.665	(-1.255)	0.340***	(12.757)	-0.599	(-1.127)
year/ind/province	yes		yes		yes	
adj-R²	0.277		0.171		0.249	
F值	37.061***		31.908***		46.885***	
N	8862		8862		8862	

注：***、**、*分别表示在1%、5%、10%显著性水平下双尾显著。

Sobel检验的计算公式如下（温忠麟、叶宝娟，2014）：

$$Z = \tilde{a}\tilde{b} / \sqrt{\tilde{a}^2 s_b^2 + \tilde{b}^2 s_a^2} \qquad (5-5)$$

其中，$\tilde{a}$、$\tilde{b}$分别代表第二步政治关联的估计系数和第三步中介变量的估计系数，s_a、s_b分别为上述估计系数的标准误差。

银行贷款（loan）的 Sobel 检验过程为[①]：$a^{std} = 0.037$，$b^{std} = -0.033$，$SE(a^{std}) = 0.011$，$SE(b^{std}) = 0.027$，计算的 Z 值为 -1.145，其绝对值大于临界值 0.970，说明银行贷款具有显著的中介效应。

根据依次检验和 Sobel 检验结果，银行贷款在政治关联对僵尸企业形成的影响中具有部分中介效应。也即，政治关联对僵尸企业形成的抑制作用部分通过增加银行贷款等融资便利而完成。

[①] 上标 std 表示标准化系数，计算公式见本书附录。

二 税收成本控制的中介效应

现有文献研究结果表明，政治关联有利于企业获得税收优惠支持，控制税收成本，从而提高企业业绩（Adhikari et al.，2006；Wu et al.，2012）。以税收成本为中介变量，构建中介效应模型（同上，略），税收成本的中介效应回归结果见表5-10。

表5-10　　　　　　　　税收成本控制的中介效应

	M1		M2		M3	
因变量	Z1		taxes		Z1	
自变量	系数	z值	系数	t值	系数	z值
political	-0.407***	(-3.760)	0.0003	(0.616)	-0.375***	(-3.411)
taxes					-26.432***	(-9.483)
cash	-3.807***	(-6.500)	0.040***	(14.311)	-3.257***	(-5.511)
receive	-2.942***	(-5.046)	0.007**	(2.569)	-2.553***	(-4.283)
inventory	-2.797***	(-5.416)	0.014***	(5.271)	-2.270***	(-4.417)
groth	-0.692***	(-4.865)	-0.000	(-0.568)	-0.672***	(-4.892)
fasset	3.047***	(9.483)	-0.003*	(-1.620)	3.085***	(9.550)
size	-0.229***	(-5.627)	0.004***	(16.748)	-0.174***	(-4.171)
age	0.042***	(3.898)	0.000***	(5.250)	0.053***	(4.746)
soe	0.323***	(2.818)	-0.004***	(-5.109)	0.247**	(2.109)
cons	-0.665	(-1.255)	-0.021***	(-6.053)	-0.979*	(-1.823)
year/ind/province	yes		yes		yes	
adj-R^2	0.277		0.130		0.282	
F值	37.061***		23.492***		32.957***	
N	8862		8862		8862	

注：***、**、*分别表示在1%、5%、10%显著性水平下双尾显著。

依据中介效应的依次检验规则，第一步，模型M1显示政治关联能够抑制僵尸企业形成。第二步，模型M2显示政治关联对企业税收成本没有显著的作用。第三步，模型M3的结果显示在控制了税收成本的影响后，政治关联对僵尸企业形成依然具有显著的负向影响。模型M3中政治关联的系数绝对值为 0.375，标准化系数绝对值为 0.092，模型 M1 政治关联的系数绝对值为 0.407，标准化系数绝对值为 0.108，前者小于后者。但因为政治关联对税收成本的作用不显著，需要通过 Sobel 检验来判断税收成本的中介效应是否显著。

税收成本（taxes）的 Sobel 检验过程为：a^{std} = 0.005，b^{std} = -0.389，SE（a^{std}）= 0.017，SE（b^{std}）= 0.041，计算的 Z 值为 -0.300，其绝对值小于临界值 0.970，说明税收成本没有显著的中介效应。

实证结果表明税收成本控制在政治关联对僵尸企业形成的影响中没有显著的中介效应，其原因可能是税收优惠通过税收补贴或税收返还的形式以政府补贴名义给予了企业。

三 固定资产投资控制的中介效应

通过理论分析，为了抑制政府的政策性负担，政治关联企业能够通过削减固定资产投资而控制过度投资水平。所以，政治关联的作用渠道之一是固定资产投资的控制，其中，固定资产为中介变量，中介效应模型构建同上（略）。固定资产投资中介效应的回归结果如表 5-11 所示。

表 5-11　　　　固定资产投资控制的中介效应

自变量	M1 Z1 系数	z 值	M2 fasset 系数	t 值	M3 Z1 系数	z 值
political	-0.416***	(-3.897)	-0.007**	(-2.225)	-0.408***	(-3.764)
fasset					3.114***	(9.625)
cash	-5.551***	(-9.938)	-0.478***	(-36.603)	-3.779***	(-6.449)
receive	-4.939***	(-9.256)	-0.556***	(-41.903)	-2.817***	(-4.790)
inventory	-4.315***	(-8.988)	-0.449***	(-37.390)	-2.706***	(-5.231)
groth	-0.724***	(-5.180)	-0.006***	(-3.082)	-0.748***	(-5.132)
lnsales	-0.074	(-1.285)	0.009***	(5.035)	-0.129**	(-2.180)
size	-0.105***	(-2.797)	0.027***	(22.997)	-0.236***	(-5.748)
age	0.030***	(2.835)	-0.003***	(-10.313)	0.043***	(3.963)

续表

	M1		M2		M3	
因变量	Z1		fasset		Z1	
自变量	系数	z值	系数	t值	系数	z值
soe	0.528***	(4.678)	0.036***	(10.506)	0.349***	(3.032)
cons	0.167	(0.326)	0.363***	(21.122)	-0.723	(-1.358)
year/ind/provence	yes		yes		yes	
adj-R^2	0.223		0.363		0.250	
F值	28.759***		200.619***		49.081***	
N	8862		8862		8862	

注：***、**、*分别表示在1%、5%、10%显著性水平下双尾显著。

依据中介效应的依次检验规则，第一步，模型M1显示政治关联能够抑制僵尸企业形成。第二步，模型M2表明政治关联对企业固定资产投资水平具有显著的抑制作用。第三步，模型M3的结果表明在控制了固定资产投资的影响后，政治关联对僵尸企业形成依然具有显著的负向影响。模型M3中政治关联的系数绝对值为0.408，标准化系数绝对值为0.102，模型M1政治关联的系数绝对值为0.416，标准化系数绝对值为0.110，前者小于后者，表明中介变量固定资产投资加入模型M1后，政治关联对僵尸企业形成的影响有所降低。

因此，依据中介效应的依次检验规则，固定资产投资在政治关联对僵尸企业形成的影响中具有部分中介效应。实证结果表明政治关联通过控制企业固定资产投资水平而影响僵尸企业形成。

四 员工成本控制的中介效应

地方政府出于保就业、维稳等政治目标，通常会干预企业的用工计划。政治关联企业可以利用与政府的关系资本，抑制政府对企业用工成本的摊派，减少企业员工冗余程度，以提高企业业绩（田利辉、张伟，2013）。把员工成本控制作为中介变量，构建中介效应模型（同上，略），雇员成本控制的中介效应回归结果如表5-12所示。

第五章 企业僵尸化的影响因素：基于政治关联

表 5-12　　　　　　　　雇员成本控制的中介效应

	M1		M2		M3	
因变量	Z1		staff		Z1	
自变量	系数	z值	系数	t值	系数	z值
political	-0.407***	(-3.760)	-0.001***	(-6.212)	-0.394***	(-3.636)
staff					27.811***	(3.748)
cash	-3.807***	(-6.500)	0.003***	(4.946)	-3.889***	(-6.611)
receive	-2.942***	(-5.046)	0.002**	(2.603)	-3.055***	(-5.197)
inventory	-2.797***	(-5.416)	-0.001*	(-1.882)	-2.907***	(-5.547)
groth	-0.692***	(-4.865)	-0.000***	(-5.189)	-0.660***	(-4.724)
fasset	3.047***	(9.483)	0.001	(1.235)	3.105***	(9.620)
size	-0.229***	(-5.627)	0.001***	(27.976)	-0.261***	(-6.238)
age	0.042***	(3.898)	0.000	(0.663)	0.042***	(3.831)
soe	0.323***	(2.818)	-0.001***	(-9.704)	0.356***	(3.098)
cons	-0.665	(-1.255)	0.001*	(1.891)	-0.784	(-1.468)
year/ind/province	yes		yes		yes	
adj-R^2	0.277		0.266		0.252	
F值	37.061***		55.401***		24.128***	
N	8862		8862		8862	

注：***、**、*分别表示在1%、5%、10%显著性水平下双尾显著。

依据中介效应的依次检验规则，第一步，模型 M1 表明政治关联能够抑制僵尸企业形成。第二步，模型 M2 表明政治关联能够抑制企业用工成本水平。第三步，模型 M3 的结果表明在控制了员工成本的影响后，政治关联对僵尸企业形成依然具有显著的负向影响。模型 M3 中政治关联的系数绝对值为 0.394，标准化系数绝对值为 0.104，模型 M1 政治关联的系数绝对值为 0.407，标准化系数绝对值为 0.108，前者小于后者，表明中介变量雇员成本加入模型 M1 后，政治关联对僵尸企业形成的影响有所降低。

因此，依据中介效应的依次检验规则，员工成本在政治关联对僵尸企业形成的影响中具有部分中介效应，实证结果表明政治关联通过降低企业员工冗余程度而影响僵尸企业形成。

综上,通过作用机制分析,政治关联对债务融资方式具有不同影响。政治关联与商业信用负相关,与银行贷款正相关,政治关联增强了企业获取资源的优势和融资便利,能够降低正式渠道融资成本,有利于企业获得银行贷款等正式渠道融资,并减少对供应商信贷资金等非正式渠道融资的依赖。商业信用和银行贷款等融资方式在政治关联对僵尸企业形成的影响中均具有部分中介效应。除了债务融资具有显著的部分中介效应之外,固定资产投资、雇员成本控制等生产经营行为也具有显著的部分中介效应,但税收成本控制的中介效应不明显。检验结果表明,政治关联能够通过影响企业债务融资、固定资产投资、员工成本等经营决策行为而抑制僵尸企业形成。

第六节 稳健性检验

一 变量替换

1. 被解释变量测试和解释变量测试

针对模型(5-1),采用 Z2 代替 Z1,其测试结果如表 5-13 的第二列和第三列,第三列同时用本期政治关联变量代替滞后一期的政治关联变量。回归结果显示政治关联对僵尸企业形成依然具有抑制作用。

表 5-13　　　　　　稳健性检验——变量替换

因变量	Z2		Z2		Z1		Zd1	
自变量	系数	z值	系数	z值	系数	z值	系数	t值
political	-0.201**	(-2.545)	-0.146*	(-1.873)	-0.200*	(-1.884)	-0.005*	(-1.870)
cash	-5.418***	(-11.644)	-5.424***	(-11.659)	-3.611***	(-6.318)	-0.042***	(-3.912)
level	7.716***	(27.070)	7.719***	(27.080)	5.547***	(16.732)	0.142***	(18.793)
risk	0.188	(1.297)	0.191	(1.321)	0.182	(1.162)	0.019***	(3.727)
lnsales	-0.295***	(-6.358)	-0.292***	(-6.294)	-0.223***	(-3.877)	-0.008***	(-5.061)
lnkl	0.210***	(9.783)	0.210***	(9.786)	0.139***	(5.617)	0.002*	(1.998)
size	-0.040	(-1.313)	-0.038	(-1.246)	-0.191***	(-4.809)	-0.007***	(-6.719)
age	0.006	(0.692)	0.007	(0.812)	0.007	(0.616)	-0.000	(-0.302)

续表

因变量	Z2		Z2		Z1		Zd1	
自变量	系数	z值	系数	z值	系数	z值	系数	t值
subsi	20.33***	(5.426)	20.31***	(5.381)	-15.32***	(-2.808)	-0.351**	(-2.481)
soe	0.279***	(3.219)	0.254***	(2.936)	0.444***	(3.860)	0.018***	(6.415)
cons	-7.657***	(-13.550)	-7.711***	(-13.661)	-5.292***	(-7.890)	-0.003	(-0.173)
year/ind/province	yes		yes		yes		yes	
Nag R方	0.400		0.399		0.247		0.096	
H-L卡方	39.118***		39.887***		11.808***		16.608***	
N	8862		8862		8862		8862	

注：***、**、*分别表示在1%、5%、10%显著性水平下双尾显著。

采用本期政治关联变量代替滞后一期的政治关联变量，对模型（5-1）进行重新回归，其测试结果如表5-13的最后两列。检验结果表明，政治关联对僵尸企业形成和企业僵尸化程度的抑制作用依然显著，本章基本结论仍稳健。

2. 僵尸化程度的测试

重新定义僵尸化程度为多元分类变量Zd2，根据企业僵尸状态反复次数，把僵尸化程度分为4种类型。当企业被识别为非僵尸企业时，僵尸化程度为未僵尸化，赋值0；当企业僵尸状态为1次或2次时，僵尸化程度为低，赋值1；当企业僵尸状态反复3次时，其僵尸化程度为高，赋值2；当企业僵尸化程度为4次或5次时，其僵尸化程度为较高，赋值3。针对这4种不同僵尸化程度企业，采用多元logistic回归模型进行分析。

根据第四章分析结果，不同僵尸化程度企业的财务状况差异主要表现在现金流差异方面，也就是说，僵尸化程度较高的企业，其经营活动现金流比率较低。所以多元logistic回归模型的控制变量主要包括现金持有水平、应收账款、存货、固定资产等代表资产流动性的指标，具体计算公式见表5-2。多元logistic回归模型回归结果如表5-14所示。

表 5-14　　稳健性检验——僵尸化程度的多元 logistic 回归

因变量	Zd2 = 1		Zd2 = 2		Zd2 = 3	
自变量	系数	z 值	系数	z 值	系数	z 值
political	-0.267**	(-2.347)	-2.737***	(-2.834)	-8.401***	(-3.480)
cash	-3.186***	(-5.281)	-2.321**	(-2.226)	1.260	(0.984)
receive	-1.915***	(-3.323)	-4.145***	(-3.344)	-1.974	(-1.170)
inventory	-2.409***	(-4.554)	-1.248	(-1.423)	-0.533	(-0.340)
fasset	2.187***	(6.397)	3.362***	(5.465)	5.508***	(5.413)
groth	-0.335***	(-3.184)	-0.310*	(-1.670)	-0.141	(-0.707)
size	-0.190***	(-4.461)	-0.254***	(-3.242)	-0.137	(-1.223)
age	0.040***	(3.493)	0.028	(1.372)	-0.001	(-0.049)
soe	0.157	(1.288)	0.493**	(2.287)	1.008***	(2.985)
cons	-1.508**	(-2.558)	0.613***	(2.894)	0.553*	(1.849)
year/ind/province	yes		yes		yes	
Nag R 方	0.235		0.235		0.235	
H-L 卡方	177***		177***		177***	
N	8862		8862		8862	

注：***、**、*分别表示在1%、5%、10%显著性水平下双尾显著。Zd2 为以未僵尸化为参照组的多元 logistic 回归的被解释变量。

实证结果表明，以非僵尸企业为参照组，针对三种僵尸化程度，政治关联的系数均显著为负。当僵尸化程度逐步递增时，政治关联对企业僵尸化程度的抑制作用越来越大。实证结果表明政治关联对企业僵尸化程度具有抑制作用，进一步支持了研究假设 H5-2，即政治关联与僵尸化程度负相关，政治关联能够抑制企业的僵尸化程度。

二　遗漏变量和内生性处理

1. 固定效应模型和工具变量

面板数据模型能够更好地解决遗漏变量问题，因此对模型 (5-1) 进行固定效应 (FE) 模型回归；同时，为测试控制变量变化对模型回归结果的影响，采用资产利润率 (roa) 代替了生产率 (lnsales) 指标，控制变量去掉了省份虚拟变量。固定效应回归结果见表 5-15 的第二列和第三列。

表 5-15　　　　稳健性检验——固定效应模型和工具变量

因变量	Z1（FE）		Zd1（FE）		Zd1（2SLS）		Zd1（GMM）	
自变量	系数	z 值	系数	t 值	系数	t 值	系数	t 值
political	-0.212***	(-17.040)	-0.005***	(-46.79)	-0.007***	(-2.860)	-0.007***	(-3.060)
cash	-6.277***	(-105.77)	-0.012***	(-31.32)	-0.039***	(-3.700)	-0.039***	(-4.440)
level	2.915***	(64.330)	0.034***	(105.660)	0.146***	(19.590)	0.146***	(14.850)
risk	0.201***	(11.400)	0.01***	(62.190)	0.018***	(3.540)	0.017**	(2.530)
roa/lnsales	-60.07***	(-457.32)	-0.844***	(-1444)	-0.009***	(-5.650)	-0.009***	(-4.450)
lnkl	0.086***	(27.650)	0.001***	(29.350)	0.002**	(2.030)	0.002	(1.170)
size	0.208***	(26.300)	0.003***	(45.820)	-0.007***	(-7.190)	-0.007***	(-6.460)
age	-0.08***	(-32.86)	0.043***	(127.450)	0.000	(-0.130)	0.000	(-0.150)
subsi	-15.55***	(-37.25)	-1.133***	(-270.82)	-0.375***	(-2.660)	-0.375**	(-2.020)
soe	3.03***	(115.240)	0.02***	(73.100)	0.019***	(7.020)	0.019***	(7.030)
cons	-5.23***	(-7.780)	-0.443***	(-117.34)	0.007	(0.390)	0.007	(0.026)
ind/year	yes		yes		yes		yes	
Nag R 方	0.211		0.204		0.091		0.091	
H-L 卡方	1020***		4484***		892***		436***	
N	8862		8862		8862		8862	

注：***、**、*分别表示在1%、5%、10%显著性水平下双尾显著。

可见，当被解释变量为僵尸企业形成和僵尸化程度时，政治关联的系数分别为 -0.212 和 -0.005，且均在1%的水平下显著，表明政治关联对僵尸企业形成和企业僵尸化程度均有抑制作用。

据参考文献，很难为政治关联找到一个好的工具变量，政治关联的工具变量大多是弱工具变量（袁建国等，2015）。对于模型（5-1），当被解释变量为僵尸化程度（Zd1）时，为解决内生性问题，以政治关联的当期值为解释变量，以滞后一期政治关联为工具变量，采用两阶段最小二乘法（2SLS）和广义矩估计法（GMM）进行重新回归，回归结果见表5-15的最后两列。

两阶段最小二乘法（2SLS）估计和广义矩估计（GMM）的回归结

果基本相同,政治关联的系数均为 -0.007,且均在1%的水平下显著,表明政治关联对企业僵尸化程度具有抑制作用,主要结论仍稳健。

2. 基于PSM(Propensity Score Matching)的回归

政治关联与企业僵尸化之间可能存在内生性问题,进一步采用倾向得分匹配法进行回归,以克服内生性造成的影响。在没有政治关联的企业中选择与有政治关联企业状况相似的公司进行匹配,匹配变量包括影响企业财务状况的一些变量,例如,现金持有水平、杠杆率、经营风险、生产率、资本密度、资产规模等;匹配方法为近邻一对一配对。经过匹配后得到除"是否是政治关联企业"这一特征不同之外,其他特征基本相同的PSM配对样本共5420个观测值。基于PSM配对样本对模型(5-1)进行回归的结果见表5-16。

表5-16　　　　稳健性检验——PSM配对样本

	僵尸企业形成				僵尸化程度			
因变量	Z1		Z1		Zd1		Zd1	
自变量	系数	z值	系数	z值	系数	t值	系数	t值
political	-0.473***	(-3.903)	-0.386***	(-2.921)	-0.058***	(-4.006)	-0.045***	(-3.263)
cash			-3.420***	(-4.400)			-0.149**	(-2.353)
level			6.296***	(12.884)			0.675***	(14.586)
risk			-0.019	(-0.079)			0.088***	(2.848)
lnsales			-0.324***	(-3.835)			-0.042***	(-4.182)
lnkl			0.151***	(3.952)			0.004	(0.585)
size			-0.258***	(-4.502)			-0.037***	(-6.015)
age			-0.003	(-0.169)			-0.001	(-0.509)
subsi			-16.828**	(-2.138)			-1.128	(-1.323)
soe			0.615***	(3.816)			0.100***	(6.054)
cons	-2.710***	(-7.641)	-5.421***	(-6.079)	0.157***	(3.144)	0.046	(0.384)
year/ind/province	yes		yes		yes		yes	
adj-R^2	0.229		0.229		0.044		0.110	
F值	9.870		9.100		11.440***		11.470***	
观测值	5420		5420		5420		5420	

注:***、**、*分别表示在1%、5%、10%显著性水平下双尾显著。

回归结果显示，在 PSM 配对样本中，当被解释变量为僵尸企业形成时，政治关联的系数在单变量回归和多元变量回归中均显著为负；当被解释变量为僵尸化程度时，政治关联的系数在单变量回归和多元变量回归中也均显著为负，表明内生性问题对本章主要研究结论没有实质性影响。

3. 基于 Heckman 两步法回归

为了避免选择性样本导致的参数估计偏误问题，采用 Heckman 样本选择模型进行回归。首先在保持原模型控制变量不变的情况下，进行第一阶段回归。其次将第一阶段回归所得的逆比尔斯（IMS）指数带入原模型作为控制变量进行第二阶段回归，回归结果见表 5-17。

表 5-17　　　　　　稳健性检验——Heckman 选择模型

因变量	僵尸企业形成 Z1		僵尸化程度 Zd1	
自变量	系数	z 值	系数	t 值
political	-0.224***	(-7.167)	-0.701***	(-9.806)
IMS	1.155***	(6.741)	3.700***	(9.425)
cash	-1.905***	(-7.095)	-5.981***	(-9.728)
level	2.342***	(7.749)	7.226***	(10.436)
risk	0.228***	(7.644)	0.694***	(10.134)
lnsales	-0.074***	(-8.205)	-0.220***	(-10.660)
lnkl	0.005**	(2.510)	0.013***	(2.826)
size	-0.050***	(-9.211)	-0.141***	(-11.364)
age	-0.006***	(-5.626)	-0.018***	(-8.107)
subsi	-3.124***	(-7.043)	-8.610***	(-8.475)
soe	0.216***	(7.581)	0.688***	(10.551)
cons	-2.868***	(-6.633)	-9.339***	(-9.430)
year/ind/province	yes		yes	
adj-R^2	0.106		0.111	
F 值	18.660***		17.650***	
观测值	8862		8862	

注：***、**、* 分别表示在 1%、5%、10% 显著性水平下双尾显著。

Heckman 回归结果显示，当被解释变量为僵尸企业形成和僵尸化程度时，政治关联的系数均显著为负，表明样本选择问题对本章主要研究结论没有实质性影响。

第七节　小结

现阶段经济结构调整的重要目标在于推进供给侧结构性改革，其中对僵尸企业的清理处置成为供给侧结构性改革中"去产能"任务的重要环节。对僵尸企业的关注和研究迅速成为热点。现有研究对僵尸企业的现状、成因、危害、处置方略等进行较多探讨，但鲜有文献探讨政治关联对企业僵尸化的影响。本章对此进行了实证检验，其中企业僵尸化包括僵尸企业形成和僵尸化程度两个方面，并实证分析了二者关系的影响因素和作用机制。针对研究中的内生性问题，从遗漏变量、反向因果和样本选择性偏差等方面进行了解决。具体实证结论包括以下三个方面。

第一，政治关联对僵尸企业形成和企业僵尸化程度具有抑制作用，即与非政治关联企业相比，政治关联企业成为僵尸企业的可能性更小，其僵尸化程度也更低。

第二，政治关联对企业僵尸化的抑制作用受到行政干预程度的影响。在国有企业、市场化程度较小地区企业和政治晋升压力较大地区企业，其行政干预程度相对较大，政治关联对企业僵尸化的抑制作用不明显；政治关联对企业僵尸化的抑制作用在民营企业、市场化程度较高地区企业和政治晋升压力较小地区企业更明显。但政府竞争环境对政治关联与僵尸化程度的负向关系没有显著影响。

第三，进一步分析政治关联的作用机制，实证结果表明商业信用和银行贷款等债务融资、固定资产投资、雇员成本控制等企业生产经营行为在政治关联对僵尸企业形成的影响中具有部分中介效应，但税收成本控制的中介效应不显著。

本章从政治关联视角探讨了企业僵尸化的影响因素，但企业僵尸化将产生怎样的作用结果呢？第六章和第七章分别从投融资行为的视角和经济增长的视角探讨企业僵尸化的微观效应和宏观效应。

第六章

企业僵尸化的经济后果：
基于投融资行为

第一节 引言

本章基于企业僵尸化的微观效应探讨僵尸企业的治理措施。为了实现经济发展的可持续增长，一个经济体需要提高其增长能力。经济增长能力主要表现在能够长期改善经济发展活力的企业投融资活动方面（Castano et al.，2016）。根据经典资本结构理论，企业融资行为和投资行为是微观主体最重要的财务行为，且互相影响。有效的投融资活动可以由高效率、高竞争力的企业来实现。然而，僵尸企业的投融资行为是否具有这样的特征？当企业成为僵尸企业时，其财务决策行为会发生深刻变化（刘坤甫、茅宁，2016）。基于此，本章从投融资行为视角探讨僵尸企业的微观效应，实证结果将为僵尸企业的治理决策提供信息支持。

僵尸企业产生道德风险问题，导致机会主义行为增加，对经济发展造成负面影响（Kane，1987；Urionabarrenetxea et al.，2018），所以，僵尸企业的负外部性研究是现有文献关注的核心内容。僵尸企业的影响效应主要表现在微观层面和宏观层面两个方面（刘坤甫、茅宁，2016）。相对而言，僵尸企业微观效应的研究成果较少，且主要集中在管理层道德风险问题方面，如僵尸企业管理层推迟资产重组计划、高估业绩预测、盈余管理更严重等（Peek，2008；Lin，2011；戴泽伟、潘松剑，2018）。然而，鲜有文献关注僵尸企业对融资行为和投资行为的影响，Imai（2016）的研究是其中一例。他的研究结果支持了僵尸企业存在预算软约束的假设，具体表现是僵尸企业无法减少贷款，土地价值的下降没有导致僵尸企业银行贷款减少，并且，僵尸企业新增银行贷款配置到低生产率和低盈利项目上；僵尸企业未进行高效投资。但 Imai（2016）的研究样本是日本中小企业。截至目前，尚未有中国僵尸企业对投融资行为影响的经验证据。

企业经营业绩差，短期偿债风险大，不具备持续经营能力，却能从信贷市场获得资金支持而得以生存，从而产生了僵尸企业的概念和研究（Caballero et al., 2008；Fukuda & Nakamura, 2011；Nakamura & Fukuda, 2013；Imai, 2016；Manuela et al., 2017）。现有文献认为银行贷款对僵尸企业的形成和存在状态具有根本作用（Max, 2014；Jaskowski, 2015）。在中国制度背景下，中国僵尸企业形成是地方政府过度干预的结果（张栋等，2016；聂辉华等，2016；谭语嫣等，2017；方明月等，2018）。政府行政干预包括银行贷款、政府补助（饶静、万良勇，2018；宋建波等，2019）、政府主导的资产重组（Tan et al., 2016）或其他资源支持等多种方式，但银行贷款无疑是一种普遍且基本的行政干预手段。鉴于银行贷款对僵尸企业形成和存在状态的重要性，有必要深入探究僵尸企业的银行贷款等债务融资行为。

承第四章，以中国上市公司为样本，僵尸企业负债率变化趋势如图6-1所示。在整个样本期间，僵尸企业负债率一直高于非僵尸企业负债率，且僵尸企业负债率变化较大。非僵尸企业负债率变化比较平稳，负债率呈持续的平缓下降趋势。这说明在样本期间僵尸企业资产负债率一直较高，僵尸企业在生产经营低效的情况下依然能够获得银行信贷资金或其他债务融资的支持。外部"输血"使僵尸企业得以存续，但这会造成怎样的影响或带来什么问题；僵尸企业获得的银行贷款是否进行了有效投资，或者说，僵尸企业投资是否与新增银行贷款有关，如果僵尸企业新增贷款增加了投资，其投资效益如何。针对这些问题，本章从银行贷款的变化和预算软约束的视角考察中国上市僵尸企业对银行贷款和投资行为的影响，并进一步分析僵尸企业融资行为的特征。

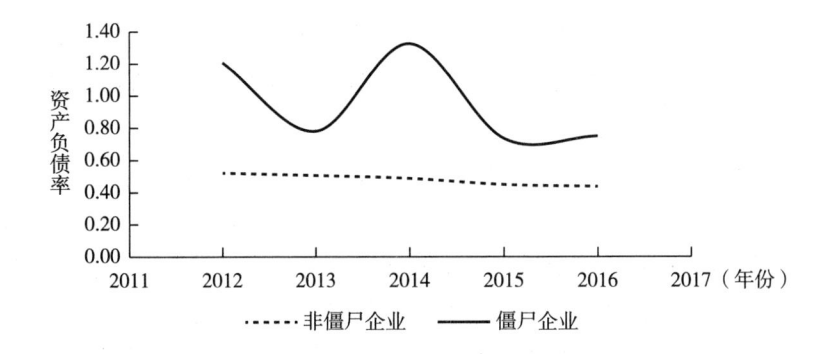

第六章 | 企业僵尸化的经济后果：基于投融资行为

图6-1 僵尸企业资产负债率变化趋势

预算软约束现象存在于西方国家和社会主义国家的很多企业中，它对资本配置效率和经济发展具有显而易见的负面影响。预算软约束可以分为由外生制度导致的外生软约束和因时间不一致引起的内生软约束两种形式（林毅夫、林志赟，2004）。预算软约束破坏了资金配置的市场原则，资金价格不再由供求关系和风险溢价决定，造成融资约束的扭曲，进而影响企业自生能力（中国人民银行营业管理部课题组，2017）。硬化约束以防范金融风险是中国推进供给侧结构性改革的重要内容之一。所以，以预算软约束的视角探讨僵尸企业投融资行为的特征具有重要意义。

本章研究发现有三点。第一，僵尸企业新增银行贷款对固定资产等抵押物价值不敏感，实证结果支持了僵尸企业存在预算软约束的假设。第二，僵尸企业新增贷款虽然促进了投资水平的提高，但并没有配置到净现值较高或有生产力的项目上，表明僵尸企业存在投资机会约束。第三，进一步研究发现僵尸企业融资行为受到非市场化因素的干预，进一步支持僵尸企业存在预算软约束的假设；不论产权性质、政府竞争等制度环境如何，僵尸企业融资行为对市场化因素均不敏感，也说明产权性质、政府竞争等制度环境对僵尸企业软约束问题没有影响。

相比已有文献，本章贡献在于从预算软约束视角探讨了中国上市僵尸企业对银行贷款等融资行为和投资行为的影响。具体而言，在理论上分析了僵尸企业存在外生软约束和内生软约束两种类型的软约束问题，并从银行贷款扭曲和融资行为扭曲两个角度证实了僵尸企业存在预算软约束。同时，僵尸企业投资效率较低。僵尸企业微观效应的西方研究文献非常稀少，本章研究结果不仅丰富了僵尸企业微观效应方面的文献，也具有重要实践价值。

本章研究结果的实践意义在于能够为僵尸企业治理提供决策参考，具体政策启示有三点。其一，对于外生软约束，可以通过外部环境治理、消除政策性负担以及加强金融监管等措施，防止或控制金融中介对低效率企业进行持续信贷支持；其二，加强僵尸企业内部治理，控制管理层道德风险，抑制内生性软约束的产生；其三，市场主体可以通过改善投融资活动效率而预防企业僵尸化或者使僵尸企业复苏。

本章余文结构安排如下：第二节提出研究假设；第三节介绍研究设计；第四节报告实证结果；第五节进一步分析僵尸企业融资行为；第六节报告稳健性检验结果；第七节陈述研究结论。

第二节 研究假设

一 僵尸企业与银行贷款

1. 僵尸企业银行贷款的相关经验研究

过高的债务水平是经济增长的障碍（Cecchetti et al., 2011; Chen et al., 2015）。经济发展的事实已经对此得以证明，如政府监管缺失与僵尸贷款盛行而导致的日本经济失去的十年（Sekine et al., 2003），欧债危机造成的过度杠杆化而阻碍欧洲经济复苏等（欧洲央行，2013）。一系列研究文献探讨了金融政策对企业整体业绩的影响，尤其是对僵尸企业贷款的影响。相关研究文献的实证结果表明，资本最少的银行最有可能向效率最低的公司提供长期贷款（Peek & Rosengren, 2005; Hoshi & Kashyap, 2010; Philippon & Schnabl, 2013; Homar, 2016; Van & Timote, 2017）。

基于日本企业样本，多数研究结果表明银行的贷款补贴或常青贷款成为日本僵尸企业存在的根源（Caballero et al., 2008; Fukuda & Nakamura, 2011; Nakamura & Fukuda, 2013）。在欧洲的案例中，对低效率企业进行过度信贷支持的证据较少。基于意大利公司样本，Schivardi 等（2017）的研究表明，在欧元区主权债务危机期间，资本金较低的银行不太可能削减对实力较弱公司的贷款,这导致了信贷分配不当和健康企业失败率的上升。Manuela 等(2017)把 5 个压力较大的欧元区国家(西班牙、希腊、爱尔兰、葡萄牙和斯洛文尼亚)和 2 个压力较小的国家(德国和法国),将其大约 42.3 万家中小企业与大约 900 家银行进行配对比较研究,发现银行监管压力对中小企业负债具有加重作用,导致信贷资源的错误配置。研究证据同时表明,由于有限责任,资不抵债的银行有动机继续向资不抵债的借款人放贷,以掩盖损失,并为资不抵债企业的复苏而赌上一场,尽管这会导致较低的资本配置效率(Max,2014)。

在中国制度背景下,僵尸企业形成是政府过度干预的结果,银行信贷是政府干预的一种形式,地方政府的干预手段还包括政府补助、税收补贴、政策优惠等多种形式(Tan et al.,2017;饶静、万良勇,2018;宋建波等,2019)。但银行信贷支持是一种对僵尸企业"输血"的主要手段,银行对低效率企业的信贷供给也得到实证结果的支持。钟宁桦等(2016)研究发现中国企业整体上呈现出"去杠杆"趋势,但负利润的僵尸企业的杠杆率却在增加,尤其在 2008 年之后,僵尸企业杠杆率增加的趋势更加明显。王万珺和刘小玄(2018)基于现代资本结构理论,对长期维持僵尸状态企业的融资行为进行研究,发现产权性质、国家宏观经济政策等非市场化因素决定了僵尸企业的生存状态。

总之,现有文献研究结果表明,僵尸企业经营效率低下,但并不能阻止银行等金融机构对其进行信贷资金支持。在某些情况下,银行为了增加收入或减少贷款本金损失,持续向低效率企业发放贷款可能是银行的最佳策略(Jaskowski,2015),即使企业土地价值下降也未能导致僵尸企业贷款减少(Imai,2016)。就中国而言,僵尸企业融资行为更多受到政府行政干预的影响。西方文献大多探讨了金融政策等外生因素对僵尸企业银行贷款的影响,银行信贷的持续支持是僵尸企业形成和存在的主要因素。中国僵尸企业研究则主要探讨制度因素对其资本结构的影响。然而,很少有研究从企业内生视角考察僵尸企业对银行贷款的影响(Imai,2016)。

2. 中国僵尸企业与银行贷款

在中国,法律、制度、市场环境等处于不断完善和发展之中,社会信任度低,契约关系不强,更重视人情和关系。同时,政府对经济活动的干预更严重。政府出于经济发展和政治目标,有动机帮助低效率企业进行外部融资,对企业进行直接扶持。行政干预同时给企业带来政策性负担,导致僵尸企业产生预算软约束问题(林毅夫、林志赟,2004),也就是所谓外生软约束。

同时,僵尸企业破产风险的降低造成管理层道德风险增加,僵尸企业进行无效率投资的可能性增大。由于信息不对称和时间不一致,未完工的无效率投资项目诱使政府或银行进一步追加投资,从而产生内生性软约束(Dewatripont & Maskin,1995)。所以,僵尸企业既存在政策性负担导致的外生软约束,也存在管理层道德风险引致的无效率投资而诱发的内生性软约束。预算软约束扭曲了僵尸企业融资行为,造成僵尸企业对自身杠杆率、资产及利率不再敏感(罗长林、邹恒甫,2014)。

就银行贷款而言,根据 Berglof 和 Roland(1997)的研究,硬预算约束均衡发生在抵押品价值超过可验证的再融资净收益时。然而,当抵押品价值低于可验证的净再融资回报时,银行就没有动力去激活客户,为一个糟糕的项目再融资。基于信用配给理论,当企业经营业绩较差、偿债风险较大时,将很难获得金融中介的信贷资金支持。如果企业能够为银行贷款提供抵押物担保,即使企业经营业绩较差,也能够获得银行贷款。所以,企业可用的抵押物价值就成为获得银行贷款的关键。对于正常企业来说,抵押物价值越高,获得的银行授信金额越高。

在中国制度背景下,僵尸企业银行贷款受到政府行政干预的影响,同时僵尸企业道德风险问题增加,导致僵尸企业受到外生软约束和内生软约束问题的双重困扰。如僵尸企业川化股份有限公司(简称川化股份,股票代码000155),2013—2015年连续三年被识别为僵尸企业,其财务状况见表6-10[①]。

川化股份是四川省国资委重点清理处置的僵尸企业之一,在僵尸状态持续期间,川化股份连年亏损,内源性融资功能严重不足,营运资本出现赤字,短期偿债风险较大,企业不能持续经营。但银行贷款在川化

[①] 案例由四川省经济和信息化厅企业处提供;表6-10数据和信息来自CSMAR数据库及川化股份公司财务报告。

股份的负债构成中一直占三分之一以上。其中，在 2014 年和 2015 年，川化股份已经达到资不抵债的境地，银行短期贷款却分别为 57940 万元和 82829 万元，2015 年银行短期贷款更是达到历年之最高。也即，即使川化股份资不抵债，无法履行债务承诺，但依然能够获得银行贷款支持。川化股份案例表明，僵尸企业银行贷款并没有减少，也不受企业抵押物价值等市场化因素的影响。

总体上，对于正常企业而言，银行贷款受到企业经营状况或资产状况的制约。由于抵押物价值是银行贷款担保的主要方式，即使企业经营业绩较差，只要提供抵押物担保，也能够获得银行贷款。银行贷款占抵押物价值的比例越小，剩余抵押物价值越大，银行授信额度可能越高。因此，正常企业抵押率与新增银行贷款负相关。但僵尸企业存在预算软约束问题，可以预期，僵尸企业银行贷款对抵押率不敏感。

基于上述分析，提出如下假设：

H6-1a：企业营业收入和营业利润与新增银行贷款正相关，杠杆率与新增银行贷款负相关，抵押率与新增银行贷款负相关。

H6-1b：相对于非僵尸企业，抵押率与新增银行贷款负相关的关系在僵尸企业不明显。

二 僵尸企业与投资行为

据经典资本结构理论，债务融资对企业投资、生产经营决策具有重要影响，但很少有研究探讨僵尸企业债务融资资金配置效率问题。

1. 银行贷款对企业投资影响的相关经验研究

银行贷款影响企业投资，信贷供应的增加具有实际意义，因为企业能够提高估值并增加投资。Ogawa（2003）利用日本企业微观数据设定企业投资方程，研究发现银行放贷意愿对企业投资的影响显著，金融机构严格的放贷态度阻碍了小企业投资。Ogawa（2008）随后的研究表明银行不良贷款率对中小企业客户的贷款态度产生了负面影响，进而影响了中小企业客户固定资产投资的变化率。

基于日本企业数据，相关研究表明，银行的财务状况和企业的土地价值通过银行贷款影响了企业投资。在资本紧缩时期，企业特别是中小企业减少了最近的投资。现有文献研究结果表明，与资本充足的银行相关的僵尸企业增加了投资；如果银行资本不足，结果就会相反，即僵尸企业增加投资，而其他借款者减少投资（Diamond & Rajan，2000；Giannetti & Simonov，2013）。Fukuda 等（2006）通过考察银行的资本充足率和不良贷款率，得出银行的稳健程度影响企业投资的结论，但没有考虑银行贷款变化对企业投资的影响。

另外的研究结果表明，债务较高的公司减少投资，特别是在全球具有良好增长机会的行业，负债率较大企业减少投资的力度更明显。这种模式与僵尸贷款一致（Kolev et al.，2016；Ozcan et al.，2016）。Kolev 等（2016）基于 Amadeus 数据，通过纳入一个由 Thomson Reuters 数据构建的行业特定的时变全球市盈率来控制投资机会，以关注企业在负债情况下的投资反应；该文调查了 2004—2013 年欧盟 22 个国家的 840 万家独立公司，这些公司来自 30 个工业部门，拥有 5195 家独立银行的信贷关系；该文研究发现信贷错配是欧洲投资下滑的一个重要原因。Ozcan 等（2016）运用拉丁美洲经济体的数据证明，与融资渠道较差的公司相比，融资渠道较好的公司没有遭受金融冲击，这些公司的良好银企关系使其显著增加了企业投资。

Imai（2016）利用 1999—2008 年东京商工研究所（Tokyo Shoko Research）编制的中小企业平衡面板数据，证明了僵尸企业存在投资机会约束，中小企业中的僵尸企业新增贷款被分配到低效使用的经营活动当中，其结论是僵尸企业投资不一定是盈利或有生产力的。

总体而言，企业银行贷款影响企业投资，但银行新增贷款并不能改善僵尸企业投资效益低下的问题。

2. 中国僵尸企业与投资行为

企业缺乏竞争力的原因具有异质性，从投资机会的角度看，则可划分为有投资机会但缺乏资金和缺乏投资机会两类，并将其分别称为融资约束和投资机会约束引起的失活（宋建波等，2019）。僵尸企业由于得到银行或政府的资源支持而延续，所以相比其他竞争对手，僵尸企业体现的是一种不公平的优势。

僵尸企业经营效益差，负债累累，生产所得可能只能偿还其债务利息，无法偿还债务本金。僵尸企业内源性融资功能较弱，虽然能够得到银行或政府等外部力量的"输血"，但相比于健康企业，融资约束的程度仍较大。行政干预和道德风险导致僵尸企业存在预算软约束，扭曲了其融资行为，导致过多资源流向僵尸企业，使其管理层产生依赖外部"输血"而消极经营的心理。就投资而言，管理层的机会主义行为可能增加，进行过度投资或投资不足，导致投资效率下降。另外，由于僵尸企业经营效率低下，从而无法吸引投资，其自身也缺乏投资机会，不能够获得投资或增长（James，2002）。因此，僵尸企业既存在融资约束，又存在投资机会约束。

以川化股份为例，川化股份在严重资不抵债的情况下依然能够获得银行贷款和政府补助的支持，尤其是银行贷款不受企业经营状况或资产状况的制约，存在预算软约束问题。川化股份非流动资产增幅较小，2011—2015年非流动资产甚至是负增长，表明川化股份投资机会缺乏，存在投资机会约束；川化股份资产利润率或净资产利润较低甚至为负，表明对川化股份的资金输入并没有取得有效的配置效果。

僵尸企业在融资约束和投资机会约束均较大的情况下，资金配置效率较低。实证研究文献表明，政府对僵尸企业或财务困境企业的救助行为并非都能取得显著的正向效应，如过量的政府补助却容易形成非效率投资或造成企业竞争能力的丧失（Callahan et al.，2012）。受到投资机会约束的僵尸企业由于发展前景差，没有较好的投资方向，会将银行贷款或政府补助等资源投入到低效率的领域或净现值为零甚至为负的投资项目。所以稀缺资本流向偿债困难、发展前景渺茫的僵尸企业，只能暂时缓解僵尸企业经营困境，不能从根本上解决僵尸企业投资约束问题，并不能改善僵尸企业投资行为和提高投资收益。

所以，总体上对于正常企业而言，银行贷款、投资收益率及现金流水平均会促进资本投资水平的提高。因而，正常情况下，新增贷款、投资收益率、现金流水平及杠杆率与资本投资正相关。然而，僵尸企业管理层道德风险增加，银行贷款的扭曲加剧了僵尸企业机会主义行为的产生，造成投资效率下降；同时，僵尸企业存在投资机会约束，自身缺乏高净现值的投资项目，新增贷款即使能够促进投资水平的提高，但却未必获得有利的投资收益。

基于上述分析，提出如下假设：

H6-2a：企业新增银行贷款与资本投资正相关，投资收益率与资本投资正相关，现金流水平与资本投资正相关，杠杆率与资本投资正相关。

H6-2b：相对于非僵尸企业，投资收益率与资本投资正相关的关系在僵尸企业不明显。

第三节 研究设计

一 数据来源和样本选择

样本数据来自 CSMAR 数据库，研究样本为中国沪深交易所 A 股上市公司，包括退市上市公司。研究数据涵盖期间为 2007—2016 年。样本筛选过程见第四章第二节样本选择。经过筛选后，最终得到 2012—2016 年的 2258 家样本公司，共 8862 个样本观察值，构成本章研究的非平衡面板数据。

不同省份城市 GDP 数据和县级市区 GDP 数据来自 CSMAR 区域经济数据库，其中部分县级市缺失 GDP 数据，经查询当地政府网站而补充；对政府网站没有公布 GDP 数据的县市，由地级市政府 GDP 数据代替。地方财政赤字和地区失业率等数据在国家统计局国家数据库网站下载[①]。为消除异常值的影响，对主要连续变量进行了上下1%的缩尾处理。

二 变量定义

承第四章，僵尸企业分别标记为 Z1 和 Z2。

1. 被解释变量

新增银行贷款，等于当期银行贷款与前期银行贷款之差额，银行贷款为短期银行贷款与长期银行贷款之和；投资行为由长期资本变动额来衡量。在分析僵尸企业融资行为时，以流动比率为被解释变量。

2. 解释变量

借鉴 Imai（2016）的研究，企业银行贷款行为的解释变量包括营业收入增长率、资产利润率、资产负债率、银行贷款抵押率等指标；企业投资行为的解释变量为新增银行贷款、投资收益率、经营活动现金流、资产负债率等指标。

[①] 中国国家统计局国家数据库下载网址：http：//data.stats.gov.cn/easyquery.htm？cn=E0101。

借鉴王万珺和刘小玄（2018）的研究，僵尸企业融资行为的解释变量包括资产负债率、经营风险、生产率、资本密度等指标。

3. 控制变量

参照以往研究（Imai，2016；王万珺、刘小玄，2018），控制变量包括以下指标：

（1）在分析僵尸企业银行贷款行为时，分别控制了相对GDP增长率、当地财政赤字、地区失业率等诱发政府干预动机的因素。相对GDP增长率的计算见第四章第二节变量定义。在分析僵尸企业融资行为时，控制了滞后一期流动比率、资产规模及企业上市年龄等指标。

（2）其他控制变量，控制了年份、省份和两位数行业等因素对僵尸企业投融资行为的影响。变量具体定义和计算见表6-1。

表6-1　　　　　　　　　　变量定义和计算

变量名称	变量符号	变量计算
被解释变量		
新增银行贷款	Δborrowing	（t年银行贷款 - t-1年银行贷款）/t-1年总资产；银行贷款 = 短期银行贷款 + 长期银行贷款
资本投资	I	t年长期资本变动额/t-1年总资产
流动比率	current	（t年流动资产 - t年流动负债）/t年流动资产
解释变量		
营业收入增长率	groth	（t年营业收入 - t-1年营业收入）/t年营业收入
银行贷款抵押率	fix	t-1年银行贷款/t-1年固定资产净额；银行贷款 = 短期银行贷款 + 长期银行贷款
资产利润率	roa	t年营业利润/t-1年总资产
投资收益率	roe	t年营业利润/t-1年所有者权益
经营活动现金流	cashflow	t年经营活动现金流净额/t-1年总资产
资产负债率	level	t-1年负债总额/t-1年资产总额
经营风险	risk	t-1年至t-3年销售利润率的标准差
生产率	lnsales	t-1年人均营业收入的自然对数与t-1年行业营业收入均值的自然对数的差额

续表

变量名称	变量符号	变量计算
解释变量		
资本密度	lnkl	t-1 年净资产的自然对数
控制变量		
滞后一期的流动比率	$current_{t-1}$	(t-1 年流动资产 - t-1 年流动负债)/t-1 年流动资产
企业规模	size	t 年员工人数的自然对数
上市年龄	age	t 年企业上市年龄
相对 GDP 增长率	gdp	t-1 年相对 GDP 增长率
地区财政赤字	deficit	(财政支出—财政收入)/财政收入,滞后一期
当地失业率	unemploy	地区城镇登记失业率,滞后一期
行业	ind	根据 2012 年证监会行业分类标准设置行业哑变量,样本涉及 16 个行业,设置 15 个行业虚拟变量
年度	year	样本涉及 5 个年度,设置 4 个年度虚拟变量
省份	province	全国 31 个省份,设置 30 个省份虚拟变量

三 模型设定

1. 银行贷款估计方程

借鉴 Imai（2016）的研究，新增银行贷款函数的估计方程（6-1）如下：

$$\Delta borrowing_{i,t} = \alpha_0 + \alpha_1 groth_{i,t} + \alpha_2 roa_{i,t} + \alpha_3 level_{i,t} + \alpha_4 fix_{i,t} + \alpha_5 gdp_{i,t} \\ + \alpha_6 deficit_{i,t} + \alpha_7 unemploy_{i,t} + \alpha_8 ind_{i,t} + \alpha_9 year_{i,t} + \\ \alpha_{10} province_{i,t} + \mu_{i,t} \quad (6-1)$$

其中，$\Delta borrowing_{i,t}$ 是新增银行贷款；$groth_{i,t}$、$roa_{i,t}$、$level_{i,t}$、$fix_{i,t}$ 分别是营业收入增长率、资产利润率、负债率、银行贷款抵押率等指标。

鉴于中国僵尸企业形成机制是地方政府行政干预的结果，所以回归方程控制了诱发政府干预动机的因素，如相对 GDP 增长率、财政赤字、失业率等。在 Imai（2016）的模型中，控制因素是影响金融机构发放银行贷款的资本充足率和不良贷款率等指标。

在 Imai（2016）的模型中，将土地贷款率作为解释变量之一，因为日本企业从银行贷款时,特别是在中小企业融资中,土地常常被用作抵押物。土地抵押缓解了公司和银行之间的信息不对称。在中国制度背景下,企业拥有土地的使用权而无所有权,所以,单独的未有附着物的土地价值一般作为无形资产入账,且以历史成本计价,在企业资产总额中所占比例较小。大多数情况下,土地使用权连同建造物一并计入企业固定资产科目。因此,我们将抵押物扩展到整个固定资产范畴。

对样本总体,我们预计 α_4 的符号为负。也就是说,银行贷款相对于抵押物价值的比重越大,预期新增银行贷款越低。然而,对僵尸企业而言,我们希望 α_4 是正向的或者在统计上无关紧要,因为行政干预可能导致僵尸企业银行贷款对抵押物价值不敏感而出现预算软约束问题。

2. 企业投资估计方程

借鉴 Imai(2016)的研究,投资函数的估计方程(6-2)如下:

$$I_{i,t} = \gamma_0 + \gamma_1 \Delta borrowing_{i,t} + \gamma_2 roe_{i,t} + \gamma_3 cashflow_{i,t} + \gamma_4 level_{i,t} + \gamma_5 ind_{i,t} + \gamma_6 year_{i,t} + \gamma_7 province_{i,t} + \mu_{i,t} \quad (6-2)$$

其中,$I_{i,t}$、$roe_{i,t}$、$cashflow_{i,t}$ 分别是资本投资、投资收益率及现金流水平,$\Delta borrowing_{i,t}$ 为银行贷款方程计算的新增银行贷款。

在 Imai(2016)的模型中,采用边际 q 来代表企业投资收益率。边际 q 采用企业债务利息的贴现率和利润率进行计算,并通过资本折旧率进行调整。所用数据包括 Hayashi 和 Inoue(1991)所报道的资本股票序列和日本银行所报道的投资商品平减指数。由于中国资本市场弱式有效,我们采用净资产营业利润率代表企业投资收益率。

对整体样本来说,我们希望 γ_1、γ_2、γ_3 为正。当借款、投资收益率和现金流增加时,投资将扩大。对僵尸企业而言,我们希望 γ_2 在统计上是无关紧要的,因为新增贷款将被分配到低效使用的经营活动当中,僵尸企业并未进行高效投资。方程中变量的定义和计算详见表6-1。

第四节　实证结果

一　描述统计

变量描述统计如表6-2所示,为便于比较,我们只分析均值。僵尸企业以 Z1 为描述统计分析的基础。

表 6-2　描述统计

样本总体

panel a	N	平均数	标准差	中位数	最小值	最大值
Δborrowing	8862	0.026	0.134	0.000	-0.257	0.822
groth	8862	0.207	0.802	0.059	-0.638	6.095
roa	8862	0.042	0.087	0.031	-0.193	0.477
level	8862	0.495	0.216	0.497	0.069	1.019
fix	8862	3.926	14.987	0.638	0.000	119.825
I	8862	0.109	0.361	0.031	-0.286	2.886
roe	8862	0.071	0.210	0.067	-0.898	0.973
cashflow	8862	0.097	0.289	0.091	-1.171	1.253

僵尸企业（Z1）

panel b	N	平均数	标准差	中位数	最小值	最大值
Δborrowing	581	0.038	0.150	0.007	-0.257	0.822
groth	581	-0.009	0.669	-0.096	-0.638	6.095
roa	581	-0.074	0.060	-0.061	-0.193	0.163
level	581	0.674	0.177	0.682	0.125	1.019
fix	581	2.614	11.174	0.838	0.000	119.825
I	581	0.059	0.333	0.004	-0.286	2.886
roe	581	-0.245	0.316	-0.171	-0.898	0.973
cashflow	581	0.040	0.348	0.039	-1.171	1.253

非僵尸企业（NonZ1）

panel c	N	平均数	标准差	中位数	最小值	最大值
Δborrowing	8281	0.025	0.133	0.000	-0.257	0.822
groth	8281	0.223	0.808	0.068	-0.638	6.095
roa	8281	0.050	0.083	0.035	-0.193	0.477
level	8281	0.483	0.213	0.485	0.069	1.019
fix	8281	4.018	15.215	0.621	0.000	119.825
I	8281	0.113	0.363	0.032	-0.286	2.886
roe	8281	0.093	0.181	0.075	-0.898	0.973
cashflow	8281	0.101	0.284	0.094	-1.171	1.253

银行贷款（Δborrowing）均值在样本全体和非僵尸企业样本中分别

为 0.026 和 0.025，而在僵尸企业样本中为 0.038，表明僵尸企业获得较多的银行贷款支持。

营业收入增长率（groth）在样本全体和非僵尸企业样本中分别为 0.207 和 0.223，而在僵尸企业样本中为 -0.009，表明僵尸企业投资机会较少，主营业务收入是下降趋势。

资产利润率（roa）和负债率（level）在第四章已经分析，僵尸企业是低利润或亏损企业，其资产负债率较高，甚至是资不抵债的企业。

银行贷款抵押率（fix）均值在样本全体和非僵尸企业样本中分别为 3.926 和 4.018，而在僵尸企业样本中为 2.614，表明僵尸企业银行贷款占固定资产价值的比例较低，进一步说明僵尸企业银行贷款可能不受企业资产、负债等融资条件的限制。

资本投资（I）在样本总体的均值为 0.109，在非僵尸企业样本中的均值为 0.113，在僵尸企业中的均值为 0.059，表明总体上，僵尸企业投资机会和投资水平均较低，也进一步说明僵尸企业可能存在投资约束。

样本总体和僵尸企业的营业利润率和现金流是非常不同的。僵尸企业的营业利润率和现金流低于样本总体和非僵尸企业样本。这在第四章财务特征分析中已有描述。这可能反映了我们对僵尸企业的定义，因为在僵尸企业的识别中加入了一个利润标准。

二 僵尸企业银行贷款的影响因素

银行贷款函数的固定效应估计结果如表 6-3 所示。回归结果表明，在整体样本和非僵尸企业样本中，营业收入增长率均与新增贷款呈正相关关系，表明随着企业主营业务的扩张，企业需要外部融资来支撑业务增长。但是，在僵尸企业样本中，当僵尸企业以 Z1 衡量时，这种关系不显著。

企业利润率影响企业银行贷款，企业盈利状况越好，企业信用风险水平越低，越能够获得银行信贷资金的支持。所以，在整体样本和非僵尸企业样本，企业利润率与银行贷款正相关，这与经典资本结构理论中杠杆率与企业盈利负相关的实证结论一致。但在两个僵尸企业样本中，这种正相关关系不显著。

表6-3　　　　　僵尸企业银行贷款的固定效应回归

Δborrowing	(1) 全样本	(2) 僵尸企业 (Z1)	(3) 非僵尸企业 (NonZ1)	(4) 僵尸企业 (Z2)	(5) 非僵尸企业 (NonZ2)
groth	0.046***	0.016	0.044***	0.031*	0.043***
t值	(21.020)	(0.900)	(19.420)	(1.720)	(7.410)
roa	0.300***	0.355	0.420***	0.235	0.435***
t值	(11.650)	(1.570)	(14.990)	(1.390)	(6.860)
level	-0.253***	-0.094	-0.271***	-0.360***	-0.275***
t值	(-15.580)	(-0.720)	(-16.290)	(-3.660)	(-9.110)
fix	-0.001***	-0.001	-0.001***	0.001	-0.001**
t值	(-4.930)	(-0.460)	(-5.140)	(1.180)	(-2.360)
gdp	0.034	-0.056	0.033	0.007	-0.020
t值	(0.830)	(-0.370)	(0.740)	(0.100)	(-0.440)
deficit	0.002	-0.110	0.005	-0.032	0.000
t值	(0.160)	(-1.100)	(0.510)	(-1.340)	(0.040)
unemploy	0.019**	-0.024	0.021***	0.018	0.019**
t值	(2.410)	(-0.430)	(2.750)	(0.850)	(2.360)
ind	yes	yes	yes	yes	yes
year	yes	yes	yes	yes	yes
province	yes	yes	yes	yes	yes
观测值	8862	581	8281	1343	7519
组数	2258	350	2254	531	2170
组内 R^2	0.192	0.155	0.221	0.144	0.231

注：***、**、*分别表示在1%、5%、10%显著性水平下双尾显著。

企业杠杆率越高，偿债风险越大，企业从外部融资的机会越小。所以，在整体样本和非僵尸企业样本，企业杠杆率与银行贷款负相关。但是，在僵尸企业样本，当僵尸企业以Z1衡量时，这种负向关系不显著。

抵押物的价值影响了企业银行贷款，抵押率越高，剩余抵押价值越低，从银行获得的新增贷款也会越少。所以，在整体样本和非僵尸企业样本，抵押率与银行贷款负相关。但是，在两个僵尸企业样本，抵押率与银行贷款负相关的关系均不显著。这些结果支持了 Berglof 和 Roland（1997）提出的软约束假设。不良企业的抵押物价值下降，清算价值降低，债权人无法通过出售抵押物收回利润。因此，破产公司对银行没有任何激励。实证结果表明僵尸企业对固定资产等抵押物价值不敏感，存在预算软约束问题。

三 僵尸企业投资行为的影响因素

投资函数的固定效应估计结果如表6-4所示。在所有样本，不论是正常企业还是僵尸企业，新增银行贷款与企业投资均显著正相关，表明企业新增贷款促进了企业投资水平。

表6-4 僵尸企业投资行为的固定效应回归（Ⅳ）

I	（1）全样本	（2）僵尸企业（Z1）	（3）非僵尸企业（NonZ1）	（4）僵尸企业（Z2）	（5）非僵尸企业（NonZ2）
$\Delta borrowing$	0.777***	0.995***	1.546***	1.016***	1.546***
t 值	(32.270)	(3.170)	(18.890)	(5.120)	(17.600)
roe	0.316***	-0.025	0.429***	0.057	0.464***
t 值	(17.600)	(-0.600)	(5.840)	(1.330)	(5.320)
cashflow	0.158***	0.061	0.177***	0.107**	0.189***
t 值	(12.450)	(1.150)	(4.800)	(2.450)	(4.700)
level	0.235***	0.346	0.317***	-0.086	0.367***
t 值	(6.960)	(0.670)	(3.400)	(-0.320)	(3.470)
ind	yes	yes	yes	yes	yes
year	yes	yes	yes	yes	yes
province	yes	yes	yes	yes	yes
观测值	8862	581	8281	1343	7519
组数	2258	350	2254	531	2170
组内 R^2	0.241	0.566	0.425	0.493	0.424

注：***、**、* 分别表示在1%、5%、10%显著性水平下双尾显著。采用面板工具变量估计方法，工具变量为银行贷款方程中的营业收入增长率、资产利润率及抵押率。

关于投资收益率与资本投资的关系，在两个僵尸企业样本，投资收益率的估计值不显著，但对整体样本和非僵尸企业样本，投资收益率的估计值均显著为正。实证结果表明，虽然僵尸企业把银行贷款用于资本投资，但这些投资并没有改善企业盈利状况，也说明僵尸企业投资是低盈利项目或是没有生产力的项目。

在整体样本和非僵尸企业样本，现金流系数估计值均为正且在1%的水平下显著；但在僵尸企业样本，当僵尸企业以 Z1 衡量时，这种正向关系不显著。

至于资产负债率对投资的影响，资产负债率系数在两个僵尸企业样本中不显著，但对所有企业和非僵尸企业均为正且显著，说明非僵尸企业积极地将债务资本分配给投资。但僵尸企业负债率与资本投资的相关关系不明显，可能是僵尸企业缺乏投资机会所致。

综上，实证结果证实了假设 H6－1a、假设 H6－1b、假设 H6－2a 及假设 H6－2b，与 Imai（2016）的研究结论一致。也即，僵尸企业银行贷款不受抵押物价值的制约，存在预算软约束问题，僵尸企业新增贷款虽然促进了投资水平的提高，但并未改善投资收益，僵尸企业并未进行高效投资。

第五节　进一步分析

一　僵尸企业与融资行为

在分析僵尸企业银行贷款时，主要从抵押物价值的视角探讨预算软约束问题。理论分析表明，僵尸企业既存在政策性负担致的外生软约束，也存在由无效率投资诱发的内生性软约束。现代预算软约束理论认为，预算软约束企业对自身经营状况、债务风险、资产状况等融资限制不再敏感（罗长林、邹恒甫，2014）。下面具体分析僵尸企业融资行为的扭曲。

资产流动性和债务风险是僵尸企业显著区别于非僵尸企业的特征，资产流动性决定了僵尸企业短期偿债能力，流动比率指标是僵尸企业的测度标准之一，该指标代表信用风险水平，能够较好地反映僵尸企业和非僵尸企业之间融资行为的差异。在王万珺和刘小玄（2018）的研究中，采用现金流比率作为资本结构的代理变量，该变量也是僵尸企业识别的核心指标之一。因此，本章借鉴王万珺和刘小玄（2018）的研究，以流动比率指标代表企业融资行为，作为被解释变量。

根据资本结构理论，影响企业资本结构的市场因素主要包括负债率、经营风险、生产率及资本密度等（钟宁桦等，2016）。因此，以影响企业融资行为的这些市场因素为解释变量，构造固定效应回归模型，分析僵尸企业对融资行为的影响效应。

资本结构权衡理论认为企业存在最优负债率或目标营运资本（Banos-Caballero et al.，2013；钟宁桦等，2016），当上期流动比率偏离了最优值，企业会在下一期进行调整，以使实际流动比率趋近于最优流动比率，调整公式如下：

$$\text{current}_{i,t} - \text{current}_{i,t-1} = \lambda(\text{current}_{i,t}^* - \text{current}_{i,t-1}) \quad (6-3)$$

其中，λ是调整到最优流动比率的速度。

借鉴现有研究（王万珺、刘小玄，2018），为了检验流动比率的影响因素，构建如下基准模型（6-4）：

$$\begin{aligned}\text{current}_{i,t} = &\beta_0 + \beta_1 \text{current}_{i,t-1} + \beta_2 \text{level}_{i,t} + \beta_3 \text{risk}_{i,t} + \beta_4 \text{lnsales}_{i,t} + \\ &\beta_5 \text{lnkl}_{i,t} + \beta_6 \text{size}_{i,t} + \beta_7 \text{age}_{i,t} + \beta_8 \text{ind}_{i,t} + \beta_9 \text{year}_{i,t} + \beta_{10} \text{prov-} \\ &\text{ince}_{i,t} + \mu_{i,t}\end{aligned} \quad (6-4)$$

其中，被解释变量是流动比率，主要解释变量为资产负债率、经营风险、生产率、资本密度等指标，其他指标作为控制变量。解释变量代表了企业债务风险、经营状况及资产状况，非僵尸企业融资行为主要由这些市场因素决定，但僵尸企业存在预算软约束，其融资行为可能对这些市场因素不敏感。具体变量定义与计算见表6-1。

根据理论预期，流动比率代表短期偿债能力，受到企业杠杆率大小的影响。杠杆率越高，企业流动性水平和债务偿还能力水平相对越低。也就是说企业资产负债率的增加对流动比率产生负向影响。企业经营风险大小代表了利润波动情况，经营风险越大，企业获取未来经济利益流入的不确定性越高。为了防范风险，企业必须保持足够的流动性。经营风险越高，企业越可能保持较高的流动性水平，企业流动比率越大。经营风险与流动比率正相关。

生产率由企业人均营业收入和行业人均营业收入的差值表示，该指标越大，企业竞争力越高，越可能获得利润和经营活动现金流，企业内源性融资功能也越有效，从而提高企业的流动性和债务偿还能力。所以生产率与流动比率正相关。资本密度采用人均净资产来表示，是股本对债权的担保程度。该比率越大，说明企业用于债权融资的担保程度越大，或者说净资产越大，越有能力偿还债权，越代表较大的融资能力。该比率越大，也表示受到的融资约束越小，对流动性水平的要求越低。该比率与流动比率的关系是负向的。

表6-5报告了面板固定效应模型的估计结果，模型（1）是全样本的估计结果，模型（2）和模型（3）分别是僵尸企业和非僵尸企业的回归结果。回归结果表明在总体样本中，流动比率与滞后一期的流动比率正相关，其系数 $\beta_1 = 1 - \lambda$，λ 代表企业流动比率的调整速度。僵尸企业的调整速度（1-0.084）小于非僵尸企业的调整速度（1-0.070）。

表6-5　　　　　　　僵尸企业融资行为的固定效应回归

	(1)	(2)	(3)
current	全样本	僵尸企业（Z1）	非僵尸企业（NonZ1）
$current_{t-1}$	0.102***	0.084*	0.070***
t值	(7.550)	(1.890)	(5.080)
level	-1.229***	-0.519***	-1.126***
t值	(-8.570)	(-3.670)	(-7.310)
risk	0.102	-0.139**	0.087
t值	(1.610)	(-2.610)	(1.280)
lnsales	0.081***	-0.021	0.072**
t值	(3.070)	(-0.690)	(2.540)
lnkl	-0.030***	0.005	-0.017*
t值	(-3.210)	(1.040)	(-1.650)
size	-0.218***	-0.057*	-0.232***
t值	(-7.510)	(-1.890)	(-7.130)
age	0.265	-0.007	0.274
t值	(1.410)	(-0.900)	(1.450)

续表

	（1）	（2）	（3）
ind	yes	yes	yes
year	yes	yes	yes
province	yes	yes	yes
观测值	8862	581	8281
组数	2258	350	2254
组内 R^2	0.072	0.330	0.056

注：***、**、*分别表示在1%、5%、10%显著性水平下双尾显著。

负债率的系数在全样本、僵尸企业和非僵尸企业样本中均显著为负。在僵尸企业中，经营风险对流动比率有显著影响，但经营风险的符号与理论预期不一致。企业经营风险越大，对流动性水平的需求越高，所以经营风险与流动比率正相关，但僵尸企业经营风险与流动比率负相关，与理论预期不符。其他因素如生产率、资本密度等指标在僵尸企业模型中均不显著，说明决定僵尸企业流动比率的因素中，市场化因素失去效率。

在非僵尸企业样本中，生产率与流动比率显著正相关，表明生产率越高，企业效益越好，内源性融资功能越有效，企业流动性水平也越高。资本密度与流动比率显著负相关，说明净资产较大的企业，受到的融资约束越小，其要求的流动性水平越低，与理论预期一致。

比较模型（2）和模型（3），除了负债率，其他指标如经营风险、生产率及资本密度等市场因素对僵尸企业融资行为的影响不符合理论预期或没有显著影响，但非僵尸企业流动比率影响因素包括负债率、生产率及资本密度。也即，正常企业的融资行为受制于市场因素，而僵尸企业融资行为对市场因素相对不敏感。实证结果进一步表明僵尸企业存在预算软约束问题，其融资行为受到行政干预因素的影响，实证结果与王万珺和刘小玄（2018）的结论基本一致。

二　所有权性质与僵尸企业融资行为

下面分析所有权性质对僵尸企业融资行为的影响，回归结果见表6-6。在国有企业，流动比率的显著影响因素有负债率、经营风险、资本密度，生产率的影响不显著，但是经营风险的符号为负，与理论预期不符。在民营企业，负债率、经营风险、生产率及资本密度对流动比率均有显著影响，其影响方向也符合理论预期。因此相对而言，民营企业融资行为的决定因素更市场化。这也与国有企业行政干预程度较大、政策性负担较高、预算软约束问题严重的研究结论一致（林毅夫、林志赟，2004）。

表 6-6　　　　　所有权性质与僵尸企业融资行为（FE）

current	(1) 国有企业	(2) 民营企业	(3) 国有僵尸企业	(4) 国有非僵尸企业	(5) 民营僵尸企业	(6) 民营非僵尸企业
$current_{t-1}$	0.195***	0.029	0.111*	0.188***	0.044	0.001
t 值	(11.440)	(1.460)	(1.750)	(10.560)	(0.570)	(0.060)
level	-1.020***	-1.326***	-0.510***	-1.024***	-0.701*	-1.157***
t 值	(-4.550)	(-5.690)	(-3.050)	(-5.680)	(-1.890)	(-4.750)
risk	-0.272***	0.247***	-0.094	-0.316**	-0.167**	0.223**
t 值	(-3.060)	(2.720)	(-0.590)	(-3.250)	(-2.110)	(2.270)
lnsales	0.039	0.081*	-0.012	0.038	-0.028	0.068
t 值	(1.330)	(1.790)	(-0.030)	(1.230)	(-0.440)	(1.450)
lnkl	-0.052***	-0.031*	0.000	-0.052***	0.019	-0.010
t 值	(-5.070)	(-1.940)	(0.020)	(-3.810)	(1.010)	(-0.570)
size	-0.237***	-0.267***	-0.056	-0.229***	0.039	-0.265***
t 值	(-7.070)	(-5.390)	(-1.420)	(-6.070)	(0.520)	(-4.970)
age	0.163	0.051***	-0.009	0.165	-0.004	0.046***
t 值	(1.160)	(3.470)	(-1.050)	(1.130)	(-0.180)	(3.050)
ind	yes	yes	yes	yes	yes	yes
year	yes	yes	yes	yes	yes	yes
province	yes	yes	yes	yes	yes	yes
观测值	4506	4356	376	4130	205	4151
组数	992	1336	212	981	145	1331
组内 R^2	0.116	0.060	0.323	0.110	0.355	0.050

注：***、**、* 分别表示在1%、5%、10% 显著性水平下双尾显著。僵尸企业为 Z1。

进一步把僵尸企业分为国有僵尸企业和民营僵尸企业两组，表6-6的模型（3）和模型（5）显示，除了负债率对僵尸企业流动比率有显著影响外，经营风险、生产率及资本密度对流动比率的影响或者不显著，或者显著但影响方向与理论预期不符。回归结果表明，不论国有僵尸企业还是民营僵尸企业，其融资行为对市场化因素均不敏感，支持了僵尸企业存在预算软约束的假设。总体上，不论所有权性质如何，僵尸企业融资行为均受到非市场化因素干预的影响，僵尸企业融资行为是扭曲的。

表6-6的模型（4）和模型（6）是国有非僵尸企业和民营非僵尸企业的回归结果，其中，经营风险在国有企业样本中显著为负，但影响方向与理论预期不符；经营风险在民营企业样本中显著为正，与理论预期相符。所以，相对于国有非僵尸企业，决定民营非僵尸企业融资行为的市场化因素更明显。

三 政府竞争与僵尸企业融资行为

下面分析政府竞争环境对僵尸企业融资行为的影响，回归结果见表6-7。

表6-7　　　　　　晋升压力与僵尸企业融资行为（FE）

current	(1) 晋升压力较大地区企业	(2) 晋升压力较小地区企业	(3) 晋升压力较大地区僵尸企业	(4) 晋升压力较大地区非僵尸企业	(5) 晋升压力较小地区僵尸企业	(6) 晋升压力较小地区非僵尸企业
$current_{t-1}$	-0.179	0.131***	0.490***	-0.228***	0.069	0.077***
t值	(-1.640)	(9.160)	(6.690)	(-3.080)	(1.280)	(5.300)
level	-2.404*	-1.078***	-0.239	0.268	-0.517***	-1.106***
t值	(-1.850)	(-7.120)	(-1.170)	(0.280)	(-3.340)	(-6.700)
risk	-0.757*	0.138**	-0.096	-0.883*	-0.070	0.154**
t值	(-1.820)	(2.020)	(-1.120)	(-1.900)	(-1.030)	(2.110)
lnsales	-0.002	0.079***	0.054	-0.126	-0.006	0.085***
t值	(-0.010)	(2.850)	(1.040)	(-0.720)	(-0.200)	(2.800)
lnkl	-0.074	-0.019*	-0.074	0.059	0.000	-0.014

续表

current	（1）晋升压力较大地区企业	（2）晋升压力较小地区企业	（3）晋升压力较大地区僵尸企业	（4）晋升压力较大地区非僵尸企业	（5）晋升压力较小地区僵尸企业	（6）晋升压力较小地区非僵尸企业
t 值	（-1.020）	（-1.880）	（1.330）	（0.890）	（0.170）	（-1.210）
size	-0.366	-0.201***	-0.035	0.003	-0.032	-0.242***
t 值	（-1.510）	（-6.480）	（-1.150）	（0.010）	（-0.335）	（-5.350）
age	0.019	0.282	0.019**	-0.098	-0.011	0.283
t 值	（0.140）	（1.510）	（2.050）	（-0.760）	（-1.240）	（1.500）
ind	yes	yes	yes	yes	yes	yes
year	yes	yes	yes	yes	yes	yes
province	yes	yes	yes	yes	yes	yes
观测值	899	7963	67	832	514	7449
组数	753	2169	54	626	328	2141
组内 R^2	0.145	0.080	0.134	0.121	0.307	0.060

注：***、**、*分别表示在1%、5%、10%显著性水平下双尾显著。僵尸企业为Z1。

在晋升压力较大地区企业，对流动比率有显著影响的因素为负债率和经营风险，但经营风险的影响方向不符合理论预期，生产率和资本密度对流动比率的影响均不显著。在晋升压力较小地区企业，负债率、经营风险、生产率及资本密度对流动比率均有显著影响，其影响方向也符合理论预期。因此相对而言，晋升压力较小地区企业融资行为的决定因素更市场化。

进一步把僵尸企业分为晋升压力较大地区僵尸企业和晋升压力较小地区僵尸企业两组，如表6-7的模型（3）和模型（5）显示，除了负债率对僵尸企业流动比率有显著影响外，经营风险、生产率及资本密度对流动比率的影响均不显著。回归结果表明，不论晋升压力较大地区僵尸企业还是晋升压力较小地区僵尸企业，均存在预算软约束问题，重要的市场化因素对其融资行为的影响均不明显。因此，总体而言，不管政府竞争环境如何，僵尸企业融资行为均受到行政干预因素的影响。

表6-7的模型（4）和模型（6）是晋升压力较大地区非僵尸企业和晋升压力较小地区非僵尸企业的回归结果。在晋升压力较大地区非僵

尸企业，只有经营风险显著，但符号与理论预期不符；在晋升压力较小地区非僵尸企业，负债率、经营风险、生产率及资本密度均显著，影响方向也符合理论预期。所以，相对而言，决定晋升压力较小地区非僵尸企业融资行为的市场化因素更明显。

综上，进一步分析的研究结果表明所有权性质、政府竞争等制度因素影响了企业融资行为。僵尸企业融资行为对经营风险、生产率、资本密度等市场化因素相对不敏感，存在预算软约束问题。同时，不论国有僵尸企业、晋升压力较大地区僵尸企业，还是民营僵尸企业、晋升压力较小地区僵尸企业，其融资行为均受到行政干预因素的影响，也表明预算软约束超出了所有权性质、政府竞争等制度范围。僵尸企业融资行为的扭曲不受所有权性质、政府竞争等制度环境的影响。

第六节 稳健性检验

本章对银行贷款方程和投资行为方程进行了如下变量替换。以银行贷款指标 [$\Delta borrowing2$（t 年长期负债 – t – 1 年长期负债）/t – 1 年总资产] 代替银行贷款指标 [$\Delta borrowing$（t 年银行贷款 – t – 1 年银行贷款）/t – 1 年总资产]，第二个银行贷款指标记为 $\Delta borrowing2$；以资产利润率（t 年净利润/t – 1 年总资产）代替资产利润率（t 年营业利润/t – 1 年总资产），第二个利润率指标记为 roa2；以贷款抵押率 fix2（t – 1 年银行贷款/t – 1 年固定资产总额）代替贷款抵押率 fix（t – 1 年银行贷款/t – 1 年固定资产净额），其中固定资产总额 = 固定资产净额 + 在建工程 + 工程物资，第二个贷款抵押率指标记为 fix2；重新回归银行贷款方程（6 – 1），回归结果如表 6 – 8 所示。

表 6 – 8　　　　　稳健性检验——变量替换（FE）（一）

$\Delta borrowing2$	（1）全样本	（2）僵尸企业（Z1）	（3）非僵尸企业（NonZ1）	（4）僵尸企业（Z2）	（5）非僵尸企业（NonZ2）
groth	0.024 ***	0.090	0.023 ***	0.08	0.023 ***
t 值	(15.610)	(0.630)	(13.950)	(0.790)	(5.820)

续表

$\Delta borrowing2$	(1) 全样本	(2) 僵尸企业 (Z1)	(3) 非僵尸企业 (NonZ1)	(4) 僵尸企业 (Z2)	(5) 非僵尸企业 (NonZ2)
roa2	0.189***	0.155	0.250***	0.112	0.241***
t值	(10.270)	(0.960)	(11.750)	(1.400)	(5.360)
level	-0.123***	-0.062	-0.129***	-0.220***	-0.121***
t值	(-10.420)	(-0.670)	(-10.440)	(-2.790)	(-6.260)
fix2	-0.005***	0.002	-0.0005***	-0.001	-0.0005*
t值	(-3.600)	(0.530)	(-3.320)	(-0.210)	(-1.650)
gdp	-0.001	0.031	-0.009	0.001	-0.016
t值	(-0.003)	(0.280)	(-0.290)	(0.020)	(-0.450)
deficit	0.003	-0.002	0.002	0.005	-0.000
t值	(0.480)	(-0.030)	(0.200)	(0.220)	(-0.040)
unemploy	0.008	-0.002	0.010*	0.009	0.009
t值	(1.440)	(-0.050)	(1.750)	(0.590)	(1.500)
ind	yes	yes	yes	yes	yes
year	yes	yes	yes	yes	yes
province	yes	yes	yes	yes	yes
观测值	8862	581	8281	1343	7519
组数	2258	350	2254	531	2170
组内 R^2	0.119	0.141	0.132	0.114	0.134

注：***、**、*分别表示在1%、5%、10%显著性水平下双尾显著。

对于投资函数 (6-2)，以投资指标 I (t年总资产变动金额/t-1年总资产) 代替投资指标 (t年长期资本变动金额/t-1年总资产)，第二个投资指标记为 I2，其回归结果如表6-9所示。

稳健性检验结果表明，僵尸企业新增债务融资基本上与营业收入、利润率、杠杆率及资产抵押率等企业特征因素不相关，具体见表6-8；僵尸企业新增贷款虽然与投资水平正相关，但投资水平与投资收益率不相关，具体见表6-9。总体上，检验结果仍支持僵尸企业存在预算软约束和投资机会约束的假设，上文实证结论仍稳健。

表6-9　　　稳健性检验——变量替换（Ⅳ）（二）

I2	(1)全样本	(2)僵尸企业(Z1)	(3)非僵尸企业(NonZ1)	(4)僵尸企业(Z2)	(5)非僵尸企业(NonZ2)
Δborrowing	4.067***	2.065***	4.109***	2.230***	4.176***
t值	(16.300)	(2.400)	(15.810)	(3.680)	(14.840)
roe	0.898***	-0.052	1.253***	0.145	1.416***
t值	(5.200)	(-0.480)	(5.160)	(1.100)	(4.850)
cashflow	0.424***	0.036	0.455***	0.290**	0.486***
t值	(3.590)	(0.290)	(3.420)	(2.020)	(3.210)
level	0.572**	1.968	0.634**	-0.283	0.773**
t值	(2.120)	(0.990)	(2.090)	(-0.260)	(2.240)
ind	yes	yes	yes	yes	yes
year	yes	yes	yes	yes	yes
province	yes	yes	yes	yes	yes
观测值	8862	581	8281	1343	7519
组数	2258	350	2254	531	2170
组内 R²	0.307	0.632	0.323	0.441	0.321

注：***、**、*分别表示在1%、5%、10%显著性水平下双尾显著。采用面板工具变量估计方法，工具变量为银行贷款方程中的营业收入增长率、资产利润率及抵押率。

第七节　小结

相对于宏观效应研究，僵尸企业在微观层面的负面效应研究文献较少。本章从投融资行为的视角探讨了僵尸企业的微观效应。微观主体的投融资活动不仅对企业经营业绩具有决定作用，还是宏观经济可持续发展的支撑点。同时，债务问题的解决对清理处置僵尸企业的重要性是不言而喻的。所以，实证分析僵尸企业投融资行为的特征具有重要理论意义和实践价值。具体而言，基于预算软约束理论，本章探讨了僵尸企业对银行贷款及投资行为的作用，并进一步分析了僵尸企业融资行为的特征。主要实证结论如下：

第一，对僵尸企业银行贷款行为的分析表明，僵尸企业银行贷款对抵押物价值不敏感，表明僵尸企业存在预算软约束问题，导致僵尸企业银行贷款扭曲。

第二，对僵尸企业投资行为的分析表明，僵尸企业新增贷款虽然促进了投资水平的增加，但僵尸企业投资与投资收益率指标的相关性不明显，这可能因为僵尸企业把获得的银行贷款投向了低生产率和低盈利的项目。实证结果表明僵尸企业存在投资机会约束问题。

第三，进一步分析僵尸企业融资行为的影响因素，实证结果表明僵尸企业资金配置活动受到非市场化因素的干预，进一步表明僵尸企业存在预算软约束问题。不论所有权性质及政府竞争环境如何，相对而言，僵尸企业融资行为对市场化因素均不敏感，也即，僵尸企业预算软约束不受所有权性质及政府竞争等因素的影响。

总体而言，本章从企业微观主体视角，证实了僵尸企业存在预算软约束问题，导致银行贷款及融资行为的扭曲。僵尸企业投资机会缺乏，新增贷款的资本配置效率较差，并未给僵尸企业带来有利的投资收益。然而，僵尸企业作为一个整体，在宏观上，如何影响经济发展，第七章将具体进行分析。

本章所用僵尸企业川化股份案例，其司法重整前后财务情况比较如表6-10所示。

表6-10　　僵尸企业川化股份司法重整前后财务状况比较　　单位：万元

会计期间	司法重组前						司法重组后	
	2010年	2011年	2012年	2013年	2014年	2015年	2016年	2017年
非流动资产	257874	250726	231926	191535	89008	39993	11	332759
资产总计	337795	311001	315488	293345	134995	71981	294268	678521
短期借款	57746	60846	65740	55040	57940	82829	0	15000
长期借款	45763	31783	15886	22311	4680	0	0	166833
长期负债	45763	31783	15886	56164	10785	0	0	166833
非流动负债	47902	33924	18021	58236	19897	8298	0	167506
负债合计	167403	162681	169175	217706	222726	234794	8874	310891
所有者权益	170392	148320	146513	75639	-87731	-162813	285394	367630

续表

	司法重组前						司法重组后	
营业总收入	200577	198702	211982	181092	84215	31963	181240	650912
营业利润	-25527	-28152	-10573	-66659	-158951	-72325	36855	29010
利润总额	-26704	-26758	212	-65215	-157420	-70445	86648	29393
净利润	-21876	-22277	155	-71205	-164678	-71057	86536	38155
经营现金流净额	-1396	16087	37554	-11774	-5965	-15594	-117827	-4524
政府补助	1779.44	1467.73	8007.95	1362.21	1314.68	1718.50	2913.97	0.00
政府补助占比	0.01	0.01	0.04	0.01	0.02	0.05	0.02	0.00
资产增长	0.05	-0.08	0.01	-0.07	-0.54	-0.47	3.09	1.31
非流动资产增长	0.05	-0.03	-0.07	-0.17	-0.54	-0.55	-1.00	29966
负债增长	0.31	-0.03	0.04	0.29	0.02	0.05	-0.96	34.03
流动比率	0.67	0.47	0.55	0.64	0.23	0.14	33.16	2.41
资产负债率	0.50	0.52	0.54	0.74	1.65	3.26	0.03	0.46
资产利润率	-0.06	-0.07	0.00	-0.24	-1.22	-0.99	0.29	0.06
净资产利润率	-0.13	-0.14	0.00	-0.33	-0.74	-0.30	0.29	0.06
业务结构	传统产能过剩的能源业务						新型能源业务	

注：货币资金占比=货币资金/总资产；银行贷款占比=银行贷款/负债总计；政府补助占比=政府补助/营业收入。该公司在2013—2015年连续三年被识别为僵尸企业。

第七章

企业僵尸化的经济后果：
基于经济增长

第一节 引言

本章基于企业僵尸化的宏观效应探讨僵尸企业的治理措施。党的十九大报告指出，"我国经济已由高速增长阶段转向高质量发展阶段"，其中提高供给体系质量、建设现代经济体系成为经济高质量发展的主攻方向。随着供给侧结构性改革的推进，僵尸企业成为经济高质量发展的障碍，清理处置僵尸企业以破除无效供给成为供给侧结构性改革的重要抓手。在此背景下，本章实证分析僵尸企业对经济增长的直接影响，以期为僵尸企业治理提供具体措施和建议。

僵尸企业的负面经济效应研究是现有文献关注的核心内容，僵尸企业不仅对微观主体的决策行为（Diamond & Rajan，2000；Imai，2016）、会计信息质量（戴泽伟、潘松剑，2018）带来负面影响，也对就业、生产率、企业竞争力、创新和环境保护等宏观经济方面造成威胁（Ahearne & Shinada，2005；Hoshi，2006；Caballero et al.，2008；Tan et al.，2016；肖兴志、黄振国，2019；王永钦等，2018；王守坤，2018），同时僵尸企业的存在恶化了资本配置效率，增加了银行系统性风险（刘莉亚等，2019；王海林、高颖超，2019）。所以僵尸企业成为一些地区、一些领域的风险和隐患（Urionabarrenetxea et al.，2018）。研究文献对僵尸企业的宏观效应进行了较多探讨，但尚未有文献实证检验僵尸企业对经济增长的直接影响。

经济增长包括数量和质量两个维度。持续多年的经济高速增长使中国经济总量跃居世界第二，人均收入也迈入中高收入世界经济体行列。在这一过程中，中国经济发展面临着结构失衡、环境污染加剧、经济效率低下、收入差距拉大等外延式和粗放式发展问题（陈诗一、陈登科，2018；魏敏、李书昊，2018），同时也导致经济在区域之间的非均衡增长（任保平等，2019）。大而不强，质量不高，是中国经济建设面临的不争事实，严重制约着经济高质量强国建设。

随着经济发展方式的转型，现有文献仍聚焦于经济增长数量的关注，对经济增长质量及其相关的扩展研究明显不足和滞后（魏敏、李书昊，2018）。一部分文献对经济增长质量进行测度，如任保平等（2012，2019）开发的经济增长质量总指数及其分项指数。部分文献探讨了企业投资（郝颖等，2014）、雾霾污染（陈诗一、陈登科，2018）对经济发展质量的影响。程名望等（2019）研究发现，在改革开放之初，经济增长主要依靠"汗水"（投资）驱动，但其贡献率随着时间的推移在下降，"灵感"（知识技术和创新）对经济的推动作用在增强，而且经济发达地区的经济增长更依赖于"灵感"，经济欠发达地区的经济增长更依赖于"汗水"。

图7-1是2017年GDP规模（GDPsize）、GDP增长率（GDPgroth）与经济增长质量指数（jjzzzlzs）的比较[①]。广东、江苏、山东的GDP规模排在前三位，但GDP增长率和经济增长质量指数并不是前三位。GDP增长率排在前三位的是上海、重庆、贵州，经济增长质量指数排在前三位的是广东、江苏、北京。因此，经济不发达的地区省份，如重庆、贵州，它们的GDP增长率较高，但GDP规模和经济增长质量指数均较低，均排在全国后十位。

从GDP规模与GDP增长率的比较趋势可见，随着地区GDP规模的降低，GDP增长率并未随之同步降低，中西部经济不发达的省份，其GDP增长率在全国都是较高的。这可能与近十几年国家推行的西部大

[①] GDP数据来自CSMAR数据库（单位：亿元），经济增长质量指数数据来自书本《中国经济发展质量报告——新时代下中国经济的高质量发展》（任保平等，2019）。

开发政策有关。同样，GDP规模与经济增长质量指数也不成比例。具体而言，在河北、河南、四川、湖南等GDP规模排名前十的地区，经济增长质量均较低。相反，北京、天津、福建这些省份的GDP规模虽然不是较大，但经济增长质量指数排在全国前列。所以，GDP规模和经济增长质量存在地区差异。

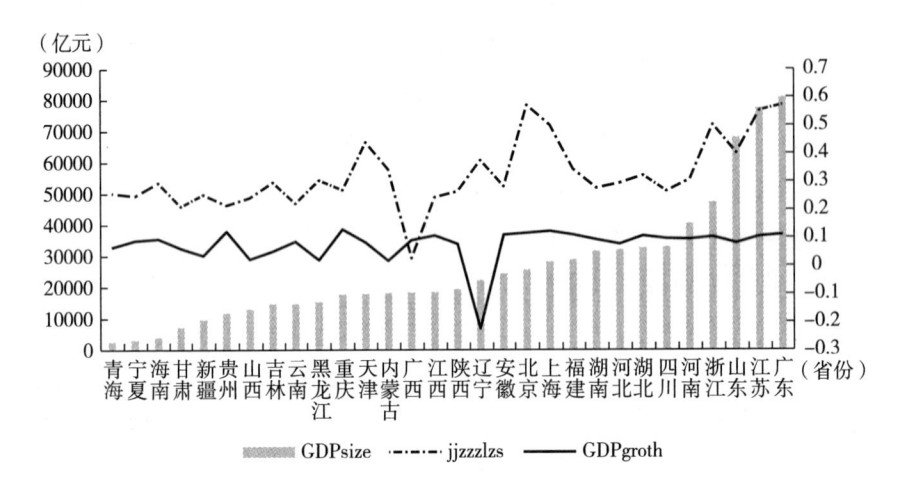

图7-1 GDP规模与经济增长质量的地区差异比较

本章结合当前阶段僵尸企业治理对供给侧结构性改革的重要性，在政府干预理论的分析框架之下，实证分析僵尸企业对GDP增长和经济增长质量的影响，并结合不同经济规模、区域环境及市场化程度等异质性因素，探讨地区差异对僵尸企业与经济增长二者关系的影响，研究结果具有鲜明的实践价值和理论意义。

本章研究发现僵尸企业与地区GDP增长的相关关系不明显，僵尸企业与经济增长质量负相关。异质性分析表明，在经济规模较小地区、中西部区域及市场化进程较低地区，僵尸企业与GDP增长正相关；在经济规模较大地区、东部区域及市场化进程较高地区，僵尸企业与GDP增长负相关。同时，僵尸企业对经济增长质量的抑制作用在经济规模较小地区、经济欠发达的中西部地区及市场化进程较低的地区更明显。本章所得结论给现阶段加速出清僵尸企业、助推经济高质量发展的国家政策提供了证据支持。

本章贡献在于实证检验了僵尸企业对经济增长数量和质量两个维度的不同影响。总体上，僵尸企业与GDP增长没有显著的相关关系，但僵尸企业对GDP增长的作用受到地区差异的影响。经济规模、市场化进程及区域环境等因素影响地方政府干预经济活动的动机和手段，进而影响僵尸企业与GDP增长的关系，研究结果表明地方政府在僵尸企业清理处置工作中具有重要作用；同时，僵尸企业抑制了经济增长质量的提高。本章研究结果不仅丰富了僵尸企业经济后果方面的相关文献，也拓展了经济高质量发展影响因素方面的相关研究。

本章重要的政策启示有三点。第一，能够通过改革和完善地方政府官员政绩考核机制，来优化僵尸企业清理处置制度。第二，由于僵尸企业对经济增长的影响存在地区差异，僵尸企业清理处置的宏观政策应因地制宜。第三，对企业微观主体来说，为避免"僵尸化"或摆脱僵尸状态，增加自身创新能力和提高生产率至关重要。

本章后续结构安排如下：第二节提出研究假设；第三节介绍研究设计；第四节报告实证结果；第五节对研究问题进一步分析；第六节报告稳健性检验结果；第七节陈述研究结论。

第二节　研究假设

一　僵尸企业与GDP增长

承第三章理论分析，基于官员晋升锦标赛假说，为了实现GDP增长、税收及就业等目标，地方政府成为推动经济增长的主要动力（李俊生、姚东旻，2018）。在微观领域，政府干预的作用形式能够通过国有股权或国有产权对企业产生具体影响（David，1996，1998）。因而，政府行政干预深度参与到经济活动之中。

行政干预对宏观经济的增长具有推动作用已经得到理论和实证检验证据的支持。行政干预经济发展的结果之一是造成大量低效经营的僵尸企业（聂辉华等，2016）。这些僵尸企业虽不具备持续经营能力，但有利于地区GDP增长、税收、就业等政治目标的实现，所以地方政府对僵尸企业千方百计地进行"输血"支持。一方面，GDP政绩考核目标导致地方政府通过干预企业投资和规模扩张等形式而拉动GDP增长。地方政府对企业投资行为的干预活动得到实证证据的支持（赵静、郝颖，2013；步丹璐等，2018），特别是行政干预导致国有企业过度投资问题更严重（唐雪松等，2010）。因此，在以GDP为主要量化考核目标的政治晋升锦标赛假说之下，地方政府通过干预企业投资和企业规模的形式对企业经营活动进行影响，不仅可能导致企业僵尸化，而僵尸企业也可能推动地区GDP的增长。

另一方面，税收、就业也是地方政府重要的政治目标，维稳是官员任期内主要的政绩诉求。比如，江西民营上市公司"SW"（赛维）案例。"SW"作为当地第一家在美国上市的公司和江西全省第二大纳税企业，在2011年出现亏损陷入困境，国家开发银行等7大银行及信托等金融机构是其主要债权人。为解决"SW"危机，地方政府动用财政资金偿还了部分银行债务，并拨款垫付工人工资。这个案例表明税收、就业等目标的实现也是地方政府干预经济活动的主要动机。地方政府为了保证就业，对低效率的僵尸企业持续进行资源支持，但同时也在干扰企业的员工用人计划，造成僵尸企业员工冗余程度加大和人工成本增加，降低企业经营效率和经济产出。因此，低效率经营的僵尸企业也可能抑制了地区GDP增长。

理论分析和现实案例表明，对中国上市公司而言，基于GDP增长、税收、就业等目标，地方政府的行政干预造成大量低效率经营的僵尸企业。一方面，地方政府对GDP增长的政绩诉求可能导致企业盲目扩张和过度投资，从而拉动当期GDP增长。另一方面，地方政府为了税收、就业等目标的实现，增加了企业经营成本，抑制了企业经营效率和经济产出，也可能不利于GDP增长的提高。

综上，基于地方政府的GDP增速、税收、就业等政治目标对GDP增长的作用可能不同，前者可能助推GDP增长，后者可能抑制GDP增长。因此，提出如下两个对立假设：

H7-1a：省份僵尸企业密度与地区GDP增长正相关；

H7-1b：省份僵尸企业密度与地区GDP增长负相关。

二 僵尸企业与经济增长质量

地方政府出于政治晋升目标对经济干预的负面作用得到较多经验证

据的支持，特别是在国有企业，行政干预对企业经营业绩和价值的负面效应更明显，导致国有企业经营效率低下（Shleifer & Vishny，1994；林毅夫、林志赟，2004；夏立军、方轶强，2005）。实证研究结果表明国有企业成为僵尸企业泛滥的重灾区，国有企业甚至成为僵尸企业的代名词（谭语嫣等，2017；黄少卿、陈彦，2017；方明月等，2018）。

实体经济发展离不开金融产业的支持，而中国国有商业银行的主导地位造成银行成为政府干预经济活动的手段之一。政府的"攫取之手"通过货币政策和强制的金融政策表现出来。在地方政府主导下，银行信贷资金配置可能流向优先扶持的产业部门，使其他产业的融资成本高涨。资本配置的歧视性还可能推动通货膨胀，工资和材料采购价格等企业成本随之增加，从而加剧了企业经营困难。政府行政干预之下，银行信贷资本对低效率企业的支持导致了僵尸企业的产生，从而助推了资本配置效率的恶化（刘莉亚等，2019；王海林、高颖超，2019）。

总体而言，地方政府为了实现政绩考核目标，对低效率企业进行银行贷款或其他资源支持，使僵尸企业能够存活下去，但潜伏的经济风险及其对经济的负面影响也是显而易见的（Urionabarrenetxea et al.，2018）。大量实证研究证实了僵尸企业对生产率、环境保护、就业增长、创新活力、企业竞争水平等经济发展的威胁和破坏，甚至可能迫使健康的企业也成为僵尸企业（Caballero et al.，2008；McGowan et al.，2017；Shen & Chen，2017；王守坤，2018）。僵尸企业助推了高能耗、高污染、低收益的主要依赖资源和低成本劳动力等要素驱动的粗放型经济增长方式的发展，损害了经济发展质量和效益。

基于以上分析，提出如下假设：

H7－2：省份僵尸企业密度与地区经济增长质量负相关。

三 经济规模、僵尸企业与经济增长

在不同经济规模下，僵尸企业对 GDP 增长和经济增长质量的影响是不同的。根据经济增长理论，在经济增长的早期阶段，经济发展以数量扩张为主要目标，经济增长的驱动因素主要来自基本生产要素，比如廉价劳动力、土地、矿产等资源，并主要以投资拉动 GDP 增长，全要素生产率较低。所以在经济总量较低的地区，经济结构失衡和波动较大，经济发展追求规模的扩张，不注重结构纠偏和资本配置效率。经济

结构的偏差和错配进而导致经济系统的自组织能力、自我调整能力受限，各层次经济结构之间的良性传递机制不能有效发挥，化解经济风险的能力和容量相对较低（任保平、文丰安，2018）。

当经济总量积累到一定阶段，随着工业化的全面推进，经济增长整体水平逐步提高，经济增长从依靠资本、劳动力等生产要素向依靠技术、制度、结构等因素转变，生产效率提升。经济增长逐步改变投资驱动的路径，而趋向于通过创新、技术等要素而实现经济发展（Arthur, 1989；魏敏、李书昊，2018；任保平等，2019）。在工业化水平提升的整个过程当中，通过经济各结构之间的良好配合，形成稳定的自治系统，能够抵抗外部环境的较大冲击（Aghion & Howitt, 2007；Jorgenson & Kevin, 2008；任保平、文丰安，2018）。所以，经济规模较大的地区，内外治理环境相对较为完善，市场化进程较高，发现或应对经济风险的能力和机制相对较好。相应地，经济规模较大地区的企业生产经营活动较为有效，低效率企业的数量较少。

由于地方经济发展的非平衡性，僵尸企业对地区经济增长影响的传导机制可能存在差异。在经济总量较小的地区，经济增长的速度成为地方政府的核心目标，地方政府更可能通过干预企业投资和扩大企业规模等形式而达到 GDP 增长的目标，造成企业产能过剩、投资过度等问题，从而使企业陷入僵尸化困境。但企业投资和规模扩张推动了当期 GDP 增长。同时，资本物化过程导致的资源滥用使经济陷入粗放式增长的恶性循环，企业在生产经营过程当中，产生过高的能耗、物耗与环境成本，减损经济增长的质量。所以，在经济规模较小地区，僵尸企业对经济增长质量的负向影响较为明显。

因此，在经济规模较小地区，地方政府的主要目标在于 GDP 增长，通过干预企业投资和企业规模扩张等形式而达到目的，造成企业陷入僵尸化状态；但资本扩张也同时损害了经济增长质量。经济规模较小地区僵尸企业可能推动 GDP 增长，但僵尸企业对经济增长质量的抑制作用也更大。

在经济规模较大地区，地方政府的主要政治目标在于就业和维稳，对经济增长质量的关注也逐步加强，而不是盲目追求 GDP 扩张。地方政府对企业的干预主要通过员工就业计划的形式进行，造成企业员工成本增大。即使企业经营活动效率低下，但为了保证就业，地方政府会通过外部输血而使企业存续下去。员工冗余导致僵尸企业经营成本上升，经营效率和产出下降，对 GDP 增长具有负面作用。经济规模较大地区的僵尸企业可能与 GDP 增长负相关。另外，在较大的经济体量中，经济自我调节机制较好，甚至可以化解僵尸企业对经济增长质量的负面影响。所以，经济规模较大地区的僵尸企业对经济增长质量的抑制作用可能不明显。

基于上述分析，提出如下假设：

H7-3a：在经济规模较小地区，省份僵尸企业密度与地区 GDP 增长正相关；在经济规模较大地区，省份僵尸企业密度与地区 GDP 增长负相关。

H7-3b：相对于经济规模较大地区，省份僵尸企业密度与地区经济增长质量负相关的关系在经济规模较小地区更明显。

第三节 研究设计

一 数据来源和样本选择

承第四章，样本数据来自 CSMAR 数据库，研究样本为中国沪深交易所 A 股上市公司，包括退市上市公司。研究数据涵盖期间为 2007—2016 年。参照已有文献对样本进行删除，经过筛选后，最终得到 2012—2016 年的 2258 家样本公司，共 8862 个样本观测值。根据第三章僵尸企业测度标准，最终得到两个僵尸企业样本，分别标记为 Z1 和 Z2。本章以 Z1 为基准分析，Z2 在稳健性检验中使用。

本章目标在于实证检验省份层面僵尸企业密度对省份经济增长的影响。经济增长质量数据采用《中国经济发展质量报告——新时代下中国经济的高质量发展》（任保平等，2012；2019）及其系列丛书中的经济增长质量指数。由于经济质量指数没有西藏数据，所以全国省份为 30 个。经汇总省份僵尸企业数据，最后得到省份—年度观测值 150 个（30 个省份 * 5 个年度）。为了描述方便，将各省、自治区和直辖市统一简称为省份。各地区 GDP 规模、增速、人力资本投资、地方财政收入、失业率等数据由 CSMAR 区域经济数据库或中国统计局网站国家数据库下载①。

二　变量定义

1. 被解释变量

经济增长数量以 t+1 期各省份 GDP 增长率表示；经济增长质量以《中国经济发展质量报告——新时代下中国经济的高质量发展》及其系列丛书中的经济质量指数表示（任保平等，2012；2019），分别为 t+1 年的经济增长质量总指数和 t+1 年的经济增长效率、经济增长结构、经济增长稳定性、福利变化与成果分配、资源利用与生态环境代价、国民经济素质 6 项分指数。

2. 解释变量

省份层面僵尸企业密度，即省份僵尸企业状况。借鉴谭语嫣等（2017）、李旭超和鲁建坤（2018）计算僵尸企业的方式，采用三种加权方式，分别为僵尸企业数量占全省企业数量的比例、僵尸企业资产占全省企业资产的比例及僵尸企业负债占全省企业负债的比例。

3. 控制变量

参照以往研究（郝颖等，2014；谭语嫣等，2017；李旭超、鲁建坤，2018；陈诗一、陈登科，2018），控制变量的选择既有影响经济发展的指标，又包括影响僵尸企业的指标，具体为人力资本投资、劳动力增长率、财政收入比率、当地财政赤字、地区失业率等。

4. 分组变量

经济规模，参照郝颖等（2014）的研究，按 GDP 规模大小划分，GDP 规模在 2.5 万亿元以上，为经济规模较大的地区，赋值 1；其他为经济规模较小的地区，赋值 0。区域环境和市场化进程的划分标准见第四章第二节变量定义。

本章变量具体定义和计算见表 7-1。

三　模型设定

为了检验假设 H7-1 和假设 H7-2，分别设立如下方程：

$$GDPgroth_{i,t+1} = \beta_0 + \beta_1 Zquantity_{i,t}/Zasset_{i,t}/Zliability_{i,t} + \beta_2 controls_{i,t} + \mu_{i,t}$$

(7-1)

---

① 中国国家统计局国家数据库下载网址：http://data.stats.gov.cn/easyquery.htm? cn = E0101。

$$Y_{i,t+1} = \beta_0 + \beta_1 Zquantity_{i,t}/Zasset_{i,t}/Zliability_{i,t} + \beta_2 controls_{i,t} + \mu_{i,t}$$

$$(7-2)$$

表 7-1　　　　　　　　　　变量定义和计算

变量名称	变量符号	变量计算
被解释变量		
GDP 增长率	GDPgroth/gdpgroth	（t+1 年省份国内生产总值 - t 年省份国内生产总值）/t 年省份国内生产总值
经济增长质量	jjzzzlzs	t+1 年的经济增长质量总指数
经济增长效率	ecogrowthr	t+1 年的经济增长效率指数
经济增长结构	ecostructure	t+1 年的经济增长结构指数
经济增长稳定性	ecostabiltty	t+1 年的经济增长稳定性指数
福利变化与成果分配	flbhcgfp	t+1 年的福利变化与成果分配指数
资源利用与生态环境代价	zihj	t+1 年的资源利用与生态环境代价指数
国民经济素质	gmjjsz	t+1 年的国民经济素质指数
人均 GDP	lnmangdp	t+1 年省份人均国内生产总值，取自然对数
解释变量		
僵尸企业数量占比	Zquantity	t 年省份僵尸企业数量合计/t 年省份企业数量总计
僵尸企业资产占比	Zasset	t 年省份僵尸企业资产合计/t 年省份企业资产总计
僵尸企业负债占比	Zliability	t 年省份僵尸企业负债合计/t 年省份企业负债总计
分组变量		
经济规模	Dgdpsize	以 t 年 GDP 收入为划分标准，GDP 收入在 2.5 万亿以上，为经济规模较大的地区，赋值 1；否则为 0
区域环境	Zone	东部区域为 1，中西部区域为 0
市场化进程	Market	市场化程度低地区为 1，否则为 0
控制变量		
当期 GDP 增长率	gdpgroth$_{t-1}$	（t 年省份国内生产总值 - t-1 年省份国内生产总值）/t 年省份国内生产总值
人力资本投资	human	t 年省份初中以上在校学生/t 年省份总人口

续表

变量名称	变量符号	变量计算
劳动力增长率	labor	t 年度省份就业人口增长率
财政收入比率	gov	t 年度省份财政收入/t 年度省份 GDP
地区财政赤字	deficit	（财政支出—财政收入）/财政收入，滞后一期
当地失业率	unemploy	地区"城镇登记失业率"，滞后一期

在方程（7-1）和方程（7-2），controls 代表一组控制变量，包括人力资本投资、劳动力增长率、财政收入比率、当地财政赤字、地区失业率等指标。$Y_{i,t+1}$ 代表经济增长质量总指数和经济增长效率、经济增长结构、经济增长稳定性、福利变化与成果分配、资源利用与生态环境代价、国民经济素质 6 项分指数。为检验经济规模、区域环境、市场化进程等异质性因素对僵尸企业与经济增长关系的影响，方程（7-1）和方程（7-2）同时进行异质性因素的分组回归。

第四节　实证结果

一　描述统计

变量描述统计见表 7-2。在删除西藏之后，僵尸企业数量占比均值为 0.085、僵尸企业资产占比均值为 0.078、僵尸企业负债占比均值为 0.095，僵尸企业占比最小值为 0，说明某些年份的省份没有僵尸企业。

表 7-2　　　　　　　　　　　描述统计

Panel a	N	平均数	标准差	中位数	最小值	最大值
Zquantity	150	0.085	0.057	0.080	0.000	0.2917
Zasset	150	0.078	0.085	0.040	0.000	0.4275
Zliability	150	0.095	0.103	0.051	0.000	0.4678
gdpgroth	150	0.078	0.047	0.085	-0.224	0.190
gdpgroth$_{t-1}$	150	0.085	0.045	0.089	-0.224	0.202

续表

Panel a	N	平均数	标准差	中位数	最小值	最大值
lnmangdp	150	10.821	0.400	10.710	10.050	11.768
jjzzzlzs	150	1.355	1.975	0.878	0.026	13.190
ecogrowthr	150	0.517	0.618	0.122	0.007	2.617
ecostructure	150	1.660	2.770	0.375	0.034	19.311
ecostabiltty	150	0.539	1.326	0.183	0.015	10.750
flbhcgfp	150	0.571	0.808	0.079	0.012	4.025
zihj	150	0.890	1.453	0.542	0.019	11.897
gmjjsz	150	0.404	0.947	0.090	-0.747	9.645
human	150	0.088	0.012	0.086	0.062	0.121
labor	150	0.000	0.002	0.000	-0.009	0.007
gov	150	0.234	0.526	0.114	0.007	3.279
deficit	150	1.192	0.948	1.106	0.074	5.373
unemploy	150	3.349	0.648	3.400	1.200	4.500

GDP增长率最低值为-0.224，最大值为0.190，说明省份之间GDP增速差异较大，有的省份是两位数的高速增长，有的省份是负增长；人均GDP最小值为10.050，最大值为11.768，说明各省份人均GDP差异较小。经济增长质量总指数最大值为13.190，最小值为0.026，中位数为0.878，均值为1.355，说明地区之间经济增长质量差异较大，多数样本的经济增长质量小于均值。相应地，经济增长质量分项指数，如经济增长效率、经济增长结构、经济增长稳定性、福利变化与成果分配、资源利用与生态环境代价、国民经济素质，在地区之间的差异也较大。

控制变量人力资本投资最小值为0.062，最大值为0.121，均值为0.088，中位数为0.086，说明该指标在地区之间差异较小，也说明人口大省或人力资本大省并非经济发展大省。劳动增长率的最小值为-0.009，最大值为0.007，说明某些省份劳动人口增长率在下降，可能是经济发展欠发达导致人口外流所致。财政收入比率的最小值为0.007，最大值为3.279，均值为0.234，中位数为0.114，说明由于GDP规模差异较大，地方财政收入差异也较大，多数省份的财政收入比率小于均值。财政赤字的最小值为 0.074，最大值为 5.373，说明地区之间财政亏损或盈余状况的差异较大。省份失业率最小值为 1.200，最大值为 4.500，均值为 3.349，中位数为 3.400，说明地区之间人口就业状态的差别较大。

二　僵尸企业对 GDP 增长的影响

按前文理论假说，本章解释变量是一个省份的僵尸企业状况或密度，并采用三个指标来衡量，即僵尸企业数量占比（Zquantity）、僵尸企业资产占比（Zasset）及僵尸企业负债占比（Zliability）。僵尸企业对 GDP 增长的影响如表 7-3 所示。

在控制了相关变量对 GDP 增长的影响后，Zquantity 的系数为 -0.015，Zasset 的系数为 0.003，Zliability 的系数为 0.013，但三者在统计上均不显著，说明省份僵尸企业密度与地区 GDP 增长没有显著的相关关系。

表 7-3　僵尸企业对地区 GDP 增长和经济增长质量的影响

	gdpgroth			jjzzzlzs		
Zquantity	-0.015			-1.185***		
t 值	(-0.870)			(-3.260)		
Zasset		0.003			-0.857***	
t 值		(0.270)			(-3.870)	
Zliability			0.013			-0.981***
t 值			(1.370)			(-5.260)
human	0.484***	0.491***	0.501***	44.309***	43.694***	43.461***
t 值	(5.500)	(5.730)	(5.740)	(9.940)	(9.970)	(9.760)
labor	0.311	0.356	0.351	16.564	21.089**	20.897*
t 值	(0.500)	(0.580)	(0.570)	(1.600)	(2.000)	(1.990)
gov	-0.001	-0.001	-0.002*	-0.135***	-0.142***	-0.132***
t 值	(-1.550)	(-1.620)	(-1.800)	(-4.920)	(-5.160)	(-4.810)
deficit	-0.000	-0.001	-0.001	-0.493***	-0.500***	-0.494***
t 值	(-0.420)	(-0.720)	(-0.900)	(-14.230)	(-14.380)	(-14.380)
unemploy	-0.000	-0.001	-0.001	-0.316***	-0.301***	-0.29**

续表

	gdpgroth			jjzzzlzs		
t 值	(-0.130)	(-0.400)	(-0.720)	(-2.900)	(-2.720)	(-2.620)
cons	0.035**	0.035**	0.035**	-0.929*	-0.955*	-0.954*
t 值	(3.430)	(3.380)	(3.370)	(-1.660)	(-1.710)	(-1.700)
观测值	150	150	150	150	150	150
F 值	10.830***	10.090***	10.240***	77.730***	83.490***	77.380***
adj-R²	0.014	0.014	0.015	0.180	0.180	0.181

注：***、**、*分别表示在1%、5%、10%显著性水平下双尾显著。

在控制变量中，省份人力资本投资越大，GDP增长率越高，财政收入比率越大，GDP增长率越低，而其他控制变量如劳动增长率、地方财政赤字、失业率等均无显著性。总体结果表明，僵尸企业与GDP增长没有显著的相关关系。本章假设H7-1a和假设H7-1b没有得到证明，即总体上，僵尸企业与GDP增长的相关关系不显著。

三 僵尸企业对经济增长质量的影响

表7-3的后三列是僵尸企业对经济增长质量总指数的回归结果。在控制了相关变量对经济增长质量总指数的影响后，Zquantity的系数为-1.185，且在1%的统计水平下显著，说明省份僵尸企业数量越多，经济增长质量总指数越小；Zasset与Zliability的系数也显著负相关，说明省份僵尸企业资产占比越高，经济增长质量总指数越小，省份僵尸企业负债占比越高，经济增长质量总指数越小。

对于控制变量，人力资本投资和劳动增长率等指标与经济增长质量总指数显著正相关，财政收入比率、地方赤字及失业率等指标与经济增长质量总指数显著负相关。所以，无论僵尸企业采用数量、资产、负债哪种加权方式衡量，省份僵尸企业密度与经济增长质量总指数均是负相关关系，说明僵尸企业的存在降低了地区经济增长质量。

僵尸企业对经济增长效率、经济增长结构、经济增长稳定性、福利变化与成果分配、资源利用与生态环境代价、国民经济素质6项分指数回归结果见表7-4（Panel a、Panel b、Panel c）。

当以经济增长效率指数（ecogrowthr）为被解释变量时，Zquantity

的系数为正，但在统计上不显著；Zasset 和 Zliability 的估计值均显著为负。回归结果总体表明僵尸企业对地区经济增长效率具有显著负向影响。当以经济增长结构指数（ecostructure）为被解释变量时，Zquantity 的系数为负，但在统计上不显著；Zasset 和 Zliability 的估计值均显著为负。所以，回归结果显示，僵尸企业对地区经济增长结构的影响也是负向的，省份僵尸企业越多，其经济增长结构也越不协调。

表 7 – 4   僵尸企业对经济增长质量分项指数的影响（Panel a）

	ecogrowthr			ecostructure		
Zquantity	0.084			-0.336		
t 值	(0.460)			(-0.550)		
Zasset		-0.665***			-1.155***	
t 值		(-6.000)			(-2.850)	
Zliability			-0.611***			-1.549***
t 值			(-6.500)			(-4.690)
human	2.821**	2.174*	2.155*	46.420***	45.378***	44.824***
t 值	(2.330)	(1.760)	(1.750)	(8.150)	(7.950)	(7.870)
labor	9.069	9.478*	9.225	-12.342	-10.144	-10.25
t 值	(1.580)	(1.660)	(1.620)	(-0.630)	(-0.520)	(-0.530)
gov	-0.036***	-0.036***	-0.030**	-0.137**	-0.140**	-0.125**
t 值	(-2.860)	(-2.960)	(-2.470)	(-2.170)	(-2.220)	(-2.000)
deficit	-0.099***	-0.089***	-0.087***	-0.290***	-0.281***	-0.270***
t 值	(-7.600)	(-7.350)	(-7.260)	(-5.350)	(-5.240)	(-5.080)
unemploy	-0.089***	-0.058**	-0.056**	-0.372**	-0.328**	-0.301*
t 值	(-3.380)	(-2.140)	(-2.100)	(-2.410)	(-2.090)	(-1.920)
cons	0.677***	0.680***	0.681***	-0.991	-0.997	-0.995
t 值	(4.900)	(4.880)	(4.880)	(-1.260)	(-1.270)	(-1.260)
观测值	150	150	150	150	150	150
F 值	20.870***	28.290***	30.100***	18.610***	19.050***	21.890***
adj – R^2	0.038	0.046	0.048	0.076	0.077	0.080

注：***、**、* 分别表示在 1%、5%、10% 显著性水平下双尾显著。

当以经济增长稳定性指数（ecostabiltty）为被解释变量时，Zquantity 的系数显著为正；Zasset 和 Zliability 的系数估计值均为正，但均不显著。当以福利变化与成果分配指数（flbhcgfp）为被解释变量时，Zquantity、Zasset 和 Zliability 的系数均显著为负。回归结果表明，僵尸企业与地区福利变化与成果分配指数负相关，省份僵尸企业越多，越不利于该地区福利变化与成果分配指数的提高。

表7-4　僵尸企业对经济增长质量分项指数的影响（Panel b）

	ecostabiltty			flbhcgfp		
Zquantity	1.094***			-0.836***		
t 值	(2.950)			(-4.100)		
Zasset		0.023			-1.297***	
t 值		(0.110)			(-9.670)	
Zliability			0.163			-1.150***
t 值			(0.820)			(-10.050)
human	22.252***	22.089***	22.241***	7.605***	6.512***	6.519***
t 值	(6.680)	(6.510)	(6.540)	(3.730)	(3.150)	(3.160)
labor	9.173	5.770	5.681	-1.923	1.963	1.443
t 值	(0.830)	(0.490)	(0.480)	(-0.310)	(0.320)	(0.230)
gov	-0.053***	-0.048***	-0.049***	0.006	0.001	0.012
t 值	(-4.120)	(-3.630)	(-3.660)	(0.350)	(0.040)	(0.810)
deficit	-0.165***	-0.149***	-0.151***	-0.195***	-0.191***	-0.188***
t 值	(-7.340)	(-6.900)	(-6.960)	(-11.070)	(-11.520)	(-11.470)
unemploy	-0.309***	-0.289***	-0.296***	-0.108***	-0.067*	-0.066*
t 值	(-5.790)	(-5.260)	(-5.350)	(-2.980)	(-1.770)	(-1.770)
cons	-0.292	-0.267	-0.267	0.571**	0.554**	0.554**
t 值	(-1.440)	(-1.300)	(-1.300)	(2.580)	(2.510)	(2.510)
观测值	150	150	150	150	150	150
F 值	14.330***	147.560***	13.860***	27.300***	37.910***	38.680***
adj-R²	0.050	0.050	0.050	0.080	0.093	0.095

注：***、**、*分别表示在1%、5%、10%显著性水平下双尾显著。

当以资源利用与生态环境代价指数（zihj）为被解释变量时，Zquantity、Zasset 和 Zliability 的系数均显著为负。回归结果显示，僵尸企业与资源利用与生态环境代价指数负相关，省份僵尸企业越多，其资源利用与生态环境成本越高。这也说明僵尸企业更多是高能耗高污染企业。当以国民经济素质指数（gmjjsz）为被解释变量时，Zquantity 的系数为负但不显著，Zasset 和 Zliability 估计值为负且显著。回归结果显示，僵尸企业对地区国民经济素质的影响是负向的。僵尸企业很多是劳动密集型产业，拥有大量低技能职工，存在劳动力转移和再就业困难，所以对地区国民经济素质的提高造成不利影响。

综上分析，僵尸企业与经济增长质量总指数显著负相关，除了经济增长稳定性指数之外，与其他各项分指数也显著负相关。总体实证结果表明僵尸企业的存在造成经济效率恶化、经济结构不协调、资源和环境成本较高等经济问题，不利于地区经济成果的分配效率和人民福利的提高，并影响国民经济素质的提升。因此，无论以经济增长质量总指数衡量，还是以各项分指数替代，僵尸企业与经济增长质量均显著负相关，实证结果证实了假设 H7-2。

表7-4　僵尸企业对经济增长质量分项指数的影响（Panel c）

	zihj			gmjjsz		
Zquantity	-0.896***			-0.337		
t值	(-3.610)			(-1.610)		
Zasset		-0.343*			-0.98***	
t值		(-1.710)			(-7.520)	
Zliability			-0.499***			-0.879***
t值			(-3.250)			(-7.880)
human	9.313***	9.139***	8.932***	5.480***	4.606***	4.599***
t值	(4.060)	(4.010)	(3.920)	(4.230)	(3.620)	(3.630)
labor	-11.314	-8.199	-8.203	14.669***	16.694***	16.309***
t值	(-1.470)	(-1.070)	(-1.070)	(2.780)	(3.190)	(3.120)
gov	-0.126***	-0.131***	-0.126***	-0.021	-0.024	-0.015
t值	(-4.860)	(-5.130)	(-4.940)	(-0.880)	(-1.010)	(-0.640)

续表

	zihj			gmjjsz		
deficit	-0.246***	-0.255***	-0.251***	0.013	0.021	0.023
t 值	(-13.570)	(-13.780)	(-13.710)	(0.560)	(0.880)	(0.980)
unemploy	-0.102	-0.105	-0.095	-0.165***	-0.129**	-0.128**
t 值	(-1.080)	(-1.090)	(-0.990)	(-2.680)	(-2.030)	(-2.020)
cons	0.703	0.683	0.683	0.458	0.452	0.452
t 值	(1.530)	(1.480)	(1.480)	(1.570)	(1.540)	(1.540)
观测值	150	150	150	150	150	150
F 值	100.580***	122.390***	123.760***	10.700***	25.250***	26.430***
adj-R^2	0.104	0.103	0.104	0.028	0.042	0.044

注：***、**、*分别表示在1%、5%、10%显著性水平下双尾显著。

四 不同经济规模下僵尸企业对经济增长的影响

表7-5报告了不同经济规模下僵尸企业对经济增长的影响。

1. 不同经济规模下僵尸企业对GDP增长的影响

当经济规模较小时，Zquantity的系数不显著，Zasset和Zliability的系数均显著为正，总体上表明僵尸企业与GDP增长正相关。在经济规模较大地区，Zquantity、Zasset和Zliability的系数均显著为负，表明僵尸企业与GDP增长显著负相关。

因此，僵尸企业与GDP增长的关系因经济规模的不同而存在差异。僵尸企业是行政干预的结果。在经济规模较小时，GDP增长是地方政府的主要政绩诉求，更可能通过干预企业投资和资本扩张而达到目的；在经济规模较大地区，GDP增长目标的重要性不再凸显，就业维稳成为地方政府的主要政治任务，更可能通过干预企业用工计划而实现目标，造成僵尸企业经营成本增加和经济产出减少，不利于GDP增长。实证结果证实了假设H7-3a。

2. 不同经济规模下僵尸企业对经济增长质量的影响

当以经济增长质量总指数为被解释变量时，在经济规模较小地区，Zquantity、Zasset和Zliability的系数均显著为负。回归结果显示，三种形式衡量的省份僵尸企业密度均与经济增长质量指数显著负相关，与理

表7-5 不同经济规模下僵尸企业对经济增长的影响

	经济规模较小				经济规模较大			
	gdpgroth		jjzzzlzs		gdpgroth		jjzzzlzs	
Zquantity	0.029		-3.058***			-0.228***		13.436*
t值	(1.530)		(-7.970)			(-6.080)		(1.920)
Zasset	0.041***			-1.463***	-0.276***		1.743	
t值	(3.560)			(-5.730)	(-4.290)		(0.610)	
Zliability		0.035***		-1.447***		-0.159***		1.015
t值		(3.630)		(-6.870)		(-3.830)		(0.430)
human	0.096	0.135	37.047***	34.968***	1.530***	1.720***	1.738***	72.137	66.828	66.670
t值	(1.080)	(1.450)	(7.840)	(7.570)	(6.850)	(7.020)	(6.840)	(1.030)	(0.920)	(0.910)
labor	3.636***	3.477***	3.484***	5.376	23.213*	22.842*	-3.398***	-2.691***	-3.262***	-14.843	10.837	14.377
t值	(4.550)	(4.250)	(4.240)	(0.440)	(1.810)	(1.780)	(-4.700)	(-4.450)	(-4.910)	(-0.160)	(0.110)	(0.150)
gov	0.000	0.001	0.000	-0.153	-0.174	-0.158*	-0.082***	0.041	-0.002	1.869	1.796	2.063
t值	(0.510)	(1.000)	(0.500)	(-3.830)	(-4.380)	(-4.050)	(-2.850)	(1.280)	(-0.080)	(0.240)	(0.190)	(0.220)
deficit	-0.004***	-0.004***	-0.004***	-0.440***	-0.460***	-0.457***	0.056***	0.054***	0.056***	-0.836	-0.459	-0.471
t值	(-3.620)	(-3.660)	(-3.690)	(-12.140)	(-12.230)	(-12.240)	(6.500)	(6.580)	(6.290)	(-1.010)	(-0.470)	(-0.480)
unemploy	-0.002	-0.003	-0.003	-0.134	-0.092	-0.087	-0.021***	-0.024***	-0.024***	-1.010	-0.755	-0.749
t值	(-0.750)	(-1.610)	(-1.530)	(-0.890)	(-0.590)	(-0.560)	(-6.500)	(-6.200)	(-6.650)	(-1.090)	(-0.790)	(-0.780)
cons	0.075***	0.077***	0.077***	-0.772	-0.885	-0.879	-0.007	-0.021	-0.023	-2.013	-1.818	-1.807
t值	(7.820)	(8.110)	(8.050)	(-0.990)	(-1.120)	(-1.110)	(-0.370)	(-1.040)	(-1.060)	(-0.340)	(-0.270)	(-0.270)
观测值	105	105	105	105	105	105	45	45	45	45	45	45
F值	5.780***	6.720***	6.590***	59.080***	75.410***	68.080***	12.030***	12.660***	12.100***	1.510	1.260	1.270
adj-R^2	0.022	0.027	0.027	0.228	0.219	0.222	0.174	0.225	0.185	0.197	0.159	0.158

注：***、**、*分别表示在1%、5%、10%显著性水平下双尾显著。

论预期一致。当经济规模较小时，经济发展以高能耗、高污染的粗放型经济发展模式为主导，全要素生产效率较低，环境资源代价较高，人力资本价值较低，低效经营的僵尸企业更是其中的代表。所以，在经济规模较小地区，僵尸企业与经济增长质量负相关。

在经济规模较大地区，Zquantity 的系数显著为正，Zasset 和 Zliability 的估计值为正但均不显著。实证结果总体表明随着经济规模的扩张，经济系统内部调节机制增强，对僵尸企业风险的化解能力增大，僵尸企业对经济增长质量的负面影响不再明显。

综上，僵尸企业与经济增长质量的关系因经济规模的不同而不同。在经济规模较小时，僵尸企业问题对经济增长质量的负面影响较显著。在经济规模较大地区，僵尸企业对经济增长质量的负面影响不再明显。实证结果证实了假设 H7 – 3b。

第五节　进一步分析

一　区域环境、僵尸企业与经济增长

区域环境影响企业生产经营的内外部治理环境，不仅是因为地区文化、资源、基础设施等传统因素的不同，还缘于国家发展战略、产业政策、政府控制等制度因素的差异。因此，有必要进一步分析区域环境对僵尸企业经济后果的影响，其回归结果见表 7 – 6。

1. 不同区域环境下僵尸企业对 GDP 增长的影响

在中西部区域，Zquantity 的系数不显著，Zliability 和 Zasset 的系数均显著为正。回归结果总体表明，中西部区域僵尸企业与 GDP 增长正相关。在东部区域，Zquantity、Zasset 和 Zliability 的系数均显著为负。回归结果显示，三种形式衡量的僵尸企业均与 GDP 增长负相关。

因此，中西部地区僵尸企业与 GDP 增长是正相关关系，而东部区域僵尸企业与 GDP 增长呈负相关关系。实证结果与不同经济规模下僵尸企业与 GDP 增长关系的结果相互印证。

2. 不同区域环境下僵尸企业对经济增长质量的影响

在中西部区域，Zquantity、Zasset 和 Zliability 的系数均显著为负。中西部区域的经济规模较小，经济结构偏差大、经济效率差，应对或消

表7-6 不同区域环境下僵尸企业对经济增长的影响

	中西部区域			东部区域		
	gdpgroth	jjzzlzs		gdpgroth	jjzzlzs	
Zquantity	0.017		-1.117***	16.845**		
t值	(0.910)		(-4.850)	(2.280)		
Zasset		0.032***		-0.376**		2.624	2.504
t值		(2.680)		(-2.640)		(0.620)	(0.580)
Zliability		0.030***			-0.326***	-0.291***	
t值		(2.950)			(-3.690)	(-3.740)	
human	-0.077	-0.008	-0.001	17.936***	16.630***	16.373***	52.087	51.781	51.6
t值	(-0.470)	(-0.050)	(-0.000)	(10.060)	(9.020)	(8.780)	(1.390)	(1.330)	(1.320)
labor	3.550***	3.517***	3.514***	-25.21***	-18.74***	-18.93***	-32.536	22.415	24.213
t值	(4.750)	(4.580)	(4.560)	(-3.700)	(-2.730)	(-2.750)	(-0.230)	(0.150)	(0.150)
gov	-0.000	-0.000	-0.000	-0.206***	-0.209***	-0.204***	1.481	1.918	1.961
t值	(-0.070)	(-0.030)	(-0.430)	(-17.880)	(-19.830)	(-18.450)	(0.210)	(0.270)	(0.270)
deficit	-0.003**	-0.002**	-0.003**	-0.096***	-0.098***	-0.099***	-2.062	-1.537	-1.553
t值	(-2.380)	(-2.300)	(-2.260)	(-7.410)	(-7.310)	(-7.410)	(-1.590)	(-1.100)	(-1.080)
unemploy	0.001	-0.000	-0.000	0.239***	0.237***	0.239***	-0.908	-0.757	-0.749
t值	(0.240)	(-0.100)	(-0.070)	(7.430)	(7.490)	(7.530)	(-0.940)	(-0.770)	(-0.760)
cons	0.084***	0.079***	0.077***	-1.318***	-1.274***	-1.241***	0.148	0.322	0.311
t值	(4.420)	(4.000)	(3.880)	(-7.110)	(-6.740)	(-6.470)	(0.040)	(0.080)	(0.080)
观测值	90	90	90	90	90	90	60	60	60
F值	5.110***	5.940***	6.250***	85.370***	100.660***	102.090***	20.370***	20.640***	20.590***
adj-R^2	0.021	0.025	0.026	0.124	0.114	0.117	0.203	0.164	0.164

注：***、**、*分别表示在1%、5%、10%显著性水平下双尾显著。

化外部冲击的能力和容量较小，所以，僵尸企业对经济增长质量的负面影响较为明显。

在东部区域，Zquantity 的系数显著为正，Zasset 和 Zliability 的系数为正，但没有显著性。回归结果总体表明，东部发达地区僵尸企业对经济增长质量的负面影响不明显。其原因是东部地区的经济规模较大，经济自我修复功能及自我调节机制相对较大，僵尸企业对其经济增长质量的影响不明显。

综上，僵尸企业与经济增长质量的负相关关系在中西部区域更明显，在东部区域不明显。实证结果与不同经济规模下僵尸企业与经济增长质量关系的结论基本一致。

二 市场化进程、僵尸企业与经济增长

区域市场化进程既是区域经济发展差异造成的结果，也是制度环境影响的结果。所以，市场化进程的划分与区域环境的划分具有较大程度的重合性。但它们的评价标准侧重点是不同的。区域环境按天然地理位置分类，市场化进程的划分标准侧重于市场与政府的关系、产品市场、要素市场、非国有经济、市场中介及制度环境等市场发育程度方面的因素。因此，进一步实证分析不同市场化进程对僵尸企业与经济增长关系的影响也是必要的，其回归结果见表 7-7。

1. 不同市场化程度下僵尸企业对 GDP 增长的影响

在市场化程度较低区域，Zquantity 的系数不显著，Zliability 和 Zasset 的系数均显著为正。回归结果表明，市场化程度较低地区僵尸企业与 GDP 增长正相关。在市场化程度较高地区，Zquantity 的系数不显著，Zasset 和 Zliability 的系数均显著为负。回归结果总体显示，僵尸企业与 GDP 增长负相关。

因此，市场化进程较低地区僵尸企业与 GDP 增长是正相关关系，市场化进程较高地区僵尸企业与 GDP 增长呈负相关关系。实证结果再次印证了不同经济规模下和不同区域环境下僵尸企业对 GDP 增长不同影响的结论。

2. 不同市场化程度下僵尸企业对经济增长质量的影响

在市场化进程较低区域，Zquantity 和 Zliability 的系数显著为负，Zasset 的系数为 -0.159，但没有显著性。在市场化进程较高区域，

表7-7　不同市场化进程下僵尸企业对经济增长的影响

	市场化程度较低				市场化程度较高			
	gdpgroth		jjzzzlzs		gdpgroth		jjzzzlzs	
Zquantity	-0.007				0.006			
t值	(-0.400)				(0.150)			
Zasset		0.034***	-0.159			-0.292***	3.268	
t值		(2.900)	(-1.090)			(-3.470)	(0.630)	
Zliability		0.030***		-0.283**				
t值		(3.020)		(-2.350)		-0.122**		
t值						(-2.610)		
human	0.282**	0.272**	11.337***	10.644***	0.810***	0.828***	53.191	52.983	52.797
t值	(2.290)	(2.170)	(7.200)	(6.730)	(4.260)	(4.330)	(1.280)	(1.240)	(1.240)
labor	0.294	0.361	-3.769	0.808	-0.201	0.201	21.521	110.787	116.552
t值	(0.460)	(0.560)	(-0.620)	(0.130)	(-0.130)	(0.120)	(0.090)	(0.550)	(0.570)
gov	-0.001	-0.001	-0.145***	-0.147***	-0.067	0.022	1.276	1.015	1.405
t值	(-1.550)	(-1.420)	(-11.160)	(-12.210)	(-1.430)	(0.730)	(0.120)	(0.080)	(0.110)
deficit	0.001	0.001	-0.161***	-0.163***	0.014**	0.023***	-3.807***	-3.124**	-3.124**
t值	(0.720)	(0.750)	(-12.170)	(-11.970)	(1.990)	(2.710)	(-2.740)	(-2.420)	(-2.430)
unemploy	0.003	0.002	0.001	0.006	-0.011***	-0.010***	-1.446	-1.119	-1.110
t值	(1.570)	(0.710)	(0.020)	(0.140)	(-3.730)	(-3.280)	(-1.270)	(-0.990)	(-0.980)
cons	0.037***	0.040***	0.266	0.239	0.038***	0.034**	2.135	1.781	1.782
t值	(2.780)	(2.990)	(1.290)	(1.160)	(3.040)	(2.520)	(0.590)	(0.440)	(0.440)
观测值	100	100	100	100	50	50	50	50	50
F值	1.970*	2.790*	84.240***	99.070***	11.180***	10.950***	20.210***	24.300***	21.320***
adj-R^2	0.005	0.010	0.122	0.115	0.043	0.057	0.242	0.202	0.201

注：***、**、*分别表示在1％、5％、10％显著性水平下双尾显著。

Zquantity 的系数显著为正，Zasset 和 Zliability 的系数均不显著。回归结果总体表明，僵尸企业对经济增长质量的抑制作用在市场化程度较低地区更明显，在市场化程度较高地区不明显。实证结果同样印证了不同经济规模下和不同区域环境下僵尸企业对经济增长质量不同影响的实证结论。

总体而言，区域环境和市场化进程对僵尸企业与经济增长的关系具有显著影响。实证结果与不同经济规模下僵尸企业对经济增长不同影响的实证结论基本一致。

第六节 稳健性检验

一 变量替换

针对模型（7-1）和模型（7-2），首先增加控制变量。因为本期 GDP 增长率会受到前期 GDP 增长的影响，同时 GDP 增长也可能影响经济增长质量。所以，把滞后一期的 GDP 增长率作为控制变量，回归结果见表 7-8。

表 7-8　　　　　　稳健性检验——控制变量

	gdpgroth			jjzzzlzs		
Zquantity	0.012			-1.003***		
t 值	(0.900)			(-2.980)		
Zasset		0.005			-0.846***	
t 值		(0.520)			(-4.210)	
Zliability			0.015**			-0.964***
t 值			(2.200)			(-5.610)
gdpgroth$_{t-1}$	0.494***	0.493***	0.494***	3.194***	3.279***	3.263***
t 值	(11.590)	(11.740)	(11.680)	(6.820)	(6.970)	(7.000)
human	0.316***	0.319***	0.332***	43.222***	42.557***	42.338***
t 值	(4.330)	(4.500)	(4.570)	(9.360)	(9.300)	(9.280)
labor	-1.379**	-1.420**	-1.427**	5.638	9.284	9.147
t 值	(-2.180)	(-2.270)	(-2.270)	(0.540)	(0.880)	(0.870)

续表

	gdpgroth			jjzzzlzs		
gov	0.001	0.001	0.000	-0.123***	-0.128***	-0.119***
t值	(0.650)	(0.750)	(0.580)	(-4.490)	(-4.640)	(-4.320)
deficit	-0.002**	-0.001*	-0.001**	-0.500***	-0.505***	-0.499***
t值	(-2.090)	(-1.960)	(-2.230)	(-14.760)	(-14.780)	(-14.770)
unemploy	-0.003***	-0.003**	-0.004***	-0.338***	-0.320***	-0.309***
t值	(-2.820)	(-2.710)	(-3.210)	(-3.120)	(-2.910)	(-2.810)
cons	0.020**	0.021**	0.020**	-1.026*	-1.050*	-1.049*
t值	(2.000)	(2.050)	(2.040)	(-1.860)	(-1.900)	(-1.900)
观测值	150	150	150	150	150	150
F值	29.610***	25.440***	25.190***	99.580***	90.810***	90.370***
adj-R²	0.231	0.231	0.232	0.178	0.180	0.181

注：***、**、*分别表示在1%、5%、10%显著性水平下双尾显著。

回归结果显示僵尸企业与GDP增长的相关关系依然不明显，僵尸企业对经济增长质量的抑制作用依然显著，本章基本结论仍稳健。

采用僵尸企业Z2指标，按数量、资产、负债三种加权方式，汇总分别计算省份僵尸企业密度，并分别标记为Zquantity2、Zasset2及Zliability2。对模型（7-1）和模型（7-2）进行重新回归，回归结果见表7-9。

表7-9　　　　稳健性检验——变量替换（僵尸企业测度）

	gdpgroth			jjzzzlzs		
Zquantity2	-0.052			0.292		
t值	(-1.110)			(1.190)		
Zasset2		-0.043*			-0.460***	
t值		(-1.770)			(-3.730)	
Zliability2			-0.037			-0.500***
t值			(-1.660)			(-4.190)
human	0.315	0.274	0.275	44.686***	43.791***	43.635***
t值	(1.000)	(0.880)	(0.880)	(10.000)	(9.830)	(9.830)

续表

	gdpgroth			jjzzzlzs		
labor	-0.156	-0.376	-0.403	20.324*	18.75*	17.744*
t 值	(-0.070)	(-0.160)	(-0.170)	(1.900)	(1.750)	(1.670)
gov	0.001	-0.001	-0.001	-0.141***	-0.164***	-0.166***
t 值	(0.230)	(-0.300)	(-0.240)	(-5.200)	(-6.110)	(-6.150)
deficit	-0.001	0.001	0.002	-0.523***	-0.463***	-0.453***
t 值	(-0.100)	(0.390)	(0.360)	(-15.410)	(-14.590)	(-14.740)
unemploy	-0.004	-0.005	-0.005	-0.343***	-0.335***	-0.334***
t 值	(-0.980)	(-1.130)	(-1.140)	(-3.210)	(-3.120)	(-3.110)
cons	0.076**	0.080**	0.081***	-1.001*	-0.836***	-0.806
t 值	(2.760)	(2.940)	(2.900)	(-1.810)	(-3.120)	(-1.430)
观测值	150	150	150	150	150	150
F 值	1.290	1.490	1.390	99.580***	90.810***	90.370***
adj-R^2	0.022	0.039	0.036	0.178	0.180	0.181

注：***、**、*分别表示在1%、5%、10%显著性水平下双尾显著。

在检验僵尸企业对 GDP 增长的影响时，Zquantity2 和 Zliability2 的估计系数不显著，Zasset2 的系数显著为负。所以结果表明，僵尸企业与 GDP 增长的总体关系依然不明显。在检验僵尸企业对经济增长质量的影响时，Zquantity2 的估计值不显著，Zasset2 及 Zliability2 的系数显著为负，检验结果仍然支持僵尸企业对经济增长质量的影响是负面的研究结论。因此，僵尸企业测度方式对本章基本结论没有实质影响。

参照陈诗一和陈登科（2018）的研究，以全要素生产率（人均 GDP）代表经济发展质量，结合两个僵尸企业测度标准，实证检验僵尸企业对经济增长质量的影响，回归结果见表7-10。

在表7-10，当解释变量为 Zquantity、Zasset 及 Zliability 时，其估计系数均显著为负；当解释变量为 Zquantity2、Zasset2 及 Zliability2 时，其估计系数也均显著为负。实证结果表明僵尸企业对经济增长质量具有抑制作用的实证结论依然成立。

表7-10　　稳健性检验——变量替换（经济增长质量测度）

	lnmangdp				lnmangdp		
Zquantity	-2.304***			Zquantity2	-1.437***		
t值	(-22.610)			t值	(-22.900)		
Zasset		-1.370***		Zasset2		-0.566***	
t值		(-20.370)		t值		(-14.430)	
Zliability			-1.149***	Zliability2			-0.573***
t值			(-20.350)	t值			(-16.700)
human	4.804***	3.890***	3.967***	human	4.326***	4.309***	4.188***
t值	(8.690)	(6.520)	(6.650)	t值	(7.940)	(6.780)	(6.680)
labor	16.564**	15.639***	15.045***	labor	13.797***	12.442***	11.403***
t值	(2.650)	(5.450)	(5.200)	t值	(5.170)	(3.970)	(3.600)
gov	0.070***	0.058***	0.069***	gov	0.058***	0.031***	0.031***
t值	(7.440)	(6.780)	(7.320)	t值	(7.690)	(4.270)	(4.020)
deficit	-0.207***	-0.225***	-0.223***	deficit	-0.181***	-0.183***	-0.176***
t值	(-20.550)	(-23.400)	(-23.100)	t值	(-17.290)	(-18.450)	(-18.140)
unemploy	-0.058***	-0.043***	-0.046***	unemploy	-0.082***	-0.099***	-0.098***
t值	(-4.540)	(-3.060)	(-3.240)	t值	(-6.540)	(-7.640)	(-7.640)
cons	11.058***	11.007***	11.007***	cons	11.247***	11.152***	11.178***
t值	(159.670)	(146.430)	(145.850)	t值	(162.990)	(145.510)	(147.470)
观测值	150	150	150	观测值	150	150	150
F值	77.730***	83.490***	77.380***	F值	99.580***	90.810***	90.370***
adj-R^2	0.180	0.180	0.181	adj-R^2	0.178	0.180	0.181

注：***、**、*分别表示在1%、5%、10%显著性水平下双尾显著。

二　遗漏变量和内生性处理

1. 固定效应模型

面板数据模型能够更好地解决遗漏变量问题，因此对模型（7-1）和模型（7-2）进行固定效应（FE）回归，结果见表7-11。

在以GDP增长为被解释变量时，Zquantity、Zasset及Zliability的系数均不显著，说明僵尸企业与GDP增长没有明显的相关关系，上述结论仍稳健。在以经济增长质量为解释变量时，Zquantity的估计值不显著,但 Zasset 及 Zliability 的系数显著为负;实证结果对假设 H7-2 的理论假说也提供了较有力的证据。

表 7-11　　稳健性检验——固定效应回归

	gdpgroth			jjzzzlzs		
Zquantity	0.020			10.964		
t 值	(0.260)			(1.200)		
Zasset		0.089			-62.448**	
t 值		(1.600)			(-2.110)	
Zliability			0.075			-65.029**
t 值			(1.610)			(-2.370)
human	0.854	0.649	0.696	181.609**	185.689***	188.980***
t 值	(0.860)	(0.660)	(0.710)	(2.710)	(2.880)	(3.050)
labor	-0.384*	-0.496	-0.541	-31.364	-38.089	-38.894
t 值	(-0.190)	(-0.250)	(-0.280)	(-0.770)	(-0.840)	(-0.820)
gov	0.050	0.025	0.019	2.700**	2.602**	2.791**
t 值	(0.750)	(0.370)	(0.280)	(2.050)	(2.090)	(2.420)
deficit	0.064**	0.073**	0.073**	-0.447	-0.645	-0.697
t 值	(2.590)	(2.980)	(2.980)	(-0.730)	(-1.110)	(-1.270)
unemploy	0.032*	0.037*	0.037*	-0.685	-0.596	-0.426
t 值	(1.680)	(1.960)	(1.970)	(-1.140)	(-0.990)	(-0.730)
cons	-0.194**	-0.205**	-0.209**	-12.772**	-10.719**	-11.475***
t 值	(-2.190)	(-2.360)	(-2.390)	(-2.250)	(-2.210)	(-2.600)
观测值	150	150	150	150	150	150
F 值	2.600**	3.070***	3.080***	1.890	4.160***	4.960***
组内 R²	0.120	0.139	0.139	0.155	0.182	0.215

注:***、**、*分别表示在 1%、5%、10% 显著性水平下双尾显著。

2. 内生性处理——工具变量

地方政府为了 GDP 增长、税收、就业等目标,导致了僵尸企业的存在,并可能对 GDP 增长具有助推或抑制的作用,僵尸企业与 GDP 增长的反向因果关系不是太明显。GDP 增长导致的资本配置效率低下、经济结构偏差、环境资源成本增加等经济质量问题进一步加剧了僵尸企业的产生和恶化。所以，采用合适的工具变量来测试僵尸企业与经济增长质量之间关系的稳定性。

现有实证研究文献的结果表明，国有企业成为僵尸企业的可能性比非国有企业高（申广军，2016；黄少卿、陈彦，2017；方明月等，2018，2019），国有僵尸企业占比高于非国有企业，因而国有企业占比是决定一个地区僵尸企业占比的重要因素。参照谭语嫣等（2017）及李旭超和鲁建坤（2018）的做法，我们使用样本期初各省份国有企业资产占比作为一个工具变量，把样本期初各省份国有企业资产占比与期初样本总体国有企业资产负债率的乘积作为另一个工具变量，分别进行工具变量回归，回归结果见表7-12。

表7-12　　　　　　　　稳健性检验——工具变量

	jjzzzlzs（GMM）			jjzzzlzs（2SLS）		
Zquantity	-47.794**			-47.582**		
t值	(-2.330)			(-2.330)		
Zasset		-61.933*			-61.472*	
t值		(-1.990)			(-1.990)	
Zliability			-45.474**			-45.179**
t值			(-2.080)			(-2.080)
human	36.440***	-14.364	-4.027	36.475***	-13.926	-3.711
t值	(4.800)	(-0.440)	(-0.160)	(4.810)	(-0.430)	(-0.140)
labor	-127.545*	82.374	51.157	-126.889*	81.912	50.956
t值	(-1.880)	(1.500)	(1.220)	(-1.877)	(1.500)	(1.230)
gov	-0.090	-0.215	0.264	0.087	-0.214	0.261
t值	(-0.480)	(-0.920)	(0.820)	(0.480)	(-0.920)	(0.830)
deficit	0.229	0.280	0.250	0.225	0.274	0.245
t值	(0.710)	(0.670)	(0.650)	(0.710)	(0.660)	(0.640)
unemploy	0.589	2.386*	1.939*	0.585	2.365*	1.924*
t值	(1.550)	(1.790)	(1.840)	(1.550)	(1.790)	(1.840)
cons	0.149	-0.844	-0.853	0.144	-0.844	-0.854

续表

	jjzzzlzs（GMM）			jjzzzlzs（2SLS）		
t值	(0.140)	(-0.710)	(-0.780)	(0.140)	(-0.710)	(-0.790)
观测值	150	150	150	150	150	150
wald卡方	57.910***	32.460***	36.950***	98.850***	56.740***	64.680***

注：***、**、*分别表示在1%、5%、10%显著性水平下双尾显著。

GMM估计方法所用的工具变量为期初国有企业资产占比，2SLS估计方法所用工具变量为期初国有企业资产占比与期初样本总体国有企业资产负债率的乘积。在GMM估计中，Zquantity、Zasset及Zliability的系数均显著为负；在2SLS估计中，Zquantity、Zasset及Zliability的系数也均显著为负；实证结果表明内生性问题对本章实证结论没有实质影响。

第七节 小结

日本、欧美等国家的历史经验表明，僵尸企业会严重扭曲资源配置，对正常企业的投资、就业、创新等具有挤出效应，造成国家经济陷入停滞阶段。近年来，僵尸企业成为中国经济发展的风险和隐患，阻碍了中国经济的结构调整和转型升级，从而僵尸企业清理处置成为中国政府的经济工作重点。与以往文献关注僵尸企业对健康企业资源配置的挤出效应或传染效应不同，本章基于省份层面的资源配置，汇总了省份僵尸企业比例，分别以数量、资产、负债三种形式予以加权，以GDP增长和经济增长质量指数及其分项指数为被解释变量，探讨了僵尸企业对GDP增长和经济增长质量的直接影响，并检验了其作用边界。主要实证结论如下：

第一，总体上，僵尸企业与地区GDP增长的相关关系不明显；僵尸企业与经济增长质量负相关。

第二，经济规模不同，僵尸企业对GDP增长和经济增长质量的影响不同。具体而言，经济规模较小地区僵尸企业与地区GDP增长正相关，经济规模较大地区僵尸企业与地区GDP增长负相关；同时，僵尸企业对经济增长质量的抑制作用主要表现在经济规模较小的地区。这说明经济规模影响地方政府对企业干预的动机和手段。在经济规模较小地区，GDP增长是地方政府的主要目标，干预企业的形式更可能是企业投资和资本扩张；而在经济规模较大地区，就业和维稳是地方政府的主要政治任务，并通过干预企业用工计划的形成而达到目的，员工冗余增加了企业经营成本，降低了经济产出，不利于GDP增长。僵尸企业是行政过度干预的结果。所以，在经济规模较小地区，僵尸企业与GDP增长正相关；在经济规模较大地区，僵尸企业与GDP增长负相关。

第三，进一步分析表明，中西部区域僵尸企业及市场化进程较低地区僵尸企业与GDP增长正相关，东部区域僵尸企业及市场化进程较高地区僵尸企业与GDP增长负相关；僵尸企业对经济增长质量的损害作用在中西部区域、市场化进程较低的经济欠发达地区更明显。实证结果与不同经济规模下僵尸企业对经济增长影响的结论相互印证。

第八章

研究结论与治理措施

第一节 研究结论

中国经济进入新常态以来,经济增速放缓,经济下行压力增大,竞争环境恶化,出现大量盈利能力较差、负债率较高、偿债风险攀升的所谓僵尸企业。僵尸企业蕴含严重的经济风险和社会风险,已成为梗阻中国经济高质量发展的严重障碍。在供给侧结构性改革深入推进的过程中,清理处置僵尸企业对经济转型升级和提质增效的作用是不言而喻的。在此背景下,僵尸企业问题的研究不仅可以丰富相关理论文献,还能够为清理处置僵尸企业的经济实践提供决策参考的证据。

本书以2012—2016年中国沪深两市A股上市公司为样本,在僵尸企业现状分析的基础上,以僵尸企业的影响因素及经济后果为具体研究视角,探讨僵尸企业清理处置的方案策略。具体而言,基于僵尸企业形成机制,首先,对政治关联如何影响企业僵尸化进行实证探讨;其次,从企业投融资行为视角探讨了僵尸企业的微观负面效应;最后,从经济增长视角探讨了僵尸企业的宏观负面效应。通过理论分析和实证检验等研究过程,所得结论主要如下:

第一,政治关联对僵尸企业形成和企业僵尸化程度具有抑制作用,这种抑制作用受到产权性质、市场化进程及政府竞争等制度环境因素的影响。也即,在民营企业、市场化进程较高地区企业及政治晋升压力较小地区企业,政治关联对僵尸企业形成的抑制作用更明显;在民营企业和市场化进程较高地区企业,政治关联对僵尸化程度的抑制作用更明显，但政治晋升压力不影响政治关联对僵尸化程度的抑制作用；进一步研究表明，政治关联通过融资便利、固定资产投资控制及员工冗余成本控制的途径而发挥抑制僵尸企业形成的作用。实证结果表明政治关联对企业僵尸化的抑制作用随行政干预的程度加强而弱化。

第二，僵尸企业存在预算软约束和投资机会约束问题，导致僵尸企业投融资行为的扭曲。具体而言，僵尸企业新增银行贷款对抵押物价值不敏感，僵尸企业新增贷款流向了盈利较低或没有生产力的投资项目，对僵尸企业的资源输入并没有给僵尸企业带来有利的投资收益。进一步研究发现决定僵尸企业融资行为的市场化因素相对不明显，进一步支持了僵尸企业存在预算软约束的假设，同时，僵尸企业预算软约束问题不受所有权性质和政府竞争等制度环境的影响。

第三，僵尸企业对经济增长的速度和质量的影响效应不同。总体上，僵尸企业与地区 GDP 增长的相关关系不明显；僵尸企业与经济增长质量负相关。异质性分析表明，经济规模、区域环境及市场化进程不同，僵尸企业对 GDP 增长和经济增长质量的影响也不同。在经济规模较小地区、中西部区域及市场化进程较低地区，僵尸企业与 GDP 增长正相关；在经济规模较大地区、东部区域及市场化进程较高地区，僵尸企业与 GDP 增长负相关。同时，僵尸企业对经济增长质量的抑制作用在经济规模较小地区、经济欠发达的中西部地区及市场化进程较低的地区更明显。

本书研究结论表明政治关联是影响企业僵尸化的重要因素，而企业僵尸化对微观主体的投融资行为和宏观层面的经济增长均具有负面效应。根据研究结论，提出僵尸企业治理的具体措施。

第二节 治理措施

本书实证结果证实了政治关联对企业僵尸化具有抑制作用、僵尸企业投融资行为受到行政干预的作用而扭曲、僵尸企业对经济规模扩张和经济增长质量具有不同的影响效应，研究结论对政府和企业均具有重要的启示意义。

基于研究结论，本书提出包括长效机制和具体措施两方面内容的标本兼治的僵尸企业治理策略。长效机制是由宏观治理措施和微观治理措施构成的综合手段，是政府和企业联动的混合治理模式。长效机制不仅关注存量僵尸企业的治理，更重视企业僵尸化危机的预防和控制，主要目标在于"治本"。具体治理措施是基于企业僵尸化的负面效应而提出的针对性应对策略，其目标在于"治标"。长效机制的建立能够从根源上抑制企业僵尸化及其僵尸状态的反复，具体治理措施则为存量僵尸企业的市场出清提供了可操作的具体路径。二者缺一不可。下面对其内容进行具体阐述。

一 宏观治理

第一，规范和纳入政治关联等替代制度，构建亲清新型政商关系，营造良好的政商环境，建立政府和企业联动的僵尸企业治理模式。中国僵尸企业形成是行政过度干预的结果，如何应对行政干预的不利冲击是市场主体预防僵尸化危机及僵尸企业治理的关键。政治关联作为一种广泛存在的非正式制度，其存在有其历史必然性，也并不会消失。所以，在僵尸企业治理当中，如何发挥政治关联的积极作用是一个值得探讨的问题。

本书研究结果表明政治关联能够抑制僵尸企业形成和企业僵尸化程度。实证结果显示，政治关联有利于建立良性的政企关系，能够纠偏或修正正式制度的负外部性对企业的不利影响，从而抑制企业僵尸化。政治关联可以作为外部监督机制的一种替代，纳入僵尸企业制度治理的范畴。因此，在宏观层面，政府制定僵尸企业治理政策应该重视非正式制度的作用，考虑把政治关联等非正式制度纳入政策管理工具箱。

研究结果同时表明，政治关联对企业僵尸化的抑制作用随行政干预程度的加强而弱化。因此，行政干预对政治关联等非正式制度治理作用的发挥具有重要影响。在宏观层面，政府行政干预的内容、范围和程度也应该法制化、规范化、制度化、透明化，控制甚至消除行政干预的负外部性及官员权力"设租"空间，遏制政治关联的"寻租"动机，营造良好的政商环境。同时，改革和完善《中华人民共和国公务员法》，对政商人才的正常流动进行管理和规制，防止或遏制公务人员的期权腐败。

总体而言，政府在有作为的同时，要划清政商边界，构建亲清新型政商关系，营造良好的政商环境，鼓励企业和政府良性互动，从而建立政府与企业联动的僵尸企业治理模式。这也是预防企业僵尸化危机及僵尸企业治理的长效机制的关键内容。

第二，在僵尸企业清理处置工作中，坚持"市场为主导、行政适度干预"的资源配置原则。本书理论分析认为政策性负担是中国僵尸企业形成的深层次因素，因此，消除政策性负担或制度负外部性对企业的不利影响是僵尸企业治理的关键措施。具体而言，在配置资源方面，既坚持发挥市场的基础作用，又要发挥政府的适度干预作用。

一方面，减少行政干预，规范政府行为。在转型经济体，制度因素或地方政府是推动经济发展的重要因素，政府对经济活动的干预程度相对较大。僵尸企业形成机制分析表明，政府过度干预是僵尸企业存在的深层次因素，政府"攫取之手"导致的政策性负担或制度负外部性是企业僵尸化的根本原因。

另一方面，针对僵尸企业投融资行为的负面效应，应该采取宏观治理措施。本书研究结果表明，僵尸企业存在预算软约束和投资机会约束问题，导致投融资行为扭曲，僵尸企业把资本配置到盈利较低或低生产力的项目，政府或银行对僵尸企业的"输血"没有取得相应的效果。简言之，行政干预导致僵尸企业投融资活动效率较低甚至无效，这既是限制僵尸企业摆脱困境的根本原因，也对宏观经济发展带来不利影响。所以，针对行政干预对企业投融资行为的负面效应，僵尸企业治理应该从宏观层面采取应对措施，具体为以下三个方面。

首先，针对僵尸企业预算软约束，政府应该摒弃"父爱主义"策略，硬化约束，加强金融风险防控。其中，政策性负担是僵尸企业形成和导致外生软约束问题的关键因素，所以，硬化僵尸企业预算约束必须首先消除政策性负担，培养企业自生能力。

其次，对确实没有增长机会，且不符合国家产业政策升级调整范围的僵尸企业，政府应该减少行政干预，充分发挥市场力量使其清退。所以，政府对一些长期处于僵尸状态，且不具有发展前景行业的僵尸企业应该主要依靠市场力量使其出清。

最后，清理处置僵尸企业在坚持市场出清原则的基础上，应该发挥政府的适当作用。日本、欧美等国家有关僵尸企业治理的经验表明，在清理处置僵尸企业的过程中，政府的适度干预是不可或缺的内容，政府适度干预能够弥补市场失灵。比如，政府可以颁布相关法律法规，保护僵尸企业清理处置工作中员工和债权人的利益。

第三，增加优质制度供给，并实施因地制宜的僵尸企业治理政策。僵尸企业的治理和处置必须增强优质制度的供给，明确政府和市场的边界，避免新的体制性僵尸企业产生，特别是对于国有企业而言更具有重大意义。

本书研究结果表明，僵尸企业无益于经济增长质量的提高。其根源就在于以 GDP、税收及就业等政治目标为核心的地方官员晋升考核制度削弱了地方政府清理处置僵尸企业的动机和积极性。因此，治理僵尸企业的当务之急应该清除或改善负外部性的制度，加强优质制度供给。具体来说，改进和完善以 GDP 为中心的官员政绩考评制度，综合运用 GDP 产出、经济能耗、环保绩效、技术创新等多种指标来评价区域经济发展状态和质量，抑制地方政府对僵尸企业的庇护动机，建立以推动经济高质量发展为目标的地方政府政绩考核激励机制。

研究结果同时表明地区差异导致僵尸企业对经济增长的影响不同。具体而言，在经济规模较小地区、中西部区域及市场化进程较低地区，僵尸企业与 GDP 增长正相关；在经济规模较大地区、东部区域及市场化进程较高地区，僵尸企业与 GDP 增长负相关。僵尸企业对经济增长质量的抑制作用在经济规模较小、市场化程度较低的中西部地区更明显。所以，清理处置僵尸企业的宏观政策也应该因地制宜，不宜"一刀切"。

在东部区域，僵尸企业对 GDP 增长具有抑制作用，其原因是地方政府对就业和维稳等目标的追求。在东部地区，当务之急是改革和完善官员晋升制度，增加优质制度供给，消除当地政府庇护僵尸企业的动机，加强僵尸企业清理处置力度，推动经济高质量发展。

在中西部地区，僵尸企业对经济发展的危害性更大，中西部僵尸企业虽然能够做大 GDP 规模，但僵尸企业对经济增长质量的抑制作用更明显。因此，中西部地区的僵尸企业治理需要双管齐下，一方面要加快僵尸企业市场出清的进程；另一方面要创造良好的外部治理环境，既增加优质制度供给，又要完善外部治理环境，如加快市场化进程、加强信息透明度及保护舆论监督等，以达到经济发展增速提质的双重目标。

二 微观治理

第一，完善企业内部治理机制，建立与政府良性互动的关系网络和渠道，应对制度负外部性的不利冲击。企业内部治理不仅是市场主体预防僵尸化危机和僵尸企业治理的长效机制的重要内容，也是僵尸企业具体治理措施的重要手段。僵尸企业清理处置需要微观主体的深度参与和配合，尤其是对国有企业来说，不能单靠政府的财政兜底和保障工作。所以，如何发挥企业微观治理作用尤为重要。

首先，高管聘任。管理层是企业内部治理机制的关键组成部分，在僵尸企业高管聘任方面，可以优先考虑选聘具有从政经历的职业管理人员，以帮助企业与政府建立良好的关系。但政治关系具有两面性，对企业经营发展的影响也具有"双刃剑"的效应。企业建立政治关联应该发挥其积极作用，遏制其寻租动机，以构建亲清政商关系为目标，营造良性的适于企业可持续发展的政商环境。

其次，管理层道德风险控制。僵尸企业预算软约束加剧了管理层道德风险问题，管理层道德风险反过来又容易导致内生性软约束问题，所以内部治理也是硬化约束的必要措施之一。同时，僵尸企业在政府行政干预之下，道德风险问题愈加凸显，导致管理层消极经营和依赖外部"输血"的心理。所以控制僵尸企业管理层道德风险成为僵尸企业内部治理的重点问题，具体措施主要包括三点。

一是加强对管理层的内部监督，充分发挥监事会、内部审计等监督机构的作用。二是发挥媒体监督、外部审计等外部治理机制对管理层的制约作用，以有效控制僵尸企业管理层道德风险。三是设计和完善高管薪酬契约，加强薪酬激励机制，控制管理层代理成本。僵尸企业经营业绩较差，但并不能完全归因于管理层个人努力和能力，政策性负担是僵尸企业形成和存在的深层次因素。僵尸企业管理层薪酬激励应该以高管个人贡献、能力和未来业绩为基础，以达到激励效果和控制管理层道德风险的目标。也即，僵尸企业管理层薪酬不宜太低，至少具有竞争力和激励性，如不低于同行业平均薪酬水平。

最后，内部治理的外部环境。企业内部治理依赖于外部治理环境的完善和强化。僵尸企业形成机制分析表明，政策性负担是僵尸企业存在和导致外生软约束问题的根源,所以,规范政府行为,减少甚至消除政策性负担对僵尸企业的负面影响对僵尸企业内部治理具有重要意义。其一,消除政策性负担可以从根源上抑制僵尸企业的产生;其二,消除政策性负担能够给僵尸企业治理创造良好的外部治理环境。因为只有在政策性负担消除的情况下,企业才能完全做到自主经营、自负盈亏,公司治理结构的改革才有意义(林毅夫、林志赟,2004)。

第二,坚持创新驱动发展战略,提高投融资活动效率,加强内源性融资功能,减少对外部融资的依赖。企业僵尸化的根本原因还是在于企业内部生产经营活动出了问题,企业自身不能创造足够的现金流来支付成本费用,从而不得不依靠外部融资或政府资源支持而存续。所以,加强内源性融资功能是僵尸企业彻底摆脱财务困境的关键所在。

根据本书研究结果,企业应该硬化预算约束,坚持按市场原则进行资金配置活动,降低或消除管理层依赖外部"输血"而产生的机会主义动机,减少代理成本,积极进行生产经营,提高企业业绩。同时,企业应该积极寻找投资机会,拓展业务增长范围,提高投资效率,这才是企业可持续发展战略的重点。因此,企业首先应该消除预算软约束和投资机会约束对企业投融资行为的不利影响,提高投融资行为的效率。

另外,增加自身创新能力和提高生产效率是企业可持续发展战略的核心内容。本书研究结果表明僵尸企业对经济增长质量的抑制作用在经济规模较大、市场化程度较高及经济较发达的东部地区不明显,该地区已经进入工业化的中后期,创新和知识技术对 GDP 的推动作用更大,而不是依靠单一的物化资本投资拉动 GDP。然而,在中西部地区,僵尸企业能够助推 GDP 的增长,但对经济增长质量的抑制作用也更大。因此,创新驱动发展战略对僵尸企业特别是中西部地区僵尸企业的持续经营能力尤其重要,这不仅立足于企业可持续发展的目标,还能够保持企业竞争优势和拓展企业生存空间,有利于企业经营业绩提高,从而增加企业内源性融资功能。

第三,合理安排债务融资方式和结构,控制债务风险。僵尸企业的标准特征是负债累累,债务风险较高,依靠"加杠杆"而维持生存。所以如何控制债务风险是防止和控制企业僵尸化的重要措施。

首先,僵尸企业应该去杠杆,保持合理的资本结构。一方面,僵尸企业应该与债权人积极协商，争取债权人支持，达成债务重组协议，豁免部分债务或免除部分利息。另一方面，僵尸企业进行股东结构改造，增加权益资本，从而降低杠杆率。

其次，统筹兼顾不同融资方式，优化融资结构。商业信用和银行贷款等不同融资方式的成本和风险存在差异。商业信用产生于供应链，成本较低甚至为零，且供需双方信息不对称更低，更容易达成融资协议。而银行贷款对客户资产、经营业绩及偿债风险均要求达到一定条件，且银企之间的信息不对称程度较大，这些因素导致银行贷款成本较高和较难获得。僵尸企业即使在行政干预之下获得银行贷款支持，但其获得的银行贷款主要是短期的，僵尸企业川化股份可以作为例证，在其僵尸化期间，银行短期贷款是外部"输血"的基本来源[①]。所以，僵尸企业应该积极利用供应链自发融资渠道，以获得低成本的外部融资。对于银行贷款，僵尸企业应该积极争取银行长期资金的支持。

最后，努力拓宽营运资金来源渠道，增加长期资本对流动资产的支持比例。资产流动性是企业陷入僵尸化危机的关键内部因素，如何提高流动性对僵尸企业治理具有重要意义。一方面，僵尸企业可以剥离亏损资产、业务及其员工，进行资产重组和改造，盘活固定资产、股权投资等非流动资产，提高企业资产流动性，从而降低偿债风险。

另一方面，企业应该吸引长期资本的支持，提高企业现金流水平。其方式大致有以下两点，其一，利用国有企业混合所有制改革的契机，引入战略投资者"注资"，增加注册资本；其二，利用资本市场增发股份或发行企业中长期债券，拓宽流动资产的长期资金融资渠道。

第四，对僵尸企业进行分类治理和分类处置。本书认为治理处置僵尸企业应当鉴别企业"僵尸化程度"，区别对待僵尸企业，并建立僵尸企业治理和处置的动态信息反馈机制。

自2015年中央经济工作会议将"三去一降一补"作为五大结构性改革任务后，就对僵尸企业的清退处理提出"加强分类指导"的原则，并且力争做到"一业一策"、"一企一策"。参照本书研究结果，根据流动性风险大小、杠杆率大小及企业亏损的严重程度等标准，僵尸企业大

---

① 具体财务状况见表6–10。

体上可以分为两种类型,即"自救重生"型僵尸企业和"破产清退"型僵尸企业。前者是流动性风险较小、债务较低而暂时经营困难的僵尸企业,能够通过资金注入、减员增效、加强管理及增大高管激励等措施而改善企业业绩,摆脱亏损,恢复"造血功能",逐步走出僵尸困境;后者是亏损严重,即使通过连续的外部干预或者企业自救等措施最终也很难恢复到正常状态的僵尸企业。在这两种大致类型的划分结果上,再考虑企业的具体情况,如处理僵尸企业的时机、路径图,僵尸企业债务问题,僵尸企业职工的安置问题等。

有效治理僵尸企业可能需要较长时间,特别是对于自救重生型僵尸企业,增加盈利摆脱亏损,更不是一蹴而就的简单问题。僵尸企业治理可能涉及关乎企业长期竞争力和企业生死存亡的发展方向和战略问题,比如,股东、经理人等公司治理结构的改变和完善、组织结构和形式的转型、公司战略方向的转变甚至企业业务结构的转型升级等,其治理成果可能要经历很长一段时间才能显现。这种情况下,建立僵尸企业治理和处置的动态信息反馈机制显得尤为重要,以便及时反馈僵尸企业治理信息,进而持续跟踪僵尸企业治理进程,强化治理效果。

综上,僵尸企业治理措施主要包括宏观治理和微观治理两种类型,但二者不是割裂的,而是互为补充和相互融合的。宏观治理措施给微观主体创造更有利的外部治理环境,微观治理也能够推动和反映宏观治理措施的执行效果。僵尸企业治理的长效机制依赖于微观治理和宏观治理的双重同向发力。因此,建立僵尸企业治理的长效机制既强化企业内部治理,又同时重视正式制度和非正式制度的治理作用。

具体而言,基于本书研究结论,僵尸企业治理的长效机制包括三点,其一,加强内部治理,控制管理层道德风险,遏制政治关联寻租动机;其二,规范和纳入政治关联等替代制度;其三,规范政府行为,减少行政干预。长效机制的目标是以政治关联为桥梁,建立符合法制精神的政商关系,从而构建政府与企业联动的僵尸企业混合治理模式。

长效机制不仅能够解决存量僵尸企业问题,也能够预防和控制企业僵尸化危机。所以,基于僵尸企业形成机制及其应对策略实证检验企业僵尸化的影响因素,其实证结果能够探索如何建立僵尸企业治理的长效机制,而企业僵尸化的负面效应研究则为僵尸企业治理提供了具体的应对措施,即微观上提高市场主体投融资效率,宏观上增加官员晋升考核机制等优质制度供给。总体上,通过僵尸企业形成机制、僵尸企业现状、企业僵尸化的影响因素及其负面效应等问题的理论分析和实证检验,本书提出由长效机制和具体应对措施构成的僵尸企业治理策略,并基于研究结论阐明了治理措施的具体内容。

第三节 研究局限与未来展望

本书结合现实经济问题,对企业僵尸化的影响因素与经济后果进行了实证分析。但由于关注问题的侧重不同,尚存在如下研究不足,这些研究局限也是僵尸企业治理研究进一步拓展的方向。

第一,加强僵尸企业经济风险的度量和识别研究。尽管国内外学者探讨了僵尸企业的形成机制、经济后果、治理措施等问题,但怎样度量僵尸企业给经济造成的风险却鲜有文献关注(Luo et al., 2015;Retolaza et al., 2016)。僵尸企业理论关注的不仅是单个的僵尸企业,而应该是整个僵尸企业问题及其对经济发展的潜在影响。根据对僵尸企业经济风险的描述和测度,构建一个综合指数来评估僵尸企业风险水平是可行的(Nardo et al., 2005;Freudenberg, 2003),并利用这个单一的综合指数,比较分析僵尸企业经济风险水平在不同的公司规模、地区、行业等层面的差异,以发现僵尸企业整体给经济运行构成的最大威胁源自何处。

Urionabarrenetxea 等(2018)以西班牙净资产连续 5 年为负的企业为研究样本,从单个僵尸企业净资产的相对重要性、僵尸企业对其他企业的间接影响、僵尸企业恢复正常状态的概率以及债务问题的紧迫性 4 个方面,选取财务指标构建综合指数(Zombies Index,ZIndex)来度量整体僵尸企业的危害程度,并识别僵尸企业经济风险的来源。但尚未有研究文献对中国僵尸企业的经济风险进行度量和评估。未来研究可以借鉴 Urionabarrenetxea 等(2018)的分析方式,实证探讨中国僵尸企业作为整体而对经济造成的风险和隐患问题。

第二,拓展僵尸企业形成因素方面的研究。僵尸企业形成的原因错综复杂,包括企业内部因素和外部因素、关键因素和影响因素等多个方面。国内外文献一般认为陷入财务困境是僵尸企业形成的内部因素，银行贷款或行政干预等外部"输血"是僵尸企业形成的关键外部因素，而其他因素如融资约束、资源比较优势、官员主政经历等方面则是僵尸企业形成的影响因素。在中国制度背景下，行政过度干预是僵尸企业形成的关键因素，基于此，本书从政治关联视角探讨了僵尸企业形成的影响因素，但还存在影响企业僵尸化的其他重要因素。

未来研究可以从企业经营策略选择、发展战略选择、财务行为等企业内部因素探讨僵尸企业形成，也可以研究官员晋升考核机制、区域环境变化等外部因素对僵尸企业形成的影响。

第三，加强僵尸企业经济后果，特别是微观效应的研究。本书从僵尸企业投融资行为特征、僵尸企业对经济增长的影响两个方面探讨了僵尸企业的作用结果，未能对僵尸企业负面效应的其他方面进行实证分析。比如，僵尸企业管理层道德风险具体表现在哪些方面，其战略选择及财务决策行为是否更激进，其会计处理与税收处理之间的差异是否更严重，等等。

文献研究结果表明僵尸企业扭曲了正常企业的税负（李旭超、鲁建坤，2018），造成正常企业更严重的偷漏税行为（金祥荣等，2019），但尚未有文献探讨僵尸企业对宏观经济税负的影响。所以，这些方面也是僵尸企业治理研究的未来方向之一。

第四，拓展僵尸企业具体治理措施的研究。僵尸企业治理措施包括政府政策、法律法规及企业内部治理等多种形式，基于僵尸企业形成是行政过度干预的结果，在加强宏观治理的同时，如何强化企业内部治理以防范僵尸化危机或使僵尸企业恢复常态也是未来研究的主攻方向之一。

据参考文献，僵尸企业微观治理主要包括股东治理和管理层治理两个方面。未来研究可以结合当前国有企业混合所有制改革的实践情况，探讨僵尸企业股东治理的具体方式。比如，国有企业引入民营企业股份进行股权结构改造，能否对企业僵尸化产生重要影响。管理层治理可以从高管个体特征、管理层持股、管理层薪酬契约特征、管理层薪酬激励的方式等方面，探讨管理层治理在僵尸企业清理处置中的作用。

未来研究可以从会计信息治理方面探讨僵尸企业的具体治理措施。

会计信息对企业行为的制约研究包括很多方面，如会计信息质量、信息披露、内部控制等方面。僵尸企业的会计政策是否稳健、盈余质量高低、非财务信息披露的范围和多寡、内部控制是否存在缺陷等财务信息质量方面是否与非僵尸企业存在显著差异，如果存在显著差异，这些差异又如何影响企业僵尸困境的形成。例如，为改善盈余质量或剔除盈余管理因素，可以通过盈余管理模型估算企业的操纵性业绩和非操纵性业绩，以企业非操纵性业绩来修正判别僵尸企业的经典方法 FN 法。该类研究可以为僵尸企业加强和完善会计信息治理等内部治理机制提供证据支持。

僵尸企业作为一种特殊的财务困境企业，与一般财务困境企业存在共性。现存文献认为企业经营失败或陷入财务危机通常是资源错配的结果，并探讨了资本错配对公司价值的影响（王竹泉等，2017）。沿袭该思路，未来研究可以通过探讨资本错配的计量模式并分析其对企业僵尸化的影响，进而提出僵尸企业具体的治理措施。

第五，研究方法的多样化。本书基于上市公司大样本数据，构建统计模型，实证检验了僵尸企业的影响因素及其负面效应。总体上以实证研究方法为主。但是，僵尸企业自身经营情况千差万别，治理僵尸企业不可能采用"一刀切"的简单措施。官方文件和政策甚至提出"一企一策"的僵尸企业清理处置原则。

在僵尸企业千差万别的现实条件下，大样本实证分析具有发现僵尸企业治理的普遍性因素的优势，但也带来不可避免的劣势，如不能基于企业特质提出针对性的僵尸企业清理处置方式。同时，实证研究对内生性问题的控制也很难找到满意的方法和结果，这也限制了实证结果或结论的效用。所以，针对企业异质性，案例分析就成为僵尸企业治理研究的必要方法之一。因此，僵尸企业治理可以开展单案例或多案例研究，由特殊现象逐步向一般规律过渡，从而能够丰富僵尸企业治理研究方法和内容。

第六，研究对象的细化。据参考文献，僵尸企业呈现典型的所有制分布，相对于民营企业，国有僵尸企业居多。未来研究可以对研究对象进一步细分和深化，如对国有僵尸企业进行深入研究，划分中央企业和地方国有企业等多种类型进行实证探讨僵尸企业治理问题。

党的十九大报告同时指出，"发展混合所有制经济"是深化国有企业改革的主要方向。现有文献对混合所有制改革（简称国企混改）的效果进行了研究，发现国有企业引入非国有股东能够优化其公司治理，具体表现在降低国有企业管理层代理成本（蔡贵龙等，2018）、优化国有企业多元化经营行为（杨兴权等，2020）、改善国有企业内部控制（曹越等，2020）、抑制国有企业金融化（曹丰等，2021）等方面。方明月等（2019）基于中国工业企业数据，探讨了国企参股、国企控股及转制民企等国企混合所有制对僵尸企业的治理效果。

然而，尚未有研究从非国有股东治理视角探讨国有僵尸企业清理处置的问题。国有企业混合所有制改革能否抑制国有企业僵尸化或对国有僵尸企业复活具有积极作用有必要进一步探讨，研究结果能够为国有僵尸企业的清理处置提供政策建议。

附录

第五章附录如下:在 Logistic 中介模型中,现有研究表明可以通过标准化转换实现回归系数、方程方差和标准差的等量尺化(MacKinnon,2008;刘红云等,2013)。转换公式如下:

$$a^{std} = a \cdot \frac{SD(X)}{SD(M)} \qquad (5A-1)$$

$$b^{std} = b \cdot \frac{SD(M)}{SD(Y'')} \qquad (5A-2)$$

$$C^{std} = C \cdot \frac{SD(X)}{SD(Y')} \qquad (5A-3)$$

$$C'^{std} = C' \cdot \frac{SD(X)}{SD(Y'')} \qquad (5A-4)$$

$$Var(Y') = C^2 var(X) + \frac{\pi^2}{3} \qquad (5A-5)$$

$$Var(Y'') = C'^2 var(X) + b^2 var(M) + 2C'b cov(X,M) + \frac{\pi^2}{3} \qquad (5A-6)$$

$$SE(a^{std}) = SE(a) \cdot \frac{SD(X)}{SD(M)} \qquad (5A-7)$$

$$SE(b^{std}) = SE(b) \cdot \frac{SD(M)}{SD(Y'')} \qquad (5A-8)$$

参考文献

步丹璐、狄灵瑜：《治理环境、股权投资与政府补助》，《金融研究》2017年第10期。

步丹璐等：《政府竞争、股权投资与政府补助》，《会计研究》2018年第4期。

陈运森、黄健峤：《地域偏爱与僵尸企业的形成——来自中国的经验证据》，《经济管理》2017年第9期。

陈诗一、陈登科：《雾霾污染、政府治理与经济高质量发展》，《经济研究》2018年第2期。

程名望等：《中国经济增长（1978—2015）：灵感还是汗水?》，《经济研究》2019年第7期。

蔡贵龙等：《非国有股东治理与国企高管薪酬激励》，《管理世界》2018年第5期。

曹丰、古孝颖：《非国有股东治理能够抑制国有企业金融化吗?》，《经济管理》2021年第1期。

曹越等：《"国企混改"与内部控制质量：来自上市国企的经验证据》，《会计研究》2020年第8期。

蔡卫星等：《政治关系、地区经济增长与企业投资行为》，《金融研究》2011年第4期。

戴泽伟、潘松剑：《僵尸企业的"病毒"会传染吗？——基于财务信息透明度的证据》，《财经研究》2018年第2期。

杜兴强等：《政治联系、过度投资与公司价值——基于国有上市公司的经验证据》，《金融研究》2011年第8期。

邓建平、曾勇：《政治关联能改善民营企业的经营绩效吗》，《中国工业经济》2009年第2期。

方明月、孙鲲鹏：《混合所有制能治疗僵尸企业吗？——一个混合所有制类啄序逻辑》，《金融研究》2019年第1期。

方明月等：《中小民营企业成为僵尸企业之谜》，《金融研究》2018年第3期。

蒋灵多、陆毅：《最低工资标准能否抑制僵尸企业的形成》，《中国工业经济》2017年第11期。

蒋灵多等：《市场机制是否有利于僵尸企业的处置：以外资管制放松为例》，《中国工业经济》2018年第9期。

黄婷、郭克莎：《国有僵尸企业退出机制的演化博弈分析》，《经济管理》2019年第5期。

郝颖等：《地区差异、企业投资与经济增长质量》，《经济研究》2014年第3期。

黄少卿、陈彦：《中国僵尸企业的分布特征与分类处置》，《中国工业经济》2017年第3期。

韩飞、田昆儒：《僵尸企业的微观治理——基于内部控制和相关人持股视角》，《经济体制改革》2017年第5期。

金祥荣等：《僵尸企业的负外部性：税负竞争与正常企业逃税》，《经济研究》2019年第12期。

况学文等：《政治关联与资本结构调整》，《南开经济研究》2017年第2期。

孔繁成、易小琦：《预算软约束与企业"僵尸化"：来自中国制造业上市公司的经验证据》，《产业经济评论》2019年第2期。

李莉等：《政治关联视角的民营企业行业进入选择与绩效研究：基于2005—2010年民营上市企业的实证检验》，《南开管理评论》2013年第4期。

连玉君、廖俊平：《如何检验分组回归后的组间系数差异？》，《郑州航空工业学院学报》2017年第12期。

罗党论、刘晓龙：《政治关系、进入壁垒与企业绩效——来自中国民营上市公司的经验证据》，《管理世界》2009年第5期。

林毅夫、林志赟：《政策性负担、道德风险与预算软约束》，《经济研究》2004 年第 2 期。

林毅夫等：《政策性负担与预算软约束：来自中国的实证证据》，《经济研究》2004 年第 8 期。

李旭超、鲁建坤：《僵尸企业与税负扭曲》，《管理世界》2018 年第 4 期。

刘红云等：《因变量为等级变量的中介效应分析》，《心理学报》2013 年第 12 期。

刘莉亚等：《僵尸企业与货币政策降杠杆》，《经济研究》2019 年第 9 期。

刘奎甫、茅宁：《"僵尸企业"国外研究述评》，《外国经济与管理》2016 年第 10 期。

李俊生、姚东旻：《财政学需要什么样的理论基础？——兼评市场失灵理论的"失灵"》，《经济研究》2018 年第 9 期。

陆正飞、杨德明：《商业信用：替代性融资，还是买方市场？》，《管理世界》2011 年第 4 期。

逯东等：《地方政府政绩诉求、政府控制权与公司价值研究》，《经济研究》2014 年第 1 期。

罗党论、唐清泉：《政治关系、社会资本与政策资源获取：来自中国民营上市公司的经验证据》，《世界经济》2009 年第 7 期。

刘智勇等：《人力资本结构高级化与经济增长——兼论东中西部地区差距的形成和缩小》，《经济研究》2018 年第 3 期。

李焰等：《企业产权、管理者背景特征与投资效率》，《管理世界》2011 年第 1 期。

罗长林、邹恒甫：《预算软约束问题再讨论》，《经济学动态》2014 年第 5 期。

刘冲等：《财政存款、银行竞争与僵尸企业形成》，《金融研究》2020 年第 11 期。

聂辉华等：《中国僵尸企业研究报告——现状、原因和对策》，《人大国发院系列报告》2016 年第 9 期。

平新乔：《"预算软约束"的新理论及其计量验证》，《经济研究》

1998年第10期。

彭洋等：《区域一体化对僵尸企业的影响——以撤县设区为例》，《经济科学》2019年第6期。

秦朵、宋海岩：《改革中的过度投资需求和效率损失——中国分省固定资产投资案例分析》，《经济学》2003年第3期。

乔小乐等：《中国制造业僵尸企业的劳动力资源错配效应研究》，《财贸经济》2019年第11期。

潘越等：《政治关联与财务困境公司的政府补助——来自中国ST公司的经验证据》，《南开管理评论》2009年第5期。

饶品贵、姜国华：《货币政策对银行信贷与商业信用互动关系影响研究》，《经济研究》2013年第1期。

任保平：《经济增长质量：经济增长理论框架的扩展》，《经济学动态》2013年第11期。

任保平：《新时代中国经济从高速增长转向高质量发展：理论阐释与实践取向》，《学术月刊》2018年第3期。

任保平、钞小静：《从数量型增长向质量型增长转变的政治经济学分析》，《经济学家》2012年第11期。

任保平、文丰安：《新时代中国高质量发展的判断标准、决定因素与实现路径》，《改革》2018年第4期。

任保平等：《中国经济增长质量报告（2012）——中国经济增长质量指数及省区排名》，中国经济出版社2012年版。

任保平等：《中国经济增长质量报告——新时代下中国经济的高质量发展》，中国经济出版社2019年版。

饶静、万良勇：《政府补助、异质性与僵尸企业形成——基于A股上市公司的经验证据》，《会计研究》2018年第3期。

寿华琛：《政治关联、融资约束与僵尸企业形成》，浙江大学硕士学位论文，浙江大学，2018年。

申广军：《比较优势与僵尸企业：基于新结构经济学视角的研究》，《管理世界》2018年第12期。

盛垒：《僵尸企业治理：现实困境、国际经验及深化策略》，《社会科学》2018年第9期。

宋建波等：《政府补助、投融资约束与企业僵尸化》，《财贸经济》2019年第4期。

谭语嫣等：《僵尸企业的投资挤出效应：基于中国工业企业的证据》，《经济研究》2017年第5期。

田利辉、张伟：《政治关联影响中国上市公司长期绩效的三大效应》，《经济研究》2013年第11期。

唐雪松等：《政府干预、GDP增长与地方国企过度投资》，《金融研究》2010年第8期。

王守坤：《僵尸企业与污染排放：基于识别与机理的实证分析》，《统计研究》2018年第10期。

魏敏、李书昊：《新时代中国经济高质量发展水平的测度研究》，《数量经济技术经济研究》2018年第11期。

温忠麟、叶宝娟：《中介效应分析：方法和模型发展》，《心理科学进展》2014年第5期。

王竹泉等：《资本错配、资产专用性与公司价值——基于营业活动重新分类的视角》，《中国工业经济》2017年第3期。

王永钦等：《僵尸企业如何影响了企业创新？——来自中国工业企业的证据》，《经济研究》2018年第11期。

王小鲁、樊纲：《中国地区差距的变动趋势和影响因素》，《经济研究》2004年第1期。

王海林、高颖超：《僵尸企业对银行的风险溢出效应研究——基于CoVaR模型和社会网络方法的分析》，《会计研究》2019年第4期。

王万珺、刘小玄：《为什么僵尸企业能够生存》，《中国工业经济》2018年第10期。

王化成等：《企业战略差异与权益资本成本——基于经营风险和信息不对称的中介效应研究》，《中国软科学》2017年第9期。

王苑琢等：《中国上市公司资本效率与财务风险调查：2016》，《会计研究》2017年第12期。

王竹泉等：《经营风险与营运资金融资决策》，《会计研究》2017年第5期。

吴娜等：《市场化进程、创新投资与营运资本的动态调整》，《会计研究》2017年第6期。

王凤荣等：《僵尸企业如何影响了正常企业风险承担？——中国制造业上市公司的实证研究》，《经济管理》2019年第10期。

熊兵：《"僵尸企业"治理的他国经验》，《改革》2016年第3期。

夏立军、方轶强：《政府控制、治理环境与公司价值——来自中国证券市场的经验证据》，《经济研究》2005年第5期。

肖兴志、黄振国：《僵尸企业如何影响产业发展：基于异质性视角的机理分析》，《世界经济》2019年第2期。

袁建国等：《企业政治资源的诅咒效应——基于政治关联与企业技术创新的考察》，《管理世界》2015年第1期。

余明桂等：《政治联系、寻租与地方政府财政补贴有效性》，《经济研究》2010年第3期。

杨兴全等：《国企混改优化了多元化经营行为吗?》，《会计研究》2020年第4期。

于蔚等：《政治关联和融资约束：信息效应与资源效应》，《经济研究》2012年第9期。

杨龙见等：《社保降费、融资约束与僵尸企业处置》，《财贸经济》2020年第8期。

尹嘉啉、邹国庆：《日本处理"僵尸企业"的主要手段及其启示》，《现代日本经济》2017年第4期。

肖兴志等：《僵尸企业与就业增长：保护还是排挤》，《管理世界》2019年第8期。

张五常：《中国的经济制度》，中信出版社2009年版。

中国人民银行营业管理部课题组：《预算软约束、融资溢价与杠杆率——供给侧结构性改革的微观机理与经济后果研究》，《经济研究》2017年第10期。

周黎安：《中国地方官员的晋升锦标赛模式研究》，《经济研究》2007年第7期。

朱舜楠、陈琛：《"僵尸企业"诱因与处置方略》，《改革》2016年第3期。

赵静、郝颖：《GDP竞争动机下企业资本投向与配置结构研究》，

《科研管理》2013 年第 5 期。

诸竹君等:《僵尸企业如何影响企业加成率——来自中国工业企业的证据》,《财贸经济》2019 年第 6 期。

钟宁桦等:《中国企业债务的结构性问题》,《经济研究》2016 年第 7 期。

周琳等:《僵尸企业的识别与预警——来自中国上市公司的证据》,《财经研究》2018 年第 4 期。

张栋等:《中国僵尸企业及其认定——基于钢铁业上市公司的探索性研究》,《中国工业经济》2016 年第 11 期。

赵璨等:《企业迎合行为与政府补贴绩效研究——基于企业不同盈利状况的分析》,《中国工业经济》2015 年第 7 期。

张季风、田正:《日本"泡沫经济"崩溃后僵尸企业处理探究——以产业再生机构为中心》,《东北亚论坛》2017 年第 3 期。

张兆国等:《政治关系、债务融资与企业投资行为——来自中国上市公司的经营证据》,《中国软科学》2011 年第 5 期。

Abbott, L., "Female Board Presence and the Likelihood of Financial Restatement", *Accounting Horizons*, Vol. 26, No. 4, 2012.

Akerlof, G., "The Market for 'Lemons': The Quality of Uncertainty and the Market Mechanism", *Journal of Economics*, Vol. 21, No. 7, 1970.

Arthur, W. B., "Competing Technologies, Increasing Returns, and Lock – in by Historical Events", *The Economic Journal*, Vol. 99, No. 384, 1989.

Aghion, Philippe, and Peter Howitt, "Capital, Innovation, and Growth Accounting", *Oxford Review of Economic Policy*, Vol. 23, No. 1, 2007.

Ahearne, A. G., N. Shinada, "Zombie Firms and Economic Stagnation in Japan", *International Economics and Economic Policy*, Vol. 2, No. 4, 2005.

Altman, E. I., and T. McGough, "Evaluation of a Company as a Going Concern", *Journal of Accountancy*, Vol. 138, No. 6, 1974.

American Institute of Certified Public Accountants, SAS No. 59, The Auditor's Consideration of an Entity's Ability to Continue as a Going Concern, Codified as AU Section 341, 1988.

Atanasova, C. , N. Wilson, "Disequilibrium in the UK Corporate Loan Market", *Journal of Banking and Finance*, Vol. 28, No. 3, 2004.

Allen, F. , et al. , "Law, Finance and Economic Growth in China", *Journal of Financial Economics*, Vol. 77, No. 1, 2005.

Adhikari, A. , et al. , "Public Policy, Political Connections, and Effective Tax Rates: Longitudinal Evidence from Malaysia", *Journal of Accounting and Public Policy*, Vol. 25, No. 5, 2006.

Asanuma, D. , "An Examination on the Zombie Theory: An – Agent – Based Approach", *International Business Management*, Vol. 9, No. 5, 2015.

Armstrong, M. , and D. E. M. Sappington, "Regulation, Competition and Liberalization", *Journal of Economic Literature*, Vol. 44, No. 2, 2006.

Bain, J. , *Barriers to New Competition*, Mass: Harvard University Press, 1956.

Barker, V. L. , and G. C. Mueller, "CEO Characteristics and Firm R&D Spending", *Management Science*, Vol. 48, No. 6, 2002.

Bertrand, M. , Schoar, A. , "Managing with Style: The Effect of Managers on Firm Policies", *Quarterly Journal of Economics*, Vol. 118, No. 4, 2003.

Bingham, L. , The "Zombie Businesses" Phenomenon: An Update, Association of Business Recovery Professionals (January), 2014.

Beaver, W. H. , "Financial Ratios as Predictors of Failure", *Journal of Accounting Research*, Vol. 4, No. 3, 1966.

Bass, B. M. , and R. M. Stogdill, *Handbook of Leadership: Theory, Research and Managerial Applications*, New York, NY: Free Press, 1990.

Benmelech, E. , and C. Frydman, "Military CEOs", *Journal of Financial Economics*, Vol. 117, No. 1, 2015.

Bernile, Bhagwat, and Rau, "What doesn't Kill You Will Only Make You More Risk – Loving: Early – Life Disasters and CEO Behavior", *Journal of Finance*, Vol. 72, No. 1, 2017.

参考文献

Berglof, E., G. Roland, "Soft Budget Constraints and Credit Crunches in Financial Transition", *European Economic Review*, Vol. 41, No. 3, 1997.

Banos – Caballero, S., et al., "The Speed of Adjustment in Working Capital Requirement", *The European Journal of Finance*, Vol. 19, No. 10, 2013.

Biais, B, C. Gollier, "Trade Credit and Credit Rationing", *Review of Financial Studies*, Vol. 10, No. 4, 1997.

Blažkov, et al., "Zombies: Who are They and How do Firms Become Zombies?", *Journal of Small Business Management*, No. 11, 2019.

Booth, L., et al., "Capital Structure in Developing Countries", *Journal of Finance*, Vol. 56, No. 1, 2001.

Bruche, M., and G. Llobet, "Preventing Zombie Lending", *The Review of Financial Studies*, Vol. 27, No. 3, 2013.

Brennan, M. J., et al., "Vendor Financing", *Journal of Finance*, Vol. 28, No. 43, 1988.

Buchanan, J. M., "Externality", *Economica*, Vol. 29, No. 116, 1962.

Buchanan, J. M., *Economics from the Outside in: Better Than Plowing and Beyond*, Texas A & M University Press, 2007.

Burkart, M., T., Ellingsen, "In – Kind Finance: A Theory of Trade Credit", *The American Economic Review*, Vol. 94, No. 3, 2004.

Boubakri, N., et al., "Political Connections of Newly Privatized Firms", *Journal of Corporate Finance*, Vol. 14, No. 5, 2008.

Byrnes, J. P, et al., "Gender Differences in Risk Taking: A Meta – analysis", *Psychological Bulletin*, Vol. 125, No. 3, 1999.

Caballero, R. J., and M. L. Hammour, "The Cost of Recessions Revisited: A Reverse Liquidationist View", *The Review of Economic Studies*, Vol. 72, No. 2, 2005.

Caballero, R. J., et al., "Zombie Lending and Depressed Restructuring in Japan", *American Economic Review*, Vol. 98, No. 5, 2008.

Custódio, C., and D. Metzger, "Financial Expert CEOs: CEO's Work

Experience and Firm's Financial Policies", *Journal of Financial Economics*, Vol. 114, No. 1, 2014.

Castaño, M. S., et al., "The Effect of Public Policies on Entrepreneurial Activity and Economic Growth", *Journal of Business Research*, Vol. 69, No. 11, 2016.

Carbo, S., et al., "Deregulation, Bank Competition and Regional Growth", *Regional Studies*, Vol. 37, No. 3, 2003.

Cho, C. H., et al., "Professors on the Board: Do They Contribute to Society Outside the Classroom?", *Journal of Business Ethics*, Vol. 141, No. 2, 2015.

Chow, C. K. W., M. K. Y. Fung, "Ownership Structure, Lending Bias, and Liquidity Constraints: Evidence from Shanghai's Manufacturing Sector", *Journal of Comparative Economics*, Vol. 26, No. 2, 1998.

Callahan, C. M., et al., "The Impact of Implied Facilities Cost of Money Subsidies on Capital Expenditures and the Cost of Debt in the Defense Industry", *Journal of Accounting and Public Policy*, Vol. 31, No. 3, 2012.

Claessens, S., et al., "Political Connections and Preferential Access to Finance The Role of Campaign Contributions", *Journal of Financial Economics*, Vol. 88, No. 3, 2008.

Cunat, V., "Trade Credit: Suppliers as Debt Collectors and Insurance Providers", *The Review of Financial Studies*, Vol. 20, No. 2, 2007.

Cull, R., L. C., Xu, "Institutions, Ownership, and Finance? The Determinants of Profit Reinvestment among Chinese Firms", *Journal of Financial Economics*, Vol. 77, No. 1, 2005.

Cull, R., et al., "Formal Finance and Trade Credit during China's Transition", *Journal of Financial Intermediation*, Vol. 18, No. 2, 2009.

Cull, R., et al., "Government Connections and Financial Constraints: Evidence from a Large Representative Sample of Chinese Firms", *Journal of Corporate Finance*, Vol. 32, No. 5, 2015.

Cecchetti, S., et al., "The Real Effects of Debt", BIS Working Paper Series 352, 2011.

Chen, C., et al., "Rent – Seeking Incentives, Corporate Political Connections, and the Control Structure of Private Firms: Chinese Evidence", *Journal of Corporate Finance*, Vol. 17, No. 2, 2011.

Chen, S., et al., "Private Sector Deleveraging and Growth Following Bust", IMF Working Paper (35), 2015.

David, D. L., "A Theory of Ambiguous Property Rights: The Case of the Chinese Non – State Secor", *Journal of Comparative Economics*, Vol. 23, No. 1, 1996.

David, D. L., "The Costs and Benefits of Government Control of State Enterprises in Transition: Evidence from China", *Mimeo*, 1998.

De Martiis, A., Fidrmuc, J., Regional Quality and Impaired Firms: Evidence from Italy, Beiträgezur Jahrestagungdes Vereinsfür Socialpolitik 2017: Alternative Geldund Finanzarchitekturen – Session: Microeconomic Issues, No. A19 – V1, 2017.

De Veirman, E., and A. T. Levin, "When did Firms Become More Different? Time – Varying Firm – Specific Volatility in Japan", *Journal of the Japanese and International Economies*, Vol. 26, No. 4, 2012.

Diamond, D. W. and R. G. Rajan, "A Theory of Bank Capital", *The Journal of Finance*, Vol. 28, No. 6, 2000.

Dichev, I. D., and D. J. Skinner, "Large Sample Evidence on the Debt Covenant Hypothesis", *Journal of Accounting Research*, Vol. 40, No. 2, 2002.

Dinc, I. S., "Politicians and Banks: Political Influences on Government – Owned Banks in Emerging Markets", *Journal of Financial Economics*, Vol. 77, No. 2, 2005.

Dewatripont, et al., "Credit and Efficiency in Centralized and Decentralized Economies", *Review of Economic Studies*, Vol. 62, No. 4, 1995.

Du, J, S. Girma, "Red Capitalists: Political Connections and Firm Performance in China", *Kykloy*, Vol. 63, No. 4, 2010.

Dyreng, Scott D., et al., "Evidence of Manager Intervention to Avoid Working Capital Deficits", *Contemporary Accounting Research*, Vol. 34,

No. 2, 2017.

ECB, "Corporate Finance and Economic Activity in the Euro Area", Structural Issues Report, Occasional Paper 151, 2013.

Easterly, Willianm, *The Elusive Quest for Groth: Economists' Adventures and Misadventures in the Tropics*, The MIT Press, 2005.

Faccio, M., "Politically Connected Firms", *American Economic Review*, Vol. 96, No. 1, 2006.

Faccio, M., et al., "Political Connections and Corporate Bailouts", *The Journal of Finance*, Vol. 61, No. 6, 2006.

Faulkender, M., and M. A. Petersen, "Does the Source of Capital Affect Capital Structure?", *Review of Financial Studies*, Vol. 19, No. 1, 2006.

Fan, J. P., et al., "Politically Connected CEOs, Corporate Governance, and Post – IPO Performance of China's Newly Partially Privatized Firms", *Journal of Financial Economics*, Vol. 84, No. 2, 2007.

Feng, X., et al., "Mixing Business with Politics: Political Participation by Entrepreneurs in China", *Journal of Banking and Finance*, Vol. 59, No. 10, 2015.

Ferri, M. G., and W. H. Jones, "Determinants of Financial Structure: A New Methodological Approach", *The Journal of Finance*, Vol. 34, No. 3, 1979.

Fabbri, D., A. M. C. Menichini, "Trade Credit, Collateral Liquidation, and Borrowing Constraints", *Journal of Financial Economics*, Vol. 96, No. 3, 2010.

Fisman, R., "Estimating the Value of Political Connections", *American Economic Review*, Vol. 91, No. 4, 2001.

Foster, L., et al., "Aggregate Productivity Growth: Lessons from Microeconomic Evidence", *In New Developments in Productivity Analysis*, University of Chicago Press, 2001.

Francis, B., et al., "Professors in the Boardroom and Their Impact on Corporate Governance and Firm Performance", *Financial Management*,

Vol. 44, No. 3, 2015.

Freudenberg, M., "Composite Indicators of Country Performance", OECD Science, Technology and Industry Working Papers, 2003.

Fukuda, S., et al., "Bank Health and Lending in Japan: Evidence from Unlisted Companies under Financial Deteriorating Distress", *Journal Asia Pacific Econ*, Vol. 11, No. 4, 2006.

Fukuda, S., et al., "Bank Health and Investment: An Analysis of Unlisted Companies in Japan", Working Paper No. 05 – E – 5, The Bank of Japan, 2005.

Fukuda, S. and J. Nakamura., "Why did 'Zombie' Firms Recover in Japan", *The World Economy*, Vol. 34, No. 7, 2011.

Ge, Y., and J., Qiu, "Financial Development, Bank Discrimination and Trade Credit", *Journal of Banking and Finance*, Vol. 31, No. 2, 2007.

Giannetti, M., et al., "The Brain Gain of Corporate Boards: Evidence from China", *The Journal of Finance*, Vol. 70, No. 4, 2015.

Giannetti, M. and A. Simonov, "On the Real Effects of Bank Bailouts: Micro Evidence from Japan", *Macroeconomics*, Vol. 5, No. 1, 2013.

Giannetti, M., B. T. Ellingsen, "What You Sell is What You Lend? Explaining Trade Credit Contracts", *Review of Financial Studies*, Vol. 24, No. 4, 2011.

Goto, Y., and S. Wilbur, "Unfinished business: Zombie firms among SME in Japan's lost decades", *Japan and the World Economy*, Vol. 49, No. 9, 2019.

Gruber, J., *Public Finance and Public Policy*, Worth Publishers, 2004.

Gul, F. A., et al., "Does Board Gender Diversity Improve the Informativeness of Stock Prices?", *Journal of Accounting and Economics*, Vol. 51, No. 3, 2011.

Güner, A. B., et al., "Financial Expertise of Directors", *Journal of Financial Economics*, Vol. 88, No. 2, 2008.

Guo, D., et al., "Political Economy of Private Firms in China", *Journal of Comparative Economics*, Vol. 44, No. 2, 2014.

Holland, M., *When the Machine Stopped*, Cambridge, MA: Harvard Business School Press, 1990.

Hayashi, F., T. Inoue, "The Relation between Firm Growth and q with Multiple Capital Goods: Theory and Evidence from Panel Data on Japanese Firms", *Econometrica*, Vol. 59, No. 3, 1991.

Harjoto, M, I. et al., "Board Diversity and Corporate Social Responsibility", *Journal of Business Ethics*, Vol. 132, No. 4, 2015.

Hayashi, F., Prescott, E. C., "The 1990s in Japan: A Lost Decade", *Review of Economic Dynamics*, Vol. 4, No. 1, 2002.

Horrigan, J. O., "A Short History of Financial Ratio Analysis", *The Accounting Review*, Vol. 43, No. 2, 1968.

Hyeog Ug Kwon, et al., "Resource Reallocation and Zombie Lending in Japan in the 1990s", *Review of Economic Dynamics*, Vol. 18, No. 4, 2015.

Huang, H. W., et al., "CEO Age and Financial Reporting Quality", *Accounting Horizons*, Vol. 26, No. 4, 2012.

Hambrick, D. C., P. A. Mason, "Upper Echelons: The Organization as a Reflection of Its Top Managers", *Academy of Management Review*, Vol. 29, No. 2, 1984.

Hambrick, D. C., "Upper Echelons Theory: An Update", *Academy of Management Review*, Vol. 32, No. 2, 2007.

Habib, M. and B. Johnsen, "The Financing and Redeployment of Specific Assets", *Journal of Finance*, Vol. 54, No. 2, 1999.

Hambrick, D. C., and P. A. Mason, "Upper Echelons: The Organization as a Reflection of Its Top Managers", *Academy of Management Review*, Vol. 29, No. 2, 1984.

Hoshi, T., "Economics of the Living Dead", *The Japanese Economic Review*, Vol. 57, No. 1, 2006.

Hoshi Takeo, Anil K. Kashyap, "Will the U. S. Bank Recapitalization

Succeed? Eight Lessons from Japan", *Journal of Financial Economics*, Vol. 97, No. 3, 2010.

Hoshi, T., and A. K. Kashyap, "Japan's Financial Crisis and Economic Stagnation", *Journal of Economic Perspectives*, Vol. 18, No. 1, 2004.

Homar, T., "Bank Recapitalizations and Lending: A Little is not Enough", ESRB Working Paper No. 16, 2016.

Huberman, G., "External Financing and Liquidity", *Journal of Finance*, Vol. 39, No. 3, 1984.

Huyghebaert, N. and L. H. Wang, "Expropriation of Minority Investors in Chinese Listed Firms: The Role of Internal and External Corporate Governance Mechanisms", *Corporate Governance*, Vol. 20, No. 5, 2012.

Imai, K., "A Panel Study of Zombie SMEs in Japan: Identification, Borrowing and Investment Behavior", *Journal of the Japanese and International Economies*, Vol. 39, No. 3, 2016.

Iwaisako, T., et al., "Debt Restructuring of Japanese Corporations: Efficiency of Factor Allocations and the Debt – Labor Complementarity", *Hitotsubashi Journal of Economics*, Vol. 54, No. 1, 2013.

James Brooke, "They're Alive! They're Alive! Not! Japan Hesitates to Put an End to Its 'Zombie' Businesses, Bank of America is a Good Example of a Zombie Company", *New York Times*, 2002.

Jaskowski, M., "Should Zombie Lending always Be Prevented?", *International Review of Economics and Finance*, Vol. 40, No. 11, 2015.

Jiang, Wei, et al., "Evidence of Avoiding Working Capital Deficits in Australia", *Australian Accounting Review*, Vol. 26, No. 1, 2016.

Jiang, Xinfeng, et al., "the Mystery of Zombie Enterprises— 'Stiff but Deathless'", *China Journal of Accounting Research*, Vol. 10, No. 4, 2017.

Jensen, M. C., W. Meckling, "Theory of the Firm: Managerial Behaviour, Agency Cost and Ownership Structure", *Journal of Financial Economics*, Vol. 3, No. 4, 1976.

Jobson, J. D., *Categorical and Multivariate Methods*, Applied Multivariate Data Analysis (Vol. II). New York: *Springer - Verlag*, 1992.

Jong, A., et al., "Capital Structure around the World: The Roles of Firm and Country - Specific Determinants", *Journal of Banking and Finance*, Vol. 32, No. 9, 2008.

Johnson, S., "Auditors' Lingering Doubts", Available online at CFO, 2010. com http://www.cfo.com/article.cfm/14504227.

Jorgenson, D. W., et al., "A Retrospective Look at the U. S. Productivity Resurgence", *Journal of Economic Perspective*, Vol. 22, No. 1, 2008.

Jenter, D., and K. Lewellen, "CEO Preferences and Acquisitions", *Journal of Finance*, Vol. 70, No. 6, 2015.

Kane, E. J., "Dangers of Capital Forbearance: The Case of the FSLIC and 'Zombie' S & Ls", *Contemporary Economic Policy*, Vol. 5, No. 1, 1987.

Kaplan, S. N., et al., "Which CEO Characteristics and Abilities Matter?", *Journal of Finance*, Vol. 67, No. 3, 2012.

Karimi, F., and F., Amiri, "Considering Impacts of Short - Term and Long - Term Production Capacity Utilization Rate on Manufacturing Total Factor Productivity Growth Rate in Iran", *International Journal of Academic Research*, Vol. 24, No. 2B, 2015.

Kornai, Janos, "Resource - Constrained versus Demand - Systems Constrained", *Econometrica*, Vol. 7, No. 4, 1979.

Kornai, Janos, "The Soft Budget Constraint", *Kyklos*, Vol. 39, No. 1, 1986.

Kayo, E. K., and H. Kimura, "Hierarchical Determinants of Capital Structure", *Journal of Banking and Finance*, Vol. 35, No. 2, 2011.

Kwon, H. U., et al., "Resource Reallocation and Zombie Lending in Japan in the 1990s", *Review of Economic Dynamics*, Vol. 18, No. 4, 2015.

Kim, C. F., et al., "Political Geography and Stock Returns: The

Value and Risk Implications of Proximity to Political Power", *Journal of Financial Economics*, Vol. 106, No. 1, 2012.

Kato, K., et al., "When Voluntary Disclosure isn't Voluntary: Management Forecasts in Japan", Working Paper, No. 2005 – 09, 2006.

Kolev, A., et al., "Misallocation of Investment in Europe: Debt Overhang, Credit Market Distress, or Weak Demand?", Unpublished Working Paper, 2016.

Kung, James, et al., "Friends with Benefits: How Political Connections Help to Sustain Private Enterprise Growth in China", *Economica*, Vol. 85, No. 337, 2018.

Khwaja, A. and A. Mian, "Do Lenders Favor Politically Connected Firms? Rent Provision in an Emerging Financial Market", *Quarterly Journal of Economics*, Vol. 120, No. 4, 2005.

Lin, Y. P., "Zombie Lending, Financial Reporting Opacity and Contagion", Singapore: National University of Singapore, 2011.

Lee, P., et al., "Going Concern Report Modeling: A Study of Factors Influencing the Auditor's Decision", *Journal of Forensic Accounting*, Vol. 45, No. 1, 2005.

Lev, B., "Industry Averages as Targets for Financial Ratios", *Journal of Accounting Research*, Vol. 7, No. 2, 1969.

Leland, Hayne E., David H. Pyle, "Information Asymmetries, Financial Structure, and Financial Intermediation", *Journal of Finance*, Vol. 32, No. 2, 1977.

Li, H., et al., "Political Connections, Financing and Firm Performance: Evidence from Chinese Private Firms", *Journal of Development Economics*, Vol. 87, No. 2, 2008.

Lin, Justin Yifu, et al., "Competition, Policy Burdens and State – owned Enterprises Reform", *American Economic Review*, Vol. 88, No. 2, 1998.

Luo, Q., et al., "Financing Constraints and the Cost of Equity: Evidence on the Moral Hazard of the Controlling Shareholder", *International Review of Economics and Finance*, Vol. 36, No. 4, 2015.

MacKay, P., and G. M. Phillips, "How does Industry Affect Firm Financial Structure?", *Review of Financial Studies*, Vol. 18, No. 4, 2005.

Mohrman, M. B., and P. S. Stuerke, "Shareowners' Equity at Campbell Soup: How can Equity be Negative?", *Accounting Education: An International Journal*, Vol. 23, No. 4, 2014.

Storz, Manuela, et al., "Do We Want These Two to Tango? On Zombie Firms and Stressed Banks in Europe", *IWH Discussion Papers*, No. 13, 2017.

Manner, H. M., "The Impact of CEO Characteristics on Corporate Social Performance", *Journal of Business Ethics*, Vol. 93, No. 1, 2010.

Mann, H. M., "Seller Concentration, Barriers to Entry, and Rates of Return in Thirty Industries", *Review of Economics and Statistics*, Vol. 48, No. 3, 1966.

MacKinnon, D. P., "Introduction to Statistical Mediation Analysis", New York: London Lawrence Erlbaum Associates, 2008.

Maddison, Angus, "Measuring the Economic Performance of Transition Economies: Some Lessons from the Chinese Experience", *Review of Income and Wealth*, Vol. 55, No. 1, 2009.

Max, Bruche, "Preventing Zombie Lending", *The Review of Financial Studies*, Vol. 27, No. 3, 2014.

Myers, S. C., "The Capital Structure Puzzle", *The Journal of Finance*, Vol. 39, No. 3, 1984.

McMillan, J. and C. Woodruff, "The Central Role of Entrepreneurs in Transition Economies", *Journal of Economic Perspectives*, Vol. 16, No. 3, 2002.

Malmendier, U., et al., "Overconfidence and Early – life Experiences: The Effect of Managerial Traits on Corporate Financial Policies", *The Journal of Finance*, Vol. 66, No. 5, 2011.

Narayanan, M. P., "Debt versus Equity under Asymmetric Information", *Journal of Financial and Quantitative Analysis*, Vol. 23, No. 1, 1988.

Nakamura, J., "Japanese Firms During the Lost Two Decades: The

Recovery of Zombie Firms and Entrenchment of Reputable Firms", *Springer-Briefs in Economics*, Vol. 12, No. 2, 2017.

Niessen, A., S. Ruenzi, "Political Connectedness and Firm Performance: Evidence from Germany", *German Economic Review*, Vol. 11, No. 4, 2010.

Nakamura, J. and S. Fukuda, "What Happened to 'Zombie' Firms in Japan? Reexamination for the Lost Two Decades", *Global Journal of Economics*, Vol. 22, No. 2, 2013.

Nardo, M., et al., *Handbook on Constructing Composite Indicators: Methodology and User Guide*, Paris: OECD Publishing, 2005.

Ogawa, K., "Financial Distress and Corporate Investment: The Japanese Case in the 1990s", ISER Discussion Paper 584, ISER, 2003.

Ogawa, K., "Main Bank Health and Activities of Firm Customers: An Empirical Study Based on Micro Data of Small Firms", *Economic Review*, Vol. 59, No. 4, 2008.

OCDE, "Handbook of Constructing Composite Indicator. Methodology and User Guide", 2008.

Ozcan–Kalemli, S., et al., "What Hinders Investment in the Aftermath of Financial Crises: Insolvent Firms or Illiquid Banks?", *Review of Economics and Statistics*, Vol. 98, No. 4, 2016.

Palacín–Sanchez, M. J., et al., "Capital Structure of SMEs in Spanish Regions", *Small Business Economics*, Vol. 41, No. 2, 2013.

Papworth, T., "The Trading Dead: The Zombie Firms Plaguing Britain's Economy, and What to do about Them", England: Adam Smith Research Trust, 2013.

Petersen, M. A., M. E. Bergen, "Scanning Dynamic Dynamic Competitive Landscapes: A Market and Resource Based Framework", *Strategic Management Journal*, Vol. 24, 2003.

Petersen, M., R. G. Rajan, "The Benefits of Firm–Creditor Relationships: Evidence from Small Business Data", *Journal of Finance*, Vol. 49, No. 1, 1994.

Peek, J., "The Contribution of Bank Lending to the Long – Term Stagnation in Japan", Working Paper, 2008.

Philippon, T. and P. Schnabl, "Efficient Recapitalization", *The Journal of Finance*, Vol. 68, No. 1, 2013.

Peek, J., E. S. Rosengren, "Unnatural Selection: Perverse Incentives and the Misallocation of Credit in Japan", *American Economic Review*, Vol. 95, No. 4, 2005.

Prada, P., "Zombie Buildings Shadow Spain's Economic Future", *The Wall Street Journal*, 2010, (see www.wsj.com).

Qian, Y. and R. Weingast, "Federalism as a Commitment to Preserving Market Incentives", *Journal of Ecnomic Perspectives*, Vol. 11, No. 4, 1997.

Qian, Y., "Enterprise Reform in China: Agency Problems and Political Control", *Economics of Transition*, Vol. 4, No. 2, 1996.

Ramalhoa, J. J. S., and J. Vidigal da Silvab, "A Two – Part Fractional Regression Model for the Financial Leverage Decisions of Micro, Small, Medium and Large Firms", *Quantitative Finance*, Vol. 9, No. 5, 2009.

Retolaza, J. L., et al., "Linking the Moral Hazard and Leverage in Companies", *Journal of Applied Ethics*, No. 7, 2016.

Repullo, R., J. Suarez, "Entrepreneurial Moral Hazard and Bank Monitoring: A Model of the Credit Channel", *European Economic Review*, Vol. 44, No. 10, 2000.

Sakai, K., et al., "Firm Age and the Evolution of Borrowing Costs: Evidence from Japanese Small Firms", *Journal Banking and Finance*, Vol. 34, No. 8, 2010.

Schumpeter, J. A., The Theory of Economic Development, New York, NY: Oxford University Press, 1961.

Sanchez – Vidal, F. J., "High Debt Companies' Leverage Determinants in Spain: A Quantile Regression Approach", *Economic Modelling*, Vol. 36, No. 1, 2014.

Simerly, R. L., and M. Li, "Environmental Dynamism, Capital Structure and Performance: A Theoretical Integration and an Empirical Test", *Strategic Management Journal*, Vol. 21, No. 1, 2000.

Schivardi, F., et al., Credit Misallocation during the European Financial Crisis, EIEF Working Paper, Vol. 17, No. 4, 2017.

Sekine, T., et al., "Forebearance Lending: The Case of Japanese Firms", *Monetary and Economic Studies*, Vol. 11, No. 2, 2003.

Shen, Guangjun, Binkai Chen, "Zombie Firms and Over – Capacity in Chinese Manufacturing", *China Economic Review*, Vol. 44, No. 7, 2017.

Smith, J. K., "Trade Credit and Informational Asymmetry", *The Journal of Finance*, Vol. 42, No. 4, 1987.

Shleifer, A., and R. W. Vishny, "Liquidation Values and Debt Capacity: A Market Equilibrium Approach", *The Journal of Finance*, Vol. 47, No. 4, 1992.

Shleifer, A., R. W. Vishny, "Politicians and Firms", *The Quarterly Journal of Economics*, Vol. 109, No. 4, 1994.

Smith, V. K., J. V. Krutilla, "Economic Growth, Resource Availability, and Environmental Quality", *American Economic Review*, Vol. 74, No. 24, 1984.

Schoar, A., and L. Zuo., "Shaped by Booms and Busts: How the Economy Impacts CEO Careers and Management Styles", *Review of Financial Studies*, Vol. 30, No. 5, 2017.

Srinidhi, B., et al., "Female Directors and Earnings Quality", *Contemporary Accounting Research*, Vol. 28, No. 5, 2011.

Sapienza, P., "The Effect of Governance Ownership on Bank Lending", *Journal of Financial Economics*, Vol. 72, No. 2, 2004.

Tan, Y., et al., "Zombie Firms and the Crowding – Out of Private Investment in China", Asian Economic Papers, Vol. 15, No. 3, 2016.

Tsai, H. F., and C. J. Luan, "What Makes Firms Embrace Risks? A Risk – Taking Capability Perspective", *Business Research Quarterly*, Vol. 19, No. 3, 2016.

Urionabarrenetxea, S., et al., "Negative Equity Companies in Europe: Theory and Evidence", *Business: Theory and Practice*, Vol. 17, No. 4, 2016.

Urionabarrenetxea, Sara, et al., "Living with Zombie Companies: Do We Know Where the Threat Lies?", *European Management Journal*, Vol. 36, No. 3, 2018.

Wijnbergen, Van, S. and H. Timotej, "On Zombie Banks and Recessions after Systemic Banking Crises: Government Intervention Matters", *Journal of Financial Intermediation*, Vol. 34, No. 2, 2017.

Wang, L. H, "Protection or Expropriation: Politically Connected Independent Directors in China", *Journal of Banking and Finance*, Vol. 55, No. 6, 2015.

Wang, Fangjun, et al., "Political Connections, Internal Control and Firm Value: Evidence from China's Anti-Corruption Campaign", *Journal of Business Research*, Vol. 86, No. 4, 2018.

Waymire, G. B., and S. Basu., "Accounting Is An Evolved Economic Institution", *Foundations and Trends in Accounting*, Vol. 2, No. 1-2, 2007.

Weiss, L. W., The Concentration-Profits Relationship and Antitrust, The New Learning, Boston: Little Brown, 1974.

Wu, W., et al., "Political Connections, Tax Benefits and Firm Performance: Evidence from China", *Journal of Accounting and Public Policy*, Vol. 31, No. 3, 2012.

Yim, S., "The Acquisitiveness of Youth: CEO Age and Acquisition Behavior", *Journal of Financial Economics*, Vol. 108, No. 1, 2013.

Zouaghi, F., et al., "What Drives Firm Profitability? A Multilevel Approach to the Spanish Agri-Food Sector", *Spanish Journal of Agricultural Research*, Vol. 15, No. 3, 2017.

Ziolo, M., et al., "Sustainable Finance role in Creating Conditions for Sustainable Economic Growth and Development", *Sustainable Economic Development: Green Economy and Green Growth*, Springer, 2017.